ullstein

Das Buch

Klar, keiner von uns kann in die Zukunft sehen. Aber wenigstens die Experten sollten es doch eigentlich besser wissen. Tun sie aber oft nicht und geben stattdessen haarsträubende Prognosen ab.

Autopapst Henry Ford lehnte 1945 die kostenlose Übernahme der Volkswagen-Werke mit folgender Begründung ab: »Nein danke, dieses Auto ist eine Fehlkonstruktion.« Tja, der Käfer, über den Ford sich hier so abfällig äußerte, wurde dann nur das erfolgreichste Auto aller Zeiten – bis es 2002 vom Golf abgelöst wurde, ebenfalls ein VW-Produkt. Wichtigster Absatzmarkt nach Deutschland waren übrigens die USA.

Ob YouTube, Henry James, die Beatles oder *Gute Zeiten, Schlechte Zeiten* – Jürgen Brater hat die spektakulärsten, die lustigsten und dreistesten Prognosen zusammengetragen und um populär aufbereitete Hintergrundinformationen ergänzt. Ein kurzweiliges Vergnügen für alle, die es schon immer besser wussten.

Der Autor

Jürgen Brater, geboren 1948, ist Autor vieler erfolgreicher Bücher. Der promovierte Biologe und Zahnmediziner gab seine Praxis auf, um sich seiner wahren Leidenschaft zu widmen: dem Sammeln kurioser Fakten.

Jürgen Brater

KEINE AHNUNG,
ABER DAVON VIEL

Die peinlichsten
Prognosen der Welt

Ullstein

Besuchen Sie uns im Internet:
www.ullstein-taschenbuch.de

MIX
Papier aus verantwortungsvollen Quellen
FSC® C006701
FSC
www.fsc.org

Originalausgabe im Ullstein Taschenbuch
1. Auflage August 2011
2. Auflage 2011

Konzeption: HildenDesign, München
Umschlaggestaltung: ZERO Werbeagentur, München
Titelabbildung: © Artwort HildenDesign, München
unter Verwendung von Motiven von shutterstock
(Käfer: Hanusch/shutterstock; Computer: Feng Yu/shutterstock;
Beatles: Akva/shutterstock)
Satz: Pinkuin Satz und Datentechnik, Berlin
Gesetzt aus der Scala
Papier: Pamo Super von Arctic Paper Mochenwangen GmbH
Druck und Bindearbeiten: CPI – Ebner & Spiegel, Ulm
Printed in Germany
ISBN 978-3-548-37386-7

»Der Irrtum ist viel leichter zu erkennen,
als die Wahrheit zu finden.«
Johann Wolfgang von Goethe

Anstelle eines Vorworts: Warum Experten so oft irren

»Prognosen sind sehr schwierig, vor allem, wenn sie die Zukunft betreffen« – man weiß nicht genau, wer das gesagt hat: Mark Twain, Winston Churchill oder Karl Valentin? Aber das ist im Grunde auch belanglos. Fest steht jedenfalls, dass der Satz ebenso zutrifft wie die Aussage von Ex-Bundeskanzler Helmut Schmidt, man solle mit Vorhersagen zurückhaltend sein, zu leicht könne man sich damit lächerlich machen. Aber andererseits sehnen wir uns doch alle danach, hin und wieder ein wenig hinter den Schleier dessen zu blicken, was vor uns liegt, was kommen wird, was uns blüht. Bräuchten wir sonst das Horoskop, den Wetterbericht, die Wahl-Hochrechnungen, die Konjunkturprognosen der »Wirtschaftsweisen«? Auf der anderen Seite sind wir uns natürlich vollkommen darüber im Klaren, dass – um mit Wilhelm Busch zu sprechen – »der Mensch so häufig irrt und nie recht weiß, was kommen wird«. Mit anderen Worten: Faktum ist Faktum, und Prognose ist eben nur Prognose. Bei dem einen weiß man, woran man ist, beim anderen hofft man bestenfalls, der Wirklichkeit nahezukommen. Und genau das misslingt doch sehr häufig.

Nun würde man derlei Fehlprognose ja schulterzuckend hinnehmen, wenn derjenige, der sich da zu weit aus dem Fenster gelehnt hat, ein Mensch wie du und ich wäre, jemand, der aus einer spontanen Laune heraus geäußert hat, was seiner unmaßgeblichen Meinung nach passieren wird. Doch erstaunlicherweise sind es oft ausgemachte Experten, die crème de la crème ihres Faches, die mit ihren Prophezeiungen dermaßen danebenliegen, dass man sich fragt, welcher Teufel sie geritten hat, als sie den Mund aufmachten. Wie ist es nur möglich, dass anerkannte Spezialisten oft Prognosen abgeben, die man im Nachhinein bestenfalls als peinlich bezeichnen und schadenfroh belächeln kann? Nun, da spielt zuerst einmal ein tief in uns Menschen verwurzeltes Misstrauen gegenüber allem Neuen und Ungewohnten eine wichtige Rolle. So tat der Leiter der britischen Post, Sir William Preece, im Jahr 1879 Edisons geniale Erfindung, die Glühlampe, kurzerhand mit einem kategorischen »Völlig idiotisch!« ab. Einfach so, ohne sie vorher einer genaueren Prüfung zu unterziehen. Es ging doch bisher auch prima ohne, wollte er damit wohl ausdrücken, warum bleiben wir nicht beim Bewährten?

Noch krasser ist in der Regel die Ablehnung und damit vielfach auch die Fehlprognose, wenn das Neue nicht nur überflüssig zu sein scheint, sondern auch noch eingespielte Abläufe durcheinanderzubringen droht und daher ein erhebliches Umdenken verlangt. Ein schönes Beispiel hierfür lieferte der berühmte Mediziner Rudolf Virchow mit seiner weder von Kenntnis noch Respekt getrübten, dafür aber umso kategorischeren Behauptung aus dem Jahr 1870: »Bakterien sind Hirngespinste!« Eigentlich meinte er damit: »Und weil es sie nicht gibt, muss man sich auch nicht um sie kümmern.«

Aber trotz schroffer Ablehnung seitens scheinbarer Experten setzt sich manche Neuerung eben doch durch. An dieser Stelle kommt die nächste Art Fehlprognose ins Spiel, das feste Augen-Zukneifen in der Hoffnung, durch konsequente Nichtbeachtung würde das unliebsame Etwas schon wieder verschwinden. Dieser Taktik bediente sich Kaiser Wilhelm II., als er 1906 trotzig behauptete: »Das Pferd wird es immer geben. Das Automobil ist nur eine vorübergehende Erscheinung.« Und aus derselben Motivation heraus verkündete Charlie Chaplin 1916: »Kino ist nur eine Modeerscheinung« sowie sechs Jahre später Thomas Alva Edison: »Der Radio-Wahn wird mit der Zeit aussterben.«

Stellen sich schließlich auch solche Prophezeiungen als falsch heraus, bleibt am Ende immer noch die Möglichkeit, der Neuerung schlichtweg jeglichen Nutzen abzusprechen. Dies tut man verständlicherweise besonders dann, wenn die Innovation eigene – speziell finanzielle – Interessen bedroht. So erklärte 1946 der amerikanische Filmproduzent Darryl F. Zanuck hochnäsig: »Der Fernseher wird sich auf dem Markt nicht durchsetzen. Die Menschen werden sehr bald müde sein, jeden Abend auf eine Sperrholzkiste zu starren.« Und der große Bill Gates, Chef des Software-Giganten Microsoft, meinte noch 1995, als er offensichtlich bemerkte, dass er das Internet in seiner Zukunftsplanung zu wenig berücksichtigt hatte: »Das Internet ist nur ein Hype. Damit verdient man niemals Geld.«

Das sind nur einige wenige Beweggründe, sich – nicht selten gegen besseres Wissen – zu Fehlprognosen hinreißen zu lassen. Daneben gibt es noch etliche andere Motive, unter anderem bohrenden Neid, Überheblichkeit und – besonders häufig – den Wunsch, andere mit höchst gewagten Behauptungen von eigenen Vorhaben zu überzeugen beziehungsweise für eigene Ziele zu gewinnen. So war die Triebfeder für die abwertende Äußerung des französischen Schriftstellers Eugène Poitou: »Monsieur de Balzacs Platz in der französischen Literatur wird wohl kaum von Rang sein« zweifellos blanker Neid, während aus Franz Beckenbauers Worten von 1990: »Diese Mannschaft wird auf Jahre hinaus nicht zu schlagen sein« Überheblichkeit sprach. Und das Motiv, das Konrad Adenauer 1957 zu der gewagten Behauptung: »Kinder kriegen die Leute immer« verleitete, war im Grunde nichts anderes als der Versuch, seinen politischen Gegnern mit einer ebenso kühnen wie zweifelhaften These den Wind aus den Segeln zu nehmen.

Doch zur Ehrenrettung etlicher Fehlprognostiker muss man fairerweise anerkennen, dass in der Vergangenheit manche Entwicklungen völlig überraschend und daher beim besten Willen nicht vorhersehbar eintraten, so dass wirklich niemand damit rechnen konnte. Ein geradezu klassisches Beispiel für ein solches Ereignis war die deutsche Wiedervereinigung 1990, in deren Vorfeld der spätere Bundeskanzler Gerhard Schröder gewiss vollkommen von der Berechtigung seiner Aussage überzeugt war: »Nach vierzig Jahren Bundesrepublik sollte man eine neue Generation in Deutschland nicht über die Chancen einer Wiedervereinigung belügen. Es gibt sie nicht!«

Eines steht fest: Hinterher ist man immer schlauer. Und dass sich Prognosen so oft als falsch erweisen, muss durchaus nicht immer peinlich, sondern kann bisweilen auch höchst erfreulich sein.

Sie, lieber Leser, können sich jedenfalls darauf verlassen, dass Sie nach der Lektüre dieses Buches das, was vermeintliche Experten zu aktuellen Themen mit wichtiger Miene äußern – euphorische Versprechungen ebenso wie eindringliche Warnungen –, erheblich skeptischer und sicher auch gelassener, vielleicht sogar mit wissendem Schmunzeln, zur Kenntnis nehmen werden als bisher. Denn das ist Fakt: Die »Fachleute« von heute sind kein bisschen klüger als ihre Kolleginnen und Kollegen in der Vergangenheit. Warum sollten ausgerechnet sie mit ihren Prognosen ins Schwarze treffen?

»Fortschritt ist der Taumel von
einem Irrtum zum nächsten.«
Henrik Ibsen,
norwegischer Dramatiker

»Was kümmert mich mein Geschwätz von gestern?«

Konrad Adenauer

1179

»In sieben Jahren wird die Welt mit verheerenden Erdbeben und Stürmen untergehen.«

Johannes von Toledo, Erzbischof und Astronom

Dass der spanische Erzbischof das Ende der Erde – die man seinerzeit noch für den Mittelpunkt des Universums hielt – ausgerechnet für den September 1186 prophezeite, lag an einer ganz besonderen astronomischen Konstellation. Toledo hatte nämlich vorausberechnet, dass in diesem Monat sämtliche Planeten im Sternbild Waage stehen würden, was er für ein untrügliches Zeichen kommenden Unheils hielt. Prompt brach daraufhin in ganz Europa eine Massenhysterie aus. In Deutschland grub man Unterstände, der Kaiser von Byzanz ließ sämtliche Fenster seines Palastes zumauern, und der Erzbischof von Canterbury ordnete sogar ein dreitägiges Fasten an, um Britannien auf das Jüngste Gericht vorzubereiten. Erst als im Jahr 1187 allmählich klarwurde, dass sich der gute Johannes von Toledo offensichtlich geirrt hatte, beruhigten sich die Gemüter wieder.

Doch der Erzbischof steht mit seiner Fehleinschätzung keinesfalls allein da. Denn im Lauf der Geschichte gab es eine ganze Menge Daten, die von angeblichen Experten als sicherer Zeitpunkt des bevorstehenden Weltuntergangs prophezeit wurden. Eines davon war das Jahr 992, in dem Mariä Verkündigung und Karfreitag, also die biblischen Symbole von Geburt und Tod, zusammenfielen. Nachdem das Jahr jedoch verstrich, ohne dass irgendetwas Schreckliches passierte, sahen viele Gläubige spätestens im Jahr 1000 den Weltuntergang endgültig für gekommen. Der Grund lag im bedingungslosen Vertrauen in die Worte der biblischen Apokalypse: »... gemäß der Prophezeiung des heiligen Johannes wird Satan nun bald von seinen Ketten befreit, denn die tausend Jahre gehen zu Ende ...«

Im Jahr 1524 waren es dann die Planeten Jupiter, Mars und Saturn, die den Menschen Angst und Schrecken einjagten, weil die drei ausgerechnet im Sternbild der Fische zusammentrafen. Das hielten selbst kühle Köpfe wie Martin Luther für den sicheren Hinweis auf eine bevorstehende Sintflut und damit auf das Ende des Erdenlaufs. Doch unser Planet drehte sich unbeirrt weiter, und 300 Jahre lang rechnete niemand mehr damit, dass er damit in absehbarer Zukunft aufhören würde. Das änderte sich jedoch, je näher man dem Jahr 1881 kam. Schuld daran war die Wahrsagung einer gewissen Mother Shipton, einer hakennasigen Hellseherin aus England, die kurz vor ihrem Tod die unheilvollen Worte hervorgestoßen hatte: »Thc world to an end will come – in eighteen-hundred-and-eighty-one.« Das war so grausig und präzise, dass sich niemand getraute, der offenbar hellseherisch begabten Dame zu widersprechen, zumal sie bereits den Großen Brand von London im Jahr 1666 vorhergesagt hatte.

Das letzte Jahr, das die Welt entgegen den Befürchtungen vieler Menschen heil überstand, war 1998. Denn 1998 ist exakt das Dreifache von 666, einer Zahl, die in der biblischen *Offenbarung des Johannes* als absolut schauderhaft geschildert wird. Wen das allein noch nicht überzeugte, dem erklärten Weltuntergangs-Verkünder, Christus sei genau in der 1998-ten Woche seines Erdendaseins ans Kreuz geschlagen worden – zwei derart unheilvolle Vorzeichen in ein und demselben Jahr könnten mit Gewissheit kein Zufall sein.

Doch all die genannten Termine verstrichen, ohne dass die Welt in Schutt und Asche gefallen, mit lautem Knall explodiert oder gurgelnd in immensen Wassermassen versunken wäre. Deshalb besteht auch eine reelle Chance, dass wir den 13. November 2026, den nächsten für den Weltuntergang vorhergesagten Tag, unbeschadet überleben werden. Sein Datum beruht auf der Berechnung amerikanischer Wissenschaftler des *Club of Rome*, einer 1968 gegründeten Organisation, die sich zum Ziel gesetzt hat, über die Zukunftsfragen der Menschheit nachzudenken. Die »Experten« haben nämlich ermittelt, dass sich an diesem Tag die Bevölkerungszahl auf der Erde mehr als je zuvor dem Wert »Unendlich« nähern wird und daraus den kühnen Schluss gezogen, wir würden dann zwar nicht verhungern, aber schlichtweg erdrückt.

Wie sie das berechnet haben, bleibt wie so vieles bei dieser ominösen Gesellschaft – von der noch öfter die Rede sein wird – im Dunkeln. Warten wir's also ab.

»Prognose: Ersatz einer Lüge
durch blindes Raten.«
Karsten Mekelburg,
deutscher Satiriker

1557

»Um seinen starken Durst zu löschen, wird der Große aus Mainz seiner Ämter enthoben. Die von Köln werden sich so laut beklagen, dass der breite Hintern in den Rhein gestürzt wird.«

Nostradamus (1503–1566),
Arzt, Astrologe und Wahrsager

Schon zu Lebzeiten war der Franzose Nostradamus – eigentlich hieß er Michel de Notredame, aber lateinische Namen waren seinerzeit in Mode – eine Legende. Grund dafür waren seine zahlreichen prophetischen Vierzeiler, die er unermüdlich verfasste, und die wegen ihres rätselhaften und alles andere als konkreten Inhalts bis heute eine Menge Spielraum für Interpretationen lassen. So ist es kein Wunder, dass gar nicht so wenige, vor allem spirituell angehauchte Menschen in Nostradamus den König der Propheten schlechthin sehen, dessen Vorhersagen ihnen als unumstößliche Offenbarung der Zukunft gelten, während andere seine Weissagungen kopfschüttelnd als abstruses, nichtssagendes Geschwätz abtun.

Einer der mehr als tausend Vierzeiler ist der oben zitierte, in dem von einem ominösen Großen aus Mainz die Rede ist. Damit kann für etliche Nostradamus-Deuter nur Helmut Kohl gemeint sein. Denn mit 1,93 Meter ist dessen Körpergröße zweifellos beachtlich. Zwar stammt er aus Ludwigshafen, aber als Ministerpräsident von Rheinland-Pfalz arbeitete er in Mainz. Ja, selbst die Anspielung auf den breiten Hintern passt prächtig ins Bild. Sagte man ihm während seiner Bundeskanzlerschaft nicht immer wieder nach, er würde Probleme am liebsten aussitzen? Was schließlich den starken Durst angeht, so war Helmut Kohl ganz sicher kein Abstinenzler und seine Vorliebe für pfälzischen Saumagen, den er mit reichlich Wein hinunterzuspülen pflegte, geradezu legendär.

Hat also Nostradamus mit seinem berühmten Vierzeiler schon vor mehr als 400 Jahren Kohls Sturz vorhergesagt? Immerhin würde sich seine Prophezeiung nahtlos in eine Vielzahl ähnlicher Prognosen einreihen, die Kohls Amtszeit (1982–1998) von Anfang an begleiteten. So titelte *Der Spiegel* bereits 1985: »Ist Kohl noch zu retten?«, und 1993 – immerhin fünf Jahre vor der tatsächlichen Ablösung als Bundeskanzler – behauptete eine andere Schlagzeile: »Kohls Macht zerfällt – das Ende einer Ära«. Doch nicht nur im eigenen Land waren Journalisten, was Kohls Standfestigkeit anging, überaus skeptisch, auch anderswo sah man schon frühzeitig das baldige Ende seiner Amtszeit voraus. So tönten zwei angesehene amerikanische Wirtschaftswissenschaftler 1993 im Brustton der Überzeugung: »Kohl wird entweder vor oder nach der nächsten deutschen Wahl als Kanzler ersetzt werden, möglicherweise schon Mitte 1994.« Doch Helmut Kohl ließ sich weder durch Nostradamus noch durch einen der vielen anderen Untergangspropheten irritieren und blieb unverzagt volle 16 Jahre deutscher Bundeskanzler.

Sicher nicht zuletzt wegen seines breiten Hinterns.

»Hätten wir gestern gewusst, was wir heute wissen,
dann würde das Morgen ganz anders sein,
als es übermorgen gewesen sein wird.«
Robert Kroiß,
deutscher Schriftsteller

1591

»Der Bogen ist eine einfache Waffe, dagegen sind Feuerwaffen höchst komplizierte Geräte, die auf vielerlei Art ihren Dienst aufgeben.«

Sir John Smyth (1566–1612),
britischer Oberst und Minister

Dass der besorgte Oberst der Umstellung vom Bogen auf das Gewehr äußerst skeptisch gegenüberstand, kann man aus damaliger Sicht gut nachvollziehen. Denn der englische Langbogen hatte sich in vielen kriegerischen Auseinandersetzungen bewährt, ja, es grassierte sogar das Gerücht, ein geübter Bogenschütze – er schoss pro Minute bis zu zwölf Pfeile treffsicher ab – könne im Kampf ohne weiteres Hunderte, wenn nicht gar Tausende Gegner töten. Dagegen waren die damaligen Feuerwaffen – sogenannte Arkebusen – in jeder Hinsicht umständlich zu bedienen und dazu noch überaus unzuverlässig. Zwei Mann waren nötig, um ein solches Gewehr abzuschießen, und wenn Lunte oder Pulver feucht waren, brachte die Donnerbüchse gerade mal ein bisschen Rauch hervor.

Doch der Fortschritt war nicht aufzuhalten. Nach den Arkebusen kamen die Musketen. Mit ihren rund 15 Kilo Gewicht waren sie zwar auch alles andere als handlich, aber immerhin durchschlugen ihre Geschosse mühelos die damals üblichen Panzerungen. Ab 1650 wurden die Waffen mit Luntenschlössern durch andere mit wesentlich zuverlässigeren Steinschlössern ersetzt, bei denen der Zündfunke von einem Feuerstein erzeugt wurde, und nach 1800 kamen Gewehre mit Perkussionsschloss in Gebrauch, bei denen man zum Zünden Knallpulver verwendete. Die nächste Weiterentwicklung waren Repetiergewehre, die eine bis dahin für unmöglich gehaltene Schussfolge ermöglichten, doch damit war noch nicht Schluss. Im Zweiten Weltkrieg feuerten die Soldaten nämlich allesamt aus vollautomatischen Maschinenkarabinern, von denen die russische Kalaschnikow wohl die berühmteste ist. Aber selbst das reichte den Ingenieuren in den Waffenfabriken nicht, und sie konstruierten schließlich Maschinengewehre, deren 1500-Schuss-pro-Minute-Salven noch in drei Kilometern töten, einer Reichweite, die diejenige der einstmaligen englischen Langbogen um das Zehnfache übertrifft.

Von der verheerenden Wirkung der »höchst komplizierten Geräte« ganz zu schweigen.

1714

»Eine Uhr, die auf Schiffen pro Tag auf zirka drei Sekunden genau geht, ist undenkbar.«

Isaac Newton (1643–1727),
britischer Physiker, Mathematiker und Astronom

Zuerst fragt man sich bei Newtons Aussage natürlich, wozu denn eine derart präzise gehende Uhr überhaupt nötig sei. Nun, die hätte man gebraucht, um auf hoher See zusätzlich zum relativ einfach zu ermittelnden Breitengrad auch noch möglichst exakt die geographische Länge zu bestimmen. Zu diesem Zweck war man nämlich von alters her auf die Beobachtung der Sterne angewiesen, und die waren bei bewölktem Himmel oft nicht zu sehen. Dann konnte man die üblichen, auf Tabellen beruhenden Längenmessverfahren wie die Beobachtung der Fixsternbedeckung durch den Mond oder das Verschwinden der großen Jupitermonde hinter ihrem Planeten vergessen. Da diese Methoden zudem alles andere als zuverlässig waren, verirrten sich auf den weiten Ozeanen nicht wenige Schiffe oder zerschellten gar an plötzlich auftauchenden Untiefen oder Inseln.

Doch zum Glück kümmerten sich die Uhrmacher nicht um Newtons pessimistische Prognose und bauten nach und nach Zeitmesser, die immer zuverlässiger und vor allem genauer ihren Dienst verrichteten. Und das sogar auf einem schwankenden Schiffsdeck in stürmischer See. Im Jahr 1776 schließlich stellte der Tischler John Harrison aus Mittelengland, der sich das Uhrmachen selbst beigebracht hatte, der staunenden Öffentlichkeit ein Chronometer vor, das die Newton'schen Genauigkeitskriterien mühelos erfüllte, ja, sogar deutlich übertraf. Doch damit nicht genug: Harrisons Sohn gelang es ein paar Jahre später, dieses Wunderwerk der Technik noch einmal derart zu verbessern, dass eine seiner Uhren während einer fast dreimonatigen Seereise um nicht mehr als fünf Sekunden falsch ging.

Aber selbst das ist im Vergleich zu den heute verwendeten Schiffschronometern alles andere als genau. Die gehen nämlich pro Tag deutlich weniger als eine hundertstel Sekunde vor oder nach. Und das, obwohl man in unserer Zeit, in der man die Position bequem und präzise mittels Satellitennavigation (GPS) bestimmt, zur Längenmessung schon lange nicht mehr auf sie angewiesen ist.

»Weissagungen sind oft nur fromme Wünsche.
Manchmal auch große Blicke in die Weltgeschichte
und Gefühl vom Wiederkehren der Dinge.«
Johann Wolfgang von Goethe

1782

»Es ist in jeder Hinsicht als unmöglich erwiesen, dass der Mensch sich in die Luft zu erheben und sich darin zu halten vermag.«

Joseph-Jérôme de Lalande (1732–1807),
französischer Mathematiker und Astronom

Lalande, seinerzeit ein hochangesehener Wissenschaftler, dessen Wort in gebildeten Kreisen Gewicht hatte, kommentierte mit obigem Satz die in seinen Augen abstruse Vorstellung mancher Zeitgenossen, wonach der Mensch in absehbarer Zeit neben Festland und Meer auch den Luftraum erobern würde. Das Zitat ist Teil einer Art Leserbrief an das angesehene und den seinerzeitigen Luftfahrtpionieren durchaus gewogene *Journal de Paris*, in dem es weiter heißt: »Die Menschen sprechen seit langem so viel von Flugmaschinen und Wünschelruten, dass man am Ende auf den Gedanken kommen könnte, sie glaubten an alle diese Torheiten, oder die Gelehrten, die an Ihrem Blatt mitarbeiten, hätten nichts gegen derart lächerliche Behauptungen einzuwenden.«

Wenn man bedenkt, dass Lalande Franzose und durchaus patriotisch gesinnt war, ist es schon eine bemerkenswerte Ironie des Schicksals, dass es nicht einmal ein Jahr dauerte, bis ihn ausgerechnet zwei Landsleute eines Besseren belehrten. Denn im Dezember 1782 gelang es den Brüdern Joseph und Étienne de Montgolfier, in ihrem Heimatort Annonay ihren ersten – freilich unbemannten – Heißluftballon zu starten. Dazu entzündeten sie ein stark qualmendes Gemisch aus Wolle und Heu und ließen den Rauch in einen aus Leinwand und Papier gefertigten Ballon strömen. Sie waren nämlich der Meinung, es sei der Rauch und nicht die heiße Luft, die das faltige Gebilde zu einer Kugel aufblähte und nach oben trieb.

In den folgenden Wochen und Monaten wurden die Ballonfahrten immer ausgedehnter, und bereits am 21. November 1783 stiegen in einer angehängten Gondel dann auch die ersten Menschen in die Höhe. Damit war Lalandes Prophezeiung endgültig widerlegt. Bis danach Flüge mit einem Gerät stattfanden, das eindeutig schwerer war als Luft und deshalb mit Recht als Flugzeug bezeichnet werden konnte, sollten allerdings noch mehr als 100 Jahre vergehen.

Doch darauf kommen wir noch ausführlich zu sprechen.

1800

»Dass Herr Beethoven ein fertiger Klavierspieler ist, ist bekannt. Ob er ein ebenso glücklicher Tonsetzer sei, ist dagegen eine Frage.«

Allgemeine musikalische Zeitung,
bedeutendes Musikfachblatt des 19. Jahrhunderts

Komponisten, die die üblichen musikalischen Wege verlassen und ihre Werke mit neuen, ungewohnten Elementen bereichern, gehen seit jeher ein beträchtliches Risiko ein, missverstanden und angefeindet zu werden. Ludwig van Beethoven erging es da nicht besser: Während seiner ganzen Schaffensperiode musste er sich gegen böswillige, ja, oft verletzende Kritik zur Wehr setzen. Ein Beispiel ist das zitierte Urteil des Kritikers der *Allgemeinen musikalischen Zeitung*, in dem es weiter heißt: »Beethoven erlaubt sich in der Modulation Rückungen und Härten, die nichts weniger als schön sind. Ich mag dergleichen Übergänge ansehen und anhören, wie ich will, sie sind und bleiben platt, und sie sind und bleiben es desto mehr, je angekündigter sie sein sollen.«

Noch schärfer urteilte später ein Kritiker über Beethovens Oper *Fidelio,* wobei er seine persönliche Ansicht auch noch hemmungslos verallgemeinerte: »Alle parteilosen Musikkenner und -freunde waren darüber vollkommen einig, dass so etwas Grelles, Unzusammenhängendes, das Ohr Empörendes schlechterdings noch nie in der Musik geschrieben worden sei.« Und zu einem der bekanntesten und meistgespielten Werke Beethovens, der *Fünften* oder *Schicksalssinfonie,* bemerkte 1809 der damals durchaus angesehene und einflussreiche russische Musikwissenschaftler Alexander Oulibicheff herablassend: »Ich würde behaupten, so etwas gehört einfach nicht zu der Kunst, die ich gewohnt bin, als Musik zu bezeichnen.«

Selbst Beethovens *Neunte Sinfonie* mit der erhebenden *Ode an die Freude* wurde zunächst alles andere als begeistert aufgenommen, wobei besonders bemerkenswert ist, dass sogar etliche der beteiligten Orchestermusiker ihrem Unverständnis lauthals Luft machten. Zweimal war eine Aufführung in England geplant, und zweimal wurde sie mit der Begründung abgesagt: »Der taube Komponist hat das Zeug offenbar geschrieben, weil er es selbst nicht mehr hören muss.«

Vielleicht hat Beethoven ja genau deshalb weiterhin so großartige Musik komponiert: weil er wegen seiner zunehmenden Taubheit die beißenden Urteile seiner Kritiker nicht mehr anhören musste.

»Ein Experte ist ein Mann, der hinterher genau sagen kann, warum seine Prognose nicht gestimmt hat.«

Winston Churchill, ehemaliger britischer Premierminister

1806

»Erdöl ist eine nutzlose Absonderung der Erde. Seiner Natur nach ist es eine klebrige Flüssigkeit, die stinkt und in keiner Weise verwendet werden kann.«

Russische Akademie der Wissenschaften, *St. Petersburg*

Schon vor mehr als 5000 Jahren verwendeten die alten Babylonier an der Oberfläche austretendes Erdöl, um damit ihre Boote abzudichten. Daneben gibt es Hinweise, dass sie die schmierige Masse schon sehr früh auch als Heil- und Wundmittel benutzten. Dabei blieb es viele Jahrhunderte lang, bis kluge Leute irgendwann das aus der schwarzen Flüssigkeit gewonnene Petroleum als Brennstoff für Lampen verwendeten und Geologen auf die Idee kamen, es müsse unter der Erde ausgedehnte Erdölfelder geben, die man anbohren und ausbeuten könnte. Allerdings gab es, wie das Gutachten der *Russischen Akademie der Wissenschaften* beweist, auch etliche Experten, die vollkommen anderer Meinung waren und die Kosten der Erdölförderung schlichtweg für hinausgeschmissenes Geld hielten.

Offenbar waren jedoch maßgebliche amerikanische Geologen optimistischer, sonst hätten sie Mitte des

19. Jahrhunderts wohl kaum die neugegründete *Pennsylvania Rock Oil Company* ermutigt, den pensionierten Eisenbahner Edwin Drake mit dem Bohren nach Öl zu beauftragen. Der machte sich sofort mit Feuereifer an die Arbeit, aber das inzwischen fast 50 Jahre alte vernichtende Urteil der russischen Wissenschaftler steckte noch immer in den Köpfen vieler Ingenieure und Techniker, und so gestaltete sich die Suche nach geeigneten Fachkräften als sehr schwierig. Unter anderem ist die Aussage eines angeblichen technischen Experten überliefert, den Drake zu diesem Zweck anheuern wollte: »Bohrer für Öl? Sie meinen, in die Erde bohren und versuchen, Öl zu finden? Sie sind verrückt!« Doch schließlich gelang es Drake, einen wagemutigen Bohrtrupp zusammenzustellen, mit dessen Hilfe er tatsächlich 1859 bei Titusville, Pennsylvania, eine ergiebige Ölquelle ausfindig machte. Dieser Erfolg löste den ersten Ölboom der Geschichte aus, und Ende 1860 pumpten im Gebiet um Titusville bereits 75 Ölförderanlagen das »Schwarze Gold« aus der Erde.

Danach ging es Schlag auf Schlag. 1870 gründete John D. Rockefeller die *Standard Oil Company*, die sich höchst erfolgreich um alles kümmerte, was mit Erdöl zusammenhing – bis hin zum Anbau ausgedehnter Eichenwälder, deren Holz man für die Produktion von Fässern benötigte. Als dann Ende des 19. Jahrhunderts das Auto mit Verbrennungsmotor seinen Siegeszug um die Welt antrat (1900 gab es in den USA rund 9000 Autos, 1912 schon mehr als 900 000), wuchs der Markt für Treib- und Schmierstoffe ins Unermessliche. Überall wurde nach Öl gebohrt, das nicht zuletzt durch den Ersten Weltkrieg, den ersten rundum motorisierten Krieg der Geschichte, händeringend benötigt wurde.

Im Jahr 1932 stieß man dann auf der kleinen Insel

Bahrain im Persischen Golf auf ausgedehnte Ölfelder, woraufhin die arabischen Staaten, allen voran Saudi-Arabien, ins Blickfeld der multinationalen Konzerne rückten. Öl wurde in immer größeren Mengen gefördert, und als der Zweite Weltkrieg mit seinen unzähligen Lastwagen, Panzern, Kriegsschiffen und Flugzeugen ausbrach, kannte der Bedarf kein Halten mehr. Der Preis stieg in schwindelnde Höhen, und selbst die beiden Ölkrisen in den 1970er Jahren sowie die zwei Golfkriege 1990 und 2001 taten der Gier keinen Abbruch. Im Herbst 2004 überstiegen die Kosten für ein Barrel die 50-Dollar-Marke, vier Jahre später musste man für die gleiche Menge schon das Doppelte ausgeben. Das verwundert nicht, stellt Erdöl doch mittlerweile einen der wichtigsten Grundstoffe der organischen Chemie dar (man spricht sogar eigens von *Petrochemie*). Erdöl ist heutzutage die Ausgangsbasis für alle möglichen Kunststoffe, für synthetische Fasern, Verpackungsmaterialien (z. B. Styropor), Farben, Düngemittel und Medikamente, um nur einige Produkte zu nennen. Ein Ende der Preisspirale ist nicht absehbar, denn die »stinkende, klebrige Absonderung der Erde« ist für unser modernes Leben längst viel wichtiger und wertvoller geworden als pures Gold.

Und noch zwei weitere Prognosen zum Öl sind längst widerlegt worden. Die eine stammt aus dem im Jahr 1939 erschienenen Buch *Ölkrieg* des österreichischen Journalisten und Sachbuchautors Anton Zischka, in dem man folgenden Satz lesen kann: »Während es Kohle noch für Jahrtausende gibt, gibt es Öl nur noch für wenige Jahrzehnte. Dass die Vereinigten Staaten in höchstens 20 Jahren kein Öl mehr haben werden, steht fest.« Die andere veröffentlichte der *Club of Rome*, eine ominöse Gesellschaft selbsternannter Auguren, von der noch ausführlich zu sprechen sein wird, im Jahr 1972: »Wenn man annimmt, dass der Erdölverbrauch pro Jahr um 4 Prozent zunimmt, reicht das Öl noch für 20 Jahre.«

Wären diese fatalistischen Prophezeiungen eingetreten, hätten spätestens Anfang der 1990er Jahre die Erdölquellen dieser Welt samt und sonders versiegen müssen. Doch die verheerende Ölkatastrophe im Golf von Mexiko hat eindrucksvoll vor Augen geführt, welch gigantische Ölmengen noch ungenutzt in der Erde und unter dem Boden der Ozeane schlummern.

»Ich denke niemals an die Zukunft;
sie kommt früh genug.«
Albert Einstein

1809

»Die Verwendung von Dampfschiffen auf einigermaßen schnell fließenden Strömen ist gänzlich unmöglich.«

Joseph von Baader (1763–1835),
Ingenieur und Konstrukteur

Joseph von Baader, der die Zukunftsaussichten der Dampfschifffahrt in einem Gutachten derart pessimistisch beurteilte, war nicht irgendwer. Vielmehr zählte er zweifellos zu den bedeutendsten Technikern und Maschinenbauern seiner Zeit und galt unter anderem als einer der maßgeblichen Wegbereiter der Eisenbahn in Bayern. Sein Urteil wurde daher von seinen Zeitgenossen durchaus ernst genommen. Und dennoch irrte er sich ebenso gründlich wie der französische Kaiser Napoleon, der die allmählich in Mode kommenden Dampfschiffe 1810 mit der verächtlichen Bemerkung abtat: »Was, bitte sehr, veranlasst Sie zu der Annahme, dass ein Schiff gegen den Wind und gegen die Strömung segeln könnte, wenn man nur ein Feuer unter Deck anzünde? Bitte entschuldigen Sie mich. Ich habe keine Zeit, mir so einen Unsinn anzuhören.«

Dabei war die Dampfschifffahrt auf Flüssen zu Beginn des 19. Jahrhunderts längst nicht mehr neu. Unter anderem befuhr das kleine, dampfbetriebene Boot *Perseverance* bereits seit 1787 regelmäßig den amerikanischen Delaware River (wobei es eine Geschwindigkeit von 6 Stundenkilometern erreichte), und in England transportierte die *Charlotte Dundas* mit einem immerhin 10 PS leistenden Motor alle möglichen Güter über den Forth und den Clyde-Kanal. Zwei Jahre vor Baaders abschätzigem Urteil hatte der Staat New York sogar der von dem Ingenieur Robert Fulton entwickelten *Clermont*, die auf dem Hudson regelmäßig in knapp 52 Stunden von New York ins 230 Kilometer entfernte Albany und wieder zurück dampfte, ein langjähriges Exklusivprivileg eingeräumt.

Als besagter Fulton jedoch der bayerischen Regierung vorschlug, auch die Donau aufwärts »ohne Pferde zu befahren«, also die von Pferden auf Treidelpfaden gezogenen Schleppkähne durch motorbetriebene Dampfschiffe zu ersetzen, erstellte Joseph von Baader besagtes Gutachten, in dem er – starrköpfig und von den außerdeutschen Erfolgen gänzlich unbeeindruckt – »bewies«, dass der Einsatz von Schiffen mit Dampfmaschinen auf schnell fließenden Strömen ganz und gar unmöglich sei. Doch den Fortschritt konnte er damit nicht aufhalten, und so gewann die Binnendampfschifffahrt trotz

Baaders tiefer Skepsis rasch an Bedeutung. Zunächst allerdings vorwiegend im Ausland, etwa auf den Flüssen der USA, wo bereits 1812 rund 50 Dampfboote verkehrten. Oder auf den Britischen Inseln, wo zwischen Glasgow und Greenock ein regelmäßiger Schiffsverkehr eingerichtet wurde.

Den Rhein befuhr das erste Dampfschiff im Juni 1816, als die britische *Defiance* bis Köln hochtuckerte und von Tausenden Menschen am Ufer jubelnd begrüßt wurde. Ein Jahr später nahm man dann auch auf Deutschlands bedeutendstem Fluss einen regelmäßigen Dampferverkehr auf. Bald wurden die Schaufelräder durch Schrauben ersetzt, und bereits 1819 überquerte die *Savannah* als erstes großes Dampfschiff den Atlantik. Danach überschlugen sich die Ereignisse. Immer größere und schnellere Schiffe kreuzten auf Flüssen und Meeren, und 1907 errang der Vier-Schrauben-Turbinendampfer *Mauretania* mit seinem 78000 PS leistenden Motor und einer Durchschnittsgeschwindigkeit von mehr als 26 Knoten sogar das berühmte *Blaue Band* für die schnellste Überquerung des Atlantiks mit einem Passagierschiff. Ein paar Jahre später wurde die Dampfturbine schließlich vom Dieselmotor abgelöst, mit dem bis heute Tausende von Schiffen jahrein, jahraus schnell und zuverlässig die Meere der Welt befahren.

Und natürlich auch die Flüsse, egal, wie stark sie strömen.

»Wenn Sie nicht über die Zukunft
nachdenken, können Sie keine haben.«
John Galsworthy, englischer Schriftsteller und Dramatiker

1814

»Shakespeares Name steht zu hoch im Kurs, und sein Stern wird über kurz oder lang verlöschen.«

Lord Byron (1788–1824),
englischer Dichter

Auch wenn sich um William Shakespeare, der von 1564 bis 1616 lebte und wirkte, so manche Legende bis hin zu der Behauptung rankt, er habe einen Teil seiner Werke gar nicht selbst geschrieben, gehören seine Stücke bis heute zu den meistaufgeführten und mittlerweile auch verfilmten der gesamten Weltliteratur. Doch selbst ein solch anerkanntes Genie, dessen Sonette nach der Bibel am häufigsten ins Deutsche übersetzt wurden, war immer wieder einer Menge Unverständnis, ja, sogar beißendem Spott ausgesetzt. Dabei ist das Zitat von Lord Byron noch eines der harmloseren. Weitaus vernichtender ist beispielsweise die Kritik, die der britische Schriftsteller und Politiker Samuel Pepys im September 1663 nach einer Aufführung von Shakespeares *Sommernachtstraum* in sein Tagebuch notierte: »Ein Stück, das ich noch nie gesehen habe und gewiss auch nie wieder sehen werde. Denn es ist das geschmackloseste, lächerlichste Zeug, das ich mein Lebtag miterleben musste. Ein paar gute Tänze, ein paar hübsche Weiber waren das Einzige, was mir Vergnügen gemacht hat.«

Noch drastischer zog der seinerzeit vielbeachtete Theaterkritiker Thomas Rhymer über Shakespeare her, als er schrieb: »Im Wiehern eines Pferdes, im Knurren eines angeketteten Hundes entdecke ich mehr Empfindung und Einfühlungsvermögen als in den tragischen Trivialitäten Shakespeares. Die Szene mit Brutus und Cassius ist so, als würden ein Clown und ein Ringer sich auf dem

Jahrmarkt ausstellen und um den Preis von zwei roten Hellern kämpfen.« Und sogar noch mehr als hundert Jahre später verurteilte der große Philosoph Voltaire Shakespeares Hamlet als »betrunkenen Barbar und vulgären Clown« und warf ihm vor: »Jeder provinzielle Tagelöhner artikuliert sich gewählter und in eleganteren Ausdrücken als der dänische Prinz in seinen Monologen.«

Fest steht, dass trotz all der vernichtenden Kritik Shakespeares Stern gar nicht daran denkt zu verlöschen. Vielmehr beweist der große englische Dichter mit mehr als 2000 Aufführungen, die Jahr für Jahr allein im deutschen Sprachgebiet auf Dutzenden von Bühnen stattfinden, fast an jedem Abend neu, wie unerhört lebendig er nach wie vor ist.

»Der Hauptfeind der Wissenschaft ist
nicht der Irrtum, sondern die Faulheit.«
Henry Thomas Buckle, britischer Historiker

1816

»Telegraphen aller Art sind heute völlig unnötig, und keine anderen als die bisher in Gebrauch befindlichen werden angenommen.«

Britische Admiralität

Ganz allgemein versteht man unter Telegraphie – das Wort bedeutet so viel wie »Fernschrift« – die Übermittlung von Nachrichten über eine mehr oder minder große Entfernung, wobei die einzelnen Buchstaben mittels einer Art Code übertragen werden. Insofern ist beispielsweise der Austausch von Informationen zwischen Schiffen mittels Flaggensignalen ebenso eine Form der Telegraphie wie die bei der Marine noch heute übliche Kommunikation mit Hilfe von Blinklampen.

Wenn die britische Admiralität in ihrem ablehnenden Bescheid 1816 von den »bisher in Gebrauch befindlichen« sprach, so meinte sie damit allerdings optische Telegraphen, die die einzelnen Buchstaben durch unterschiedliche Stellungen schwenkbarer Signalflügel an hohen Masten anzeigten. Der Empfänger der Nachricht »las« sie mittels eines Fernrohres ab und setzte sie zu Wörtern und Sätzen zusammen. Mit Hilfe solcher in bestimmten Abständen aufgestellten Geräte übermittelte etwa der deutsche Physiker Johann Beckmann Geburtstagsgrüße an den Markgrafen von Baden.

Doch mit der Erfindung der Batterie durch Alessandro Volta und der Entdeckung, dass elektrischer Strom in einem metallenen Leiter weite Strecken zurücklegen kann, änderte sich die Situation, und die ersten elektrischen Telegraphen wurden entwickelt. Die waren am Anfang jedoch derart störanfällig, dass die harsche Absage der Admiralität gegenüber einem von dem Erfinder Francis Ronalds vorgestellten Gerät, das mit einer Elektrisiermaschine arbeitete, durchaus nachvollziehbar ist. Hatte sich doch die optische Methode viele Jahrzehnte lang als durchaus praktisch und zuverlässig erwiesen.

Den Fortschritt konnten die Admirale mit ihrem Urteil natürlich nicht aufhalten, und so wurde zwanzig Jahre später schließlich doch der nach seinen Entwicklern benannte Cooke-Wheatstone-Telegraph eingeführt, mit dem gut trainiertes Bedienpersonal erstaunlich hohe Übertragungsraten erreichte. Der entscheidende Durchbruch gelang jedoch erst mit dem von Samuel Morse konstruierten Schreibtelegraphen, bei dem die Signale über einen einfach und schnell zu bedienenden Taster eingegeben wurden.

Zu Beginn des 20. Jahrhunderts wurde schließlich die Funktelegraphie eingeführt, für deren Entwicklung der deutsche Wissenschaftler Ferdinand Braun 1909 zusammen mit dem Italiener Guglielmo Marconi den Physik-Nobelpreis erhielt. Nun dauerte es nicht mehr lange, bis auch die Militärs die großen Vorteile der neuen Technik erkannten und auf ihren Kriegsschiffen entsprechende Geräte installierten. Bis zum Radio, mit dem man unmittelbar das gesprochene Wort übertragen konnte, war es jetzt nicht mehr weit.

Doch davon an anderer Stelle mehr.

1818

»Er ist ein liebenswerter Spinner, dessen Erfindung allenfalls für das Museum gut ist.«

Journal de Paris,
französische Tageszeitung

Der geniale Motorenkonstrukteur Rudolf Diesel hat einmal gesagt: »Es gibt kein verlogeneres Sprichwort als das vom Genie, das sich zäh durchbeißt. Von 100 Genies gehen 99 unentdeckt zugrunde, und das hundertste pflegt sich nur unter unsäglichen Schwierigkeiten durchzusetzen. Erstaunlicherweise zieht die Allgemeinheit daraus den falschen Schluss, außerordentliche Begabung sei stets auch mit der ebenso großen Fähigkeit verbunden, äußere Schwierigkeiten zu überwinden.«

Dafür, dass Diesel mit diesem pessimistischen Urteil sicher nicht ganz unrecht hat, gibt es kein eindrucksvolleres Beispiel als das des badischen Erfinders Karl Friedrich Freiherr von Drais (1785–1851). Keine einzige seiner zahlreichen Ideen wurde zu seinen Lebzeiten auch nur annähernd ein Erfolg. Dies gilt auch für das von ihm entwickelte Laufrad, dem das angesehene *Journal de Paris* allenfalls einen Platz im Museum, mehr noch: Kuriositätenkabinett, zugestand. Dabei war das Laufrad nichts Geringeres als der unmittelbare Vorläufer des Fahrrads, das ganz gewiss keine nutzlose Erfindung eines Spinners ist.

Zwar erhielt Drais für sein Laufrad nach zähem Ringen ein Patent – ganz so durchsetzungsschwach war er also offenbar doch nicht –, aber überall, wo er mit seinem von einem Sattel gekrönten Holzgestell auf zwei Rädern auftauchte, wurde er von der Bevölkerung allenfalls nachsichtig belächelt. Das frustrierte ihn mit der Zeit derart, dass er dem Alkohol verfiel und schließlich sogar einen ausgeprägten Verfolgungswahn entwickelte. Am Ende starb er im Jahr 1851 als gebrochener Mann, ohne auch nur ansatzweise den gigantischen Siegeszug des auf seiner Erfindung beruhenden Fahrrads rund um den Globus erlebt haben zu dürfen.

Wohlgemerkt nicht etwa im Museum, sondern auf der Straße.

»Ein Irrtum ist umso gefährlicher,
je mehr Wahrheit er enthält.«
Henri-Frédéric Amiel,
Schweizer Philosoph

1821

»Du hast nichts anderes im Kopf, als Käfer sammeln, Jagen und Ratten fangen und wirst dir und der ganzen Familie nichts als Schande machen.«

Robert Waring Darwin (1724–1816),
britischer Arzt und Vater von Charles Darwin

Selbst naturwissenschaftlich ganz und gar uninteressierte Zeitgenossen können im Allgemeinen ohne langes Nachdenken die Frage beantworten, wer der Begründer der Evolutionstheorie war: der Engländer Charles Darwin (1809–1882). Die Veröffentlichung seines Werkes *Die Entstehung der Arten* im Jahr 1859 gilt neben der knapp ein Jahrhundert später, genauer: 1953, gelungenen Entschlüsselung der DNA-Struktur durch Watson und Crick als das bedeutendste Ereignis in der Biologie überhaupt, ein Ereignis, von dem der berühmte Wissenschaftler Theodosius Dobzhansky einmal treffend gesagt hat: »Nichts in der Biologie ergibt einen Sinn, außer im Licht der Evolution.« Kurz: Charles Darwin kann man ohne weiteres als Vater der modernen Biologie bezeichnen.

Doch das war in seiner Kindheit und Jugend beim besten Willen nicht vorherzusehen. In der Schule kämpfte er sich mehr schlecht als recht durch den ihn langweilenden Unterricht und schaffte nur mit Mühe den Abschluss. Und sein erstes Studium – Medizin im schottischen Edinburgh – gab er schon nach wenigen Monaten frustriert wieder auf, um sich – auch das ohne große Begeisterung – der Theologie zuzuwenden. Doch sein bescheidener akademischer Erfolg war keinesfalls das Resultat mäßiger Intelligenz; vielmehr mangelte es Darwin schlicht und einfach am nötigen Fleiß und Durchhaltewillen. Denn von Kindesbeinen an galt sein glühendes Interesse der

Natur mit all ihrer Vielfalt. Stundenlang streifte er durch Feld und Wald und sammelte dabei alles, was ihm in die Finger kam – mit ganz besonderer Begeisterung Käfer. Außerdem ging Charles leidenschaftlich gern zur Jagd und beschäftigte sich in seiner freien Zeit viel lieber mit seinen Hunden als mit irgendwelchem trockenen Lehrmaterial.

Insofern war das väterliche Urteil, was den ersten Teil angeht, durchaus berechtigt. Dass Charles aber, wie es der Vater prophezeit hatte, der Familie nichts als Schande machen werde, war dagegen eine Fehlprognose, wie sie krasser kaum möglich ist. Das beweist allein schon die Tatsache, dass der große Charles Darwin nach seinem Tod in der Westminster Abbey begraben wurde – Seite an Seite mit dem wohl bedeutendsten englischen Naturwissenschaftler überhaupt, Isaac Newton.

Vielleicht ist das Darwin'sche Beispiel ein kleiner Trost für Eltern, deren Söhne oder Töchter so gar nicht dem entsprechen, was sie sich von ihnen erwartet haben. Vielleicht sollten sie es so machen, wie Darwins Vater: irgendwann resigniert das Schimpfen aufgeben und stattdessen geduldig abwarten und sich überraschen lassen. Wer weiß, ob in ihrem Kind nicht ein unerkanntes Genie steckt.

1825

»Stephensons Plan ist die absurdeste Idee, die jemals in einem Menschenhirn entstanden ist.«

Edward Alderson,
britischer Anwalt und Unterhausabgeordneter

Es war eine hektische, immer wieder von Tumulten unterbrochene Sitzung des englischen Unterhauses, in der

der Abgeordnete Edward Alderson im Frühjahr 1825 lautstark sein vernichtendes Urteil verkündete. Hatte dieser George Stephenson doch allen Ernstes vorgeschlagen, zwischen Manchester und Liverpool Eisenschienen zu verlegen, auf denen regelmäßig ein dampfbetriebenes Gefährt Personen und Waren befördern sollte! Mit unerhörter Dreistigkeit hatte dieser Großtuer behauptet: »Ich bin fest davon überzeugt, dass es in ein paar Jahrzehnten keine Postkutschen mehr geben wird, sondern nur noch stählerne Geleise, die alle Länder der Welt durchziehen, und auf denen dampfbetriebene Wagenzüge fahren werden.«

Da half es auch nichts, dass der Abgeordnete Harrison versuchte, die empörende Angelegenheit ins Lächerliche zu ziehen: »Mr. Stephenson spricht von Lokomotiven. Sie wissen alle, dass es sich dabei um Maschinen handelt, die durch Feuer angetrieben werden. Wenn es einmal regnet, würde das Feuer schnell erlöschen. Natürlich könnte man den Dampfwagen in Decken einpacken, aber die würde der Luftzug während der Fahrt wohl rasch fortwehen. Und wenn es Sturm gäbe, würde der Wind das Feuer zweifellos so stark anfachen, dass der Kessel platzen müsste.« Und natürlich zitierte man auch aus dem Gutachten des Pariser Professors Arago, eines Mitglieds der französischen Akademie der Wissenschaften, in dem es hieß: »Die schnelle Beförderung der Reisenden könnte eine Gehirnkrankheit, das *Delirium furiosum*, auslösen. Ich kann mir nicht vorstellen, dass sich jemand dieser grässlichen Gefahr aussetzt. Falls aber doch, so muss der Staat wenigstens die Zuschauer schützen, indem er die Bahnstrecke beiderseits mit hohen Zäunen einfassen lässt.« Wenn ein Abgeordneter trotz all dieser stichhaltigen Argumente noch immer nicht einsah, wie töricht Stephensons Vorschlag war, so musste ihn spätestens der mehrfach in der Debatte angeführte Einwand des französischen Handelsministers Thiers überzeugen, wonach »auf Metallschienen rollende Metallräder wegen der fehlenden Reibung zwangsläufig schon bei dem geringsten Widerstand durchdrehen würden, weshalb sie zum Transport von Menschen und Gütern gänzlich ungeeignet« seien.

Doch da allmählich bekannt wurde, dass der rührige Erfinder schon etliche Lokomotiven gebaut hatte, die mit großer Zuverlässigkeit ihren Dienst taten, ebbte der Widerstand in den Monaten nach der Unterhaussitzung immer weiter ab; und schließlich wurde am 27. September 1825 die erste, etwa 20 Kilometer lange Eisenbahnstrecke von Stockton nach Darlington vor riesigen Mengen begeisterter Schaulustiger feierlich eingeweiht. Zur allgemeinen Verblüffung schleppte die fauchende Lok neben zwölf mit Kohlen und Mehl beladenen Güterwaggons problemlos auch noch 22 Personenwagen hinter sich her, in denen auf hölzernen Bänken nicht weniger als 450 wagemutige Passagiere saßen. Und es war kein Geringerer als Stephenson höchstpersönlich, der sich in Frack und Zylinder als Lokführer betätigte.

Ein paar Monate später wurde dann die erste längere Strecke, nämlich die bei der Unterhaussitzung so hitzig debattierte von Liverpool nach Manchester, in Betrieb genommen. Doch obwohl alles nach Plan lief, verstummten die kritischen Stimmen nicht. So warnte der britische Naturphilosoph und Astronom Dionysius Larder seine Landsleute noch 1834 allen Ernstes: »Zugfahrten mit hoher Geschwindigkeit sind unmöglich. Die Passagiere können bei diesem hohen Tempo nicht mehr atmen und müssen qualvoll ersticken.« Und englische

Bauern fürchteten gar, die zischenden und dröhnenden schwarzen Ungetüme auf den Schienen könnten die Weidekühe derart in Panik versetzen, dass die Tiere vor lauter Schreck keine Milch mehr gäben.

Doch nach und nach stellten sich all diese abschreckenden Prognosen als haltlos heraus; und so war es nur eine Frage der Zeit, bis auch in Deutschland der erste Zug fuhr. Das war der berühmte *Adler*, der im Dezember 1835 mit rund 30 Stundenkilometern die gewaltige Strecke von Nürnberg in die Schwesterstadt Fürth zurücklegte. In der Folgezeit baute man überall in der Welt immer längere Eisenbahnlinien, auf denen immer mehr Züge verkehrten. Heute umfasst die Gesamtschienenlänge weltweit mehr als 1,2 Millionen Kilometer. Und das höchste Tempo, mit dem bislang ein Zug über die Geleise gerast ist, beträgt sagenhafte 575 Stundenkilometer.

Ohne dass dabei irgendetwas explodiert, der Lokführer ins Delirium verfallen oder gar einer der Passagiere jämmerlich erstickt wäre.

»Politische Prognosen sind wie Wettervorhersagen:
Alle halten sich daran, nur das Wetter nicht.«

Peter Ustinov,
englischer Schauspieler und Schriftsteller

1843

»Liszt ist nichts weiter als eine banale Person mit wallender Haarmähne; außerdem schreibt er die geschmackloseste Musik aller Zeiten.«

Dramatic and Musical Review,
britisches Musikfachblatt

Der im ungarischen Teil des Kaisertums Österreich geborene Franz Liszt (1811–1886) war nicht nur ein virtuoser Tausendsassa auf dem Klavier, der seine Zuhörer schon als Kind mit unglaublicher technischer Brillanz begeisterte, sondern gilt bis heute als Inbegriff des romantischen Künstlers. Mit seinem markanten Profil und seiner schulterlangen Haarpracht war er dazu noch ein großer Frauenschwarm, bei dessen Konzerten die verzückten Damen reihenweise in Ohnmacht fielen. Vielleicht war es ja gerade dieser Erfolg beim anderen Geschlecht, um den ihn der Kritiker des angesehenen englischen Musikfachblattes *Dramatic and Musical Review* heimlich beneidete, als er sein vernichtendes Urteil fällte.

Doch wir wollen dem guten Mann keine unlauteren Motive unterstellen, zumal er mit seiner ablehnenden Einschätzung keinesfalls allein dastand. Denn auch der seinerzeit wohl berühmteste Musikkritiker, der Österreicher Eduard Hanslick, machte keinen Hehl daraus, dass er an der Liszt'schen Musik nichts, aber auch gar nichts Erbauliches finden konnte. »Wer das gehört hat und schön findet, dem ist wirklich nicht mehr zu helfen«, wetterte er voller Abscheu und bezeichnete die Kompositionen des Klaviervirtuosen bei anderer Gelegenheit sogar als »dissonierendes Geheul« und »klägliche Melodiebrocken sowie endlose Wiederholungen eines Motivs, das schon einmal scheußlich ist«.

Vielleicht hätten die vernichtenden Urteile der angeblichen Experten Liszt tatsächlich beeindruckt und womöglich sogar ernsthaft in seinem Schaffen beeinträchtigt, doch zum Glück gab es auch viele wohlwollende Kommentare, und zwar aus durchaus berufenem Mund. So meinte etwa Robert Schumann zur Musik seines gleichaltrigen Kollegen: »Diese Kraft, ein Publikum zu unterjochen, es zu heben, tragen und fallen zu lassen, mag wohl bei keinem anderen Künstler, Paganini ausgenommen, in so großem Maß anzutreffen sein.« Und der mehr als 60 Jahre jüngere Maurice Ravel – dessen *Boléro* uns noch beschäftigen wird – bemerkte nach Liszts Tod zu den bissigen Kritiker-Urteilen: »Welche Mängel an seinem ganzen Werk sind uns denn so wichtig? Sind nicht genügend Stärken in dem tumultuösen, siedenden, ungeheuren und großartigen Chaos musikalischer Materie, aus dem nach ihm mehrere Generationen berühmter Komponisten schöpften?«

Fakt ist jedenfalls, dass es weder die *Dramatic and Musical Review* noch Hanslick vermocht haben, Liszt das Komponieren zu verleiden. Deshalb können Musikliebhaber in der ganzen Welt bis heute voller Begeisterung in den voluminösen Akkorden, perlenden Läufen und überraschenden Harmonien seiner *Ungarischen Rhapsodien, Paganini-Etüden* und *Liebesträume* schwelgen.

Ohne sich vorwerfen lassen zu müssen, geschmacklos zu sein.

»Mehr als die Vergangenheit interessiert mich
die Zukunft, denn in ihr gedenke ich zu leben.«
Albert Einstein, deutscher Physiker

1847

»Wenn wir darüber nachdenken, fällt uns als einziger Trost ein, dass dieses Werk wohl sowieso von niemandem gelesen wird.«

James Lorimer (1818–1890), britischer Rechts- und Staatsphilosoph

Lorimer, ein intimer Kenner der englischen Literaturszene, war bei weitem nicht der Einzige, der über Emily Brontës Roman *Wuthering Heights* (*Sturmhöhe*) derart entsetzt war, dass er ihn keinem anderen zumuten mochte. Vielmehr erhob sich 1847, als das Buch erschien, ein allgemeiner Sturm der Empörung, der alle Teile der Leserschaft erfasste. Strotzte die Handlung doch nur so von brutaler Leidenschaft, gnadenloser Rache, wüsten Beschimpfungen, Maßlosigkeit und ekelhafter Tierquälerei. Und das Ganze auch noch ohne Happy End! Kein Wunder daher, dass der britische Philosoph sich mit dem Gedanken tröstete, der Roman finde bestimmt keine Leser. Doch damit sollte er sich gründlich täuschen.

Denn nicht nur in Großbritannien, sondern überall in der Welt wollten die Menschen das Drama gerade wegen seiner düsteren Vorgänge lesen, die die durchweg unsympathischen Figuren mit dem Findelkind Heathcliff als Protagonisten auf einer windgepeitschten Anhöhe im Hochmoor von Yorkshire erleben. Daher wurde der Roman schon bald in viele Sprachen übersetzt, im Lauf der Jahre allein zehnmal ins Deutsche. Und immer wieder wurde er verfilmt. Daneben entstand eine von der Handlung inspirierte gleichnamige Oper, die britische Sängerin Kate Bush vertonte die gruselige Geschichte höchst erfolgreich, und Cliff Richard verarbeitete einen großen Teil des Buches in seinem Musical *Heathcliff*. Bis heute hat *Wuthering Heights* weltweit Millionen von Lesern gefunden und gilt längst als Klassiker der britischen Literatur des 19. Jahrhunderts.

Wenn Lorimer das wüsste, er würde sich im Grab umdrehen!

1847

»Die Gegenwart huldigt ihm wie einem Götzen, aber die Zukunft wird ihn stürzen wie alle Götzen.«

Sándor Petofi (1823–1849),
ungarischer Lyriker

Derjenige, über den der ungarische Dichter so abfällig urteilte, war kein Geringerer als Johann Wolfgang von Goethe. Der war nämlich schon mit 25 Jahren eine Berühmtheit, hatte er doch bereits in diesem zarten Alter *Die Leiden des jungen Werther* verfasst, ein Werk, das überaus lebhaft diskutiert wurde und ein paar besonders empfindsame Leser sogar in den Selbstmord getrieben haben soll. Nachdem Goethes Ruhm in der Folgezeit etwas abebbte, entwickelte der Dichter sich spätestens mit Beginn des 19. Jahrhunderts immer mehr zu einer Lichtgestalt, zu einem Mythos, zur überragenden Persönlichkeit der deutschen Literatur.

Doch wie bei allen Berühmtheiten gab es auch Zeitgenossen, die dem Frankfurter und seinem Werk eher kritisch gegenüberstanden. So schrieb der Dichter und Philosoph Johann Gottfried Herder respektlos: »Goethe ist wirklich ein guter Mensch, nur äußerst leicht und spatzenmäßig, worüber er meine ewigen Vorwürfe hat.« Noch drastischer drückte sich einer von Goethes Universitätsprofessoren aus: »Goethe muss, wie man durchgängig von ihm glaubt, in seinem Obergebäude einen Sparren zu viel oder zu wenig haben.« Und von dem berühmten französischen Schriftsteller Victor Hugo grassiert sogar die Anekdote, er habe bei der Erwähnung des Namens Goethe einen roten Kopf bekommen und wütend ausgerufen: »Ein Monster, ein Biest! Kein Werk von ihm ist es wert, gelesen zu werden, außer *Die Räuber*.« Als einer seiner Freunde entgegnete, die *Räuber* seien doch von Schiller und nicht von Goethe, soll Hugo die Fäuste geballt und gebrüllt haben: »Da seht ihr es! Nicht einmal das hat er zustande gebracht!«

Doch kommen wir zurück zum Ungarn Petofi. Der beließ es nämlich nicht bei dem kurzen, oben zitierten Urteil, sondern schrieb weiter: »Wie gleichgültig Goethe von der Höhe seines Ruhmes herabsieht auf die Menschen, so werden bald die Menschen gleichgültig herabsehen auf die in Staub gesunkenen Trümmer seiner Glorie.« Wie jeder weiß, lag er mit dieser Prophezeiung voll daneben! Denn bis heute ist Goethes Ruhm ungebrochen. Jugendliche lesen seine Werke in der Schule, Menschenmassen pilgern zu den Stätten seines Wirkens, und kein anderer Dichter wird so oft zitiert wie er. »Die Botschaft hör ich wohl, allein mir fehlt der Glaube« sagt man, wenn man zweifelt, und »Zwei Seelen wohnen ach in meiner Brust«, wenn man hin- und hergerissen ist. Und wenn man sich über einen Mitmenschen so richtig ärgert? Dann kann der einen mit Freuden »am A... lecken«!

Kein Wunder daher, dass Goethe 2009 bei einer groß angelegten Internetumfrage, wer wohl der bedeutendste Deutsche der Geschichte sei, unter den ersten zehn landete und bei der Wahl des berühmtesten Dichters sogar mit großem Abstand den Spitzenplatz erklomm.

Vom Sturz eines Götzen kann da keine Rede sein.

1848

»An die Stelle der alten bürgerlichen Gesellschaft mit ihren Klassen und Klassengegensätzen tritt eine Assoziation, worin die freie Entwicklung eines jeden die Bedingung für die freie Entwicklung aller ist.«

Karl Marx (1818–1883),
deutscher Philosoph und Gesellschaftstheoretiker

Der optimistische Satz stammt aus Marx' berühmtem *Kommunistischen Manifest* von 1848. »Das siegreiche Proletariat«, schreibt der Theoretiker des Kommunismus darin weiter, »wird in den fortgeschrittenen Ländern schon bald allen Grund und Boden enteignen, das Erbrecht abschaffen, die Kreditvergabe ausschließlich einer Nationalbank übertragen sowie einen allgemeinen Arbeitszwang und die unentgeltliche Erziehung der Kinder durchsetzen. Anschließend werden sämtliche Klassengegensätze verschwinden und eine Gesellschaft entstehen, in der sich die Bürger in Frieden und Freiheit entwickeln können.«

Doch den prophezeiten idealen Kommunismus hat es in der Menschheitsgeschichte nie gegeben, weder vor 1848 noch danach. Selbst in der DDR, die vorgab, sich strikt an die Marx'schen Vorgaben zu halten, stand die bürgerliche Freiheit beileibe nicht an erster Stelle. Stattdessen gab es unter der Führung einer diktatorischen Partei die menschenverachtende Stasi sowie den mörderischen Schießbefehl an der Mauer. Und weil alles nicht so funktionierte, wie Marx und seine Epigonen sich das vorgestellt hatten, krachte die angeblich »demokratische Republik« 1989 mit Getöse zusammen. Und die glorreiche Sowjetunion Lenins, Stalins, Chruschtschows und Breschnews gleich mit dazu. Die kommunistische Welt, mit Russland als

Vormacht und seinen mehr oder minder freiwilligen Gefolgsstaaten bekam ihre ausufernden Probleme nicht mehr in den Griff. Die Produktion lahmte, überall fehlte es an Geld, das System zerfiel. Eineinhalb Jahrhunderte nach Verkündung der theoretischen Grundlagen war der von Marx erhoffte und in rosaroten Farben geschilderte klassenlose Kommunismus schon wieder am Ende.

»Wir sind zu jedem unvorhergesehenen
Ereignis bereit, mag es nun eintreten oder nicht.«
George W. Bush,
Ex-US-Präsident

1851

»Der Fallschirm, der von Garnerin erfunden worden ist, um dem Luftschiffer ein Rettungsmittel zu sein, kann niemals dieser Bestimmung entsprechen.«

Louis Figuier (1819–1894),
französischer Wissenschaftler und Schriftsteller

Die kategorische Ablehnung – sie stammt aus Figuiers *Geschichte der wichtigsten modernen Entdeckungen auf wissenschaftlichem Gebiet* – erstaunt einigermaßen, denn der Fallschirm war seinerzeit schon längst keine Neuheit mehr. Wer ihn ursprünglich erfunden hat, lässt sich heute zwar nicht mehr mit Gewissheit sagen, fest steht jedoch, dass schon der Universalgelehrte Leonardo da Vinci Skizzen eines Geräts angefertigt hatte, das entfernt einem Fallschirm glich und einen Sprung aus großer Höhe ermöglichen sollte. Und fest steht auch, dass im Jahr 1783 der Franzose Louis Lenormand als erster Mensch mit einem selbstkonstruierten Schirm vom Turm des Observatoriums in Montpellier sprang, ohne sich dabei sämtliche Knochen zu brechen.

Zwei Jahre später warf dann ein weiterer Franzose namens Jean-Pierre Blanchard nahe Frankfurt einen an einem Fallschirm baumelnden Hund aus einem Ballon. Unter den Augen zahlreicher Zuschauer landete das Tier sichtlich verstört, aber ansonsten unversehrt auf dem Boden. Da konnte es natürlich nicht mehr lange dauern, bis sich auch der erste Mensch mit einem Schirm aus größerer Höhe todesmutig in die Tiefe stürzte. Das war besagter André-Jacques Garnerin, auf den Louis Figuier in seiner Kritik anspielte. Den Sprung wagte er 1797 aus einem selbstgebauten Wasserstoffballon, den er in 700 Meter Höhe über dem Pariser Parc Monceau zur Explosion brachte, um danach sicher zur Erde zurückzuschweben. Ein Jahr später riskierte er zusammen mit einem jungen Mädchen sogar den ersten Tandemsprung der Geschichte. Zwar hatte die *Vossische Zeitung* das riskante Vorhaben zuvor scharf verurteilt, hatte die Luftfahrt von zwei Personen verschiedenen Geschlechts für unmoralisch erklärt und ernsthafte Bedenken geäußert, dass der Luftdruck die zarten Organe des jungen Mädchens beschädigen könnte, doch Garnerin ließ sich davon nicht beirren, wagte den Sprung und landete mitsamt seiner reizenden Begleiterin sicher und wohlbehalten auf festem Grund.

Dass Figuier dem Fallschirm nicht traute, lag denn auch weniger an seinem Landsmann Garnerin, als vielmehr an einem Engländer namens Robert Cocking. Der hatte die französische Erfindung nach eigenen Angaben wesentlich verbessert und ließ sich damit im Juli 1837, also 40 Jahre nach dem erfolgreichen Erst- und dem anschließenden Tandemsprung, über einer gewaltigen Menschenmenge in gut 2000 Meter Höhe aus einem Ballon in die Tiefe fallen. Was dabei genau schiefging, ist nicht überliefert, nur dass der Schirm komplett versagte und der Brite, begleitet vom entsetzten Aufschrei der Zuschauer, ungebremst auf dem Boden aufschlug. Was er bedauerlicherweise nicht überlebte.

Doch obwohl sein Tod in der Bevölkerung erhebliche Bestürzung auslöste, ließ sich die Entwicklung eines sicheren und zuverlässigen Fallschirms nicht mehr aufhalten. So war es nur eine Frage der Zeit, bis die deutsche Luftfahrtpionierin Käthe Paulus Ende des 19. Jahrhunderts ein zusammenfaltbares Modell erfand, mit dem sie ab 1893 mehr als hundertmal aus großer Höhe sprang, ohne dabei auch nur eine einzige ernsthafte Verletzung zu erleiden. Und 19 Jahre später, im März 1912, stellte der Russe Gleb Kotelnikow dann den Rucksack-Schirm vor, wie er noch heute in Gebrauch ist.

Und wann sprang damit endlich einer aus einem Flugzeug? Nun, das geschah nur knapp eineinhalb Jahre später, genauer gesagt im August 1913. Da stürzte sich der Franzose Adolphe Pégoud, der sich im folgenden Weltkrieg als tollkühnes Fliegerass einen Namen machen sollte, als erster Pilot der Geschichte mit einem Fallschirm aus einer einfachen Propellermaschine, die für diesen Versuch bewusst geopfert wurde. Ihm folgten viele weitere, von denen – vor allem in beiden Weltkriegen – nicht wenige der Garnerin'schen Erfindung, die Figuier seinerzeit in Bausch und Bogen verdammt hatte, ihr Leben verdankten.

1853

»*Rigoletto* ist das schwächste Werk Verdis. Es fehlt die Melodie. Die Oper wird es kaum schaffen, sich im Repertoire zu halten.«

Gazette Musicale,
französische Musikzeitschrift

Über Geschmack lässt sich bekanntlich streiten, und welche Oper ein Musikfreund für besonders gelungen hält und immer wieder gerne hört, ist zweifellos höchst subjektiv. Deshalb kann man zu Aussagen über die Beliebtheit eines Tonwerks nur größer angelegte Umfragen heranziehen. Und da steht Verdis *Rigoletto* stets in den obersten Rängen. Nach *Aida* und *La Traviata* ist es die meistgespielte seiner vielen Opern.

Schon die Premiere am 11. März 1851 in Venedig war ein grandioser Erfolg. Die revolutionäre Orchestermusik auf der einen sowie die Fülle eingängiger Melodien auf der anderen Seite rissen das Publikum immer wieder zu begeistertem Applaus hin. Zwar gaben anschließend einige Musikkritiker zu bedenken, die Texte seien zu trivial, und ein paar bemängelten sogar kompositorische Schwächen, das tat aber *Rigolettos* Beliebtheit keinerlei Abbruch. Daran war sicher nicht zuletzt die Arie *La donna è mobile* (*O, wie so trügerisch* ...) schuld, die bis heute eine der bekanntesten und meistgesungenen Opernmelodien überhaupt ist.

»Der sicherste Zeitpunkt für eine Prognose
ist kurz nach dem Ereignis.«
Winston Churchill, ehemaliger britischer Premierminister

1856

»Monsieur de Balzacs Platz in der französischen Literatur wird wohl kaum von Rang sein.«

Eugène Poitou (1825–1880),
französischer Schriftsteller und Literaturkritiker

Die abschätzige Beurteilung stammt aus der *Revue des Deux Mondes,* einem der ältesten noch existierenden Literaturmagazine Europas. Und derjenige, dem der Kritiker ein baldiges Verschwinden in der Anonymität der Vergessenheit voraussagte, war kein Geringerer als Honoré de Balzac (1799–1850), den die Franzosen neben Molière und Victor Hugo als einen ihrer größten Schriftsteller betrachten. Bis heute gilt sein komplexes Hauptwerk *La Comédie humaine (Die menschliche Komödie),* von dessen 137 geplanten Teilen er bis zu seinem frühen Tod leider nur 91 vollenden konnte, als eines der umfassendsten und tiefgründigsten Sittengemälde seiner Zeit.

Die zentralen Themen von Balzacs Romanen und Erzählungen – Habgier, Geiz, Spielsucht, sozialer Geltungsdrang sowie eine alles verzehrende sexuelle Obsession – hat er mit solcher Eindringlichkeit dargestellt, dass der 82-jährige Goethe nach der Lektüre von *La Peau de chagrin (Das Chagrinleder)* begeistert äußerte: »Es ist ein vortreffliches Werk neuester Art, das Produkt eines ganz vorzüglichen Geistes, welches sich dadurch auszeichnet, dass es zwischen dem Unmöglichen und Unerträglichen sich mit Energie und Geschmack hin- und herbewegt, und das Wunderbare als Mittel, die merkwürdigsten Gesinnungen und Vorkommenheiten sehr konsequent zu brauchen weiß, worüber sich im Einzelnen viel Gutes würde sagen lassen.« Und der amerikanische Schriftsteller Henry James, auf den wir unter der Jahreszahl 1884 noch näher eingehen, hat über Balzac einmal bewundernd gesagt, er habe von diesem mehr über das Schreiben gelernt als von irgendjemandem sonst auf der Welt.

Dass Balzac bis heute nichts von seiner Faszination verloren hat, beweisen allein die zahlreichen Verfilmungen seiner Werke, unter anderem der *Tolldreisten Geschichten* im Jahr 1968. Tatsächlich gilt er gemeinsam mit Stendhal als größter Vertreter der realistischen Schule. Und es sieht nicht so aus, als sollte sich daran so schnell etwas ändern.

»Tausend Wege führen zum Irrtum,
ein einziger zur Wahrheit.«
Jean-Jacques Rousseau,
französisch-schweizerischer Staatstheoretiker

1857

»Ich glaube, dass es physisch unausführbar, in jedem Falle aber zu kostspielig ist, um auch nur die geringste Aussicht auf pekuniären Vorteil zu gewähren.«

Henry John Temple, 3. Viscount Palmerston (1784–1865),
britischer Premierminister

Der britische Regierungschef war schon ein älterer Herr, als er diese Worte sprach und damit seinen Kommentar zu einem überaus ehrgeizigen Projekt abgab, über das sich viele Spezialisten schon seit längerem Gedanken machten und dessen Realisierung sich nun ein Franzose ernsthaft in den Kopf gesetzt hatte: den Suezkanal. Der französische Diplomat und Unternehmer, von dem hier die Rede ist, hieß Ferdinand de Lesseps, und wie nicht anders zu erwarten, löste sein Plan, der 1855 erstmals der Öffentlichkeit vorgestellt wurde, eine Flut von Widersprüchen aus. Das Rote Meer mit dem Mittelmeer durch eine künstliche Wasserstraße zu verbinden sei grundsätzlich unmöglich, hieß es, und selbst wenn man eine solche zustande brächte, würden die großen Schiffe nach wie vor den weiteren, aber erheblich zuverlässigeren Weg um die Südspitze Afrikas herum nehmen. Außerdem sei das Projekt derart kostspielig, dass es sich wirtschaftlich nie und nimmer rechnen würde.

Doch Ferdinand de Lesseps (1805–1894) ließ sich von all den Einwänden – seine Gegner bezeichneten den geplanten Kanal gar als »kommerzielles Schwindelunternehmen« – nicht abschrecken und trieb seine Pläne unbeirrt voran. Dabei war ihm allerdings auch das Glück hold, denn hätte er nicht die inzwischen sehr leistungsfähigen Lokomotiven und vor allem die erst kürzlich entwickelten Dampfbagger einsetzen können, wäre sein ehrgeiziger Zeitplan wohl arg ins Wanken geraten. Doch auch mit diesen wertvollen Hilfsmitteln dauerte es mehr als zehn Jahre, nämlich von April 1859 bis November 1869, bis der Kanal schließlich unter den Augen von Regierungsmitgliedern und Schaulustigen aus allen Teilen der Welt feierlich eingeweiht wurde.

Damit konnten die Schiffe jetzt direkt aus dem Roten Meer ins Mittelmeer und umgekehrt fahren, was beispielsweise die Strecke Rotterdam – Singapur, die um Afrika herum 11 755 Seemeilen misst, auf 8280 Meilen und damit um fast ein Drittel verkürzte. Das hatte natürlich seinen Preis: Rund 65 Millionen Pfund kostete der Bau umgerechnet auf den heutigen Geldwert, und etwa das Dreifache wurde später für Erweiterungen und Reparaturen ausgegeben. Heute ist der 163 Kilometer lange Suezkanal an der engsten Stelle 60 Meter breit. Jahr für Jahr durchfahren ihn rund 15 000 Schiffe mit bis zu 150 000 Bruttoregistertonnen Gewicht und 20 Meter Tiefgang, die für die Durchquerung rund drei Milliarden Euro aufwenden. Damit ist der Suezkanal für Ägypten längst zu einer der wichtigsten Einnahmequellen geworden.

Da kann man ja wohl mit Fug und Recht von einem »pekuniären Vorteil« sprechen.

1863

»Sie sind es nicht wert, ausgestellt zu werden.«

Jury der jährlichen Kunstausstellung im Pariser Salon

Weder vorher noch nachher hat sich ein Expertengremium mit seiner Einschätzung wohl dermaßen blamiert, wie dasjenige, das 1863 die Bilder für den traditionellen *Pariser Salon*, eine durchaus renommierte Ausstellung, bewertete. Mehr als zweitausend Gemälde lehnte es mit der Begründung ab, sie seien nicht wert, der Öffentlichkeit präsentiert zu werden. Außerdem gebe es viel zu viele Maler; da sei dies eine gute Gelegenheit, die Flut von Künstlern einzudämmen.

Zum Glück hatte Napoleon III. mit den heftig protestierenden Malern ein Einsehen und ließ sie ihre Werke anderswo zur Schau stellen. Ob er das aus purer Großzügigkeit tat oder weil er fest damit rechnete, dass das Publikum die Bilder ablehnen und damit Verständnis für die umstrittene Juryentscheidung aufbringen würde, darüber streiten sich die Kunsthistoriker bis heute. Fakt ist jedenfalls, dass Napoleon mit seiner Entscheidung nicht nur bei den Künstlern selbst, sondern vor allem beim Pariser Publikum wahre Jubelstürme auslöste. Denn die kunstliebenden Zuschauer strömten scharenweise in die Parallelausstellung – sie wurde unter dem Namen *Salon des Refusés (Salon der Zurückgewiesenen)* bekannt – und bewunderten die dort präsentierten Bilder. An manchen Sonntagen zählte man bis zu 4000 Besucher! Die Presse äußerte sich in derart vielen und umfangreichen Artikeln, dass der Witz grassierte, die im offiziellen Salon ausgestellten Maler hofften inständig, im nächsten Jahr ebenfalls abgelehnt zu werden.

Allerdings war das Urteil keinesfalls einheitlich positiv. Zu ungewohnt waren für viele Besucher die Malweise und das Dargestellte. Doch das sollte sich im Lauf der Zeit ändern, und aus heutiger Sicht ist festzuhalten, dass der *Salon der Zurückgewiesenen* mit Bildern von Claude Monet, Édouard Manet, Edgar Degas, Camille Pissaro und Auguste Renoir den eigentlichen Beginn der Ära des Impressionismus darstellte.

»Wie wird man am einfachsten Prophet? Wenn man eine Dummheit ausspricht und andere sie nachahmen.«

Robert Musil, österreichischer Schriftsteller

1864

»Meine Haare und mein Bart sind länger als mein Talent.«

Paul Cézanne (1839–1906), französischer Maler

Dass der weltberühmte französische Maler Paul Cézanne so wenig von seinen eigenen Fähigkeiten hielt, lag bestimmt nicht zuletzt daran, dass er 1861, im Alter von 22 Jahren, mangels Talent an der *École des Beaux-Arts* abgewiesen worden war. Und als er ein Jahr später nach Absolvierung einiger Malkurse erneut vorsprach, widerfuhr ihm dieselbe Ablehnung noch einmal. Zwar gab er seine künstlerische Tätigkeit deswegen glücklicherweise nicht auf, hatte aber an der doppelten Zurückweisung ganz schön zu kauen.

Die war allerdings wohl hauptsächlich darauf zurückzuführen, dass er sich schon früh über die Regeln der impressionistischen Malerei hinweggesetzt und eine eigene Bildsprache gesucht hatte. Unter anderem gab er die Zentralperspektive auf und setzte das Licht in bis dahin unbekannter Weise als nicht mehr auflösendes, sondern verbindendes Element ein. Damit erntete er bei vielen angeblichen Kunstkennern Unverständnis, ja, regelrecht Hohn und Spott. Doch zum Glück erkannten zumindest Malerkollegen wie Monet und Renoir sein überragendes Talent und kauften ihm das eine oder andere Werk ab.

Heute sieht man in Cézanne einen der entscheidenden Wegbereiter der klassischen Moderne, der mit seinem unkonventionellen Stil unter anderem Georges Braque und Pablo Picasso maßgeblich beeinflusst hat. Seine Werke zählen zu den Attraktionen in den Museen der Welt und erzielen auf dem internationalen Kunstmarkt absolute Spitzenpreise. So wurde etwa sein *Stillleben mit Vorhang, Krug und Obstschale* im Jahr 1999 für sage und schreibe 60,5 Millionen Dollar versteigert, eine Summe, die zu den höchsten zählt, die jemals für ein Bild auf den Tisch gelegt wurden.

Es ist demnach ein großes Glück, dass Cézanne zwar sein Haar und seinen Bart für länger erachtete als sein

Talent, dass aber seine unerschütterliche Zähigkeit und Ausdauer noch erheblich ausgeprägter waren.

1867

»Selbst bei ausgebildeter Fertigkeit dürfte niemals dieselbe Geschwindigkeit und Sicherheit wie beim gewöhnlichen Schreiben erreicht werden.«

Experten der Polytechnischen Hochschule, Wien

Das skeptische Urteil, das die Fachleute der Technischen Hochschule in einem Gutachten fällten, bezog sich auf eine Erfindung des Tiroler Zimmermanns Peter Mitterhofer, die man getrost als Vorläufer der heutigen Schreibmaschine bezeichnen kann. Insgesamt baute Mitterhofer davon vier Stück: die ersten beiden fast komplett aus Holz, die dritte und vierte weitgehend aus Metall. Aus dem Wortlaut des Gutachtens geht hervor, dass den Wiener Fachleuten das Prinzip, Buchstaben mittels Typenhebel und Schreibwalze zu tippen, wohl einleuchtete, dass sie jedoch keine gute Meinung zum praktischen Nutzen hatten. Zu kompliziert schien ihnen der Apparat, und zu viel Übung glaubten sie, sei zu seiner Beherrschung erforderlich. Mitterhofer war über dieses Urteil verständlicherweise enttäuscht, hatte er sich doch von der Industrie großzügige Zuwendungen erhofft, mit deren Hilfe er seine Erfindung vervollkommnen wollte. So starb er schließlich in ärmlichen Verhältnissen, ohne den Siegeszug seiner Konstruktion auch nur im Ansatz miterlebt zu haben.

Der gestaltete sich allerdings überaus zäh. Denn der weitaus größte Teil der professionellen Buch- und Artikelverfasser schrieb auch noch viele Jahre nach der

Erfindung der Schreibmaschine mit der Hand, und zwar nicht nur, weil dazu kein spezielles Training nötig war, sondern weil sich das Geschriebene auf diese Weise wesentlich einfacher korrigieren ließ. Unterstützung bekamen die Skeptiker unter anderem von der *American Newspaper Publishers Association*, die noch 1897, also dreißig Jahre nach dem Wiener Gutachten, besorgt fragte: »Werden Schreibmaschinen die literarische Qualität der Arbeit von Reportern verschlechtern?«

Doch obwohl jeder, der nicht mehr von Hand schreiben, sondern tippen wollte, dies erst mühsam erlernen musste und man zudem Fehler in der Tat schwieriger ausbessern konnte, setzte sich die Mitterhofer'sche Erfindung letztlich durch. Und das, obwohl die ersten industriell hergestellten Geräte mehr als 80 Kilo wogen, also alles andere als handlich waren. Doch das änderte sich mit der Zeit. Die Schreibmaschinen wurden immer leichter, zuverlässiger und technisch raffinierter und waren aus den Büros dieser Welt schließlich nicht mehr wegzudenken. Dies vor allem deshalb, weil die Buchstaben inzwischen elektrisch angetrieben aufs Papier schnellten, was für die Benutzer eine große Kraftersparnis bedeutete. Mitte des 20. Jahrhunderts wurden die einzelnen Typen dann gar durch sogenannte Kugelköpfe ersetzt, die in Verbindung mit einer immer ausgefeilteren Bedienung – Stichwort: Zehnfingerblindsystem – ein bis dahin unvorstellbares Schreibtempo von sagenhaften 900 Buchstaben pro Minute ermöglichten.

Mit der Verbreitung des Computers nahm die Bedeutung der Schreibmaschine dann jedoch langsam, aber stetig ab. Moderne Textprogramme, die eine Fülle von Bearbeitungs-, Korrektur- und Gestaltungsvarianten mit dem immensen Vorteil verbanden, das Geschriebene zu speichern und platzsparend zu archivieren, liefen ihr in Verbindung mit Hochleistungsdruckern nach und nach den Rang ab. Doch auch diese Entwicklung ändert letztlich nichts daran, dass die Wiener Experten mit ihrer Prophezeiung danebenlagen. Denn eines tut heutzutage so gut wie niemand mehr: Artikel, Kolumnen, Diplomarbeiten und Bücher mit der Hand schreiben.

»Die letzte Stimme, die man hört, bevor die Welt explodiert, wird die Stimme eines Experten sein, der sagt: ›Das ist unmöglich!‹«
Peter Ustinov, englischer Schauspieler und Schriftsteller

1870

»Bakterien sind Hirngespinste.«

Rudolf Virchow (1821–1902),
Arzt und Begründer der modernen Pathologie

Jahrhundertelang waren die Naturwissenschaftler davon überzeugt, Infektionskrankheiten würden durch giftige Ausdünstungen, sogenannte »Miasmen«, verursacht. Und auch für Prozesse wie Gärung und Fäulnis machten sie ominöse Lüfte verantwortlich. Zwar wurde immer wieder vermutet, für all diese Vorgänge seien Kleinstlebewesen verantwortlich, doch erst dem Franzosen Louis Pasteur (1822–1895) gelang es, dies definitiv zu beweisen. In einer Reihe spektakulärer Versuche konnte er zeigen, dass an Gärung, Fäulnis und Infektionen allesamt Mikroorganismen schuld waren und dass man diese Prozesse verhindern konnte, wenn man die mit bloßem Auge unsichtbaren Gesellen fernhielt oder – eine bahnbrechende Erkenntnis! – durch Hitze abtötete. Doch wie obiges Zitat des hochangesehenen und durchaus innovativen Mediziners Rudolf Virchow beweist, stieß Pasteur damit keinesfalls auf allgemeine Zustimmung. So meinte etwa auch Pierre Pachet aus Toulouse, seinerzeit einer der berühmtesten Physiologen Europas, noch mehr als zehn Jahre nach der Entdeckung der Bakterien abfällig: »Die Theorie der Keime ist einfach lächerlich.« Und das, obwohl Pasteur mit seinen neuentwickelten Methoden großartige Erfolge feierte: Er rettete die französische Seidenindustrie, indem er die winzigen Parasiten identifizierte, die die Raupen befielen, und half auch den Weinbauern, denen er ein kurzes Erhitzen ihrer Produkte empfahl, um die für das Vergären verantwortlichen Hefebakterien unschädlich zu machen. Dieses einfache und wirksame Verfahren ist noch heute als »Pasteurisieren« bekannt. Doch sowohl Virchow als auch Pachet revidierten ihre Meinung erst, als es dem deutschen Arzt und Mikrobiologen Robert Koch gelang, die speziellen Erreger ausfindig zu machen, die Krankheiten wie Milzbrand und Tuberkulose auslösen.

Heute weiß jedes Kind, dass es unsichtbare Kleinstlebewesen gibt, von denen einige, wenn sie in den Körper gelangen, schlimme Krankheiten verursachen können. Längst wurden darum grundlegende Hygienemaßnahmen verbessert, und in sämtlichen Krankenhäusern operieren die Chirurgen streng antiseptisch – unter Fernhaltung aller Keime –, so dass über die Operationswunde weder Bakterien noch Viren in den Organismus des Patienten gelangen können.

Ganz schön viel Aufwand für vermeintliche »Hirngespinste«.

1872

»Wir müssen uns nicht wundern, wenn diese edlen Kreaturen noch zu Lebzeiten unserer Generation zu den ausgestorbenen Tieren gehören werden, wie der Auerochse, die Steller'sche Seekuh oder die Dronte.«

Georg Schweinfurth (1836–1925),
deutscher Afrikaforscher

Obwohl nach Georg Schweinfurth in Deutschland mehrere Straßen und Plätze benannt sind, kennt ihn hierzulande kaum jemand. Dabei war er ein durchaus bemerkenswerter Naturforscher, der viel herumkam, in Russland und im Baltikum eine Fülle neuer Pflanzenarten entdeckte und nicht zuletzt ausgedehnte Reisen durch Afrika unternahm, wobei er weit ins Innere des Schwarzen Kontinents vordrang. Auch hier beschrieb er viele bis dahin unbekannte Tier- und Pflanzenspezies und entdeckte eine Reihe von Zwergvölkern, von deren Existenz man bis dato keine Ahnung hatte. Seine umfangreichen Forschungsergebnisse legte er in einem zweibändigen Werk namens *Im Herzen von Afrika* nieder, das in mehrere Sprachen übersetzt wurde.

Darin beschrieb er nicht nur überaus eindrucksvoll die entsetzlichen Auswüchse des Sklavenhandels, sondern geißelte auch die Wilderei, bei der Unmengen von Tieren nur deshalb getötet wurden, weil ihre Körperteile hohen Profit versprachen. Besonders skrupellos stellte man den Elefanten nach, deren Elfenbein weltweit begehrt und entsprechend teuer war. Kein Wunder daher, dass Schweinfurth das baldige Ende der mächtigen Dickhäuter voraussagte. Denn tatsächlich waren etliche Tierarten schon zu seiner Zeit aus reiner Geldgier ausgerottet worden, so zum Beispiel die erwähnte Steller'sche Seekuh, ein im Meer lebendes, pflanzenfressendes Säugetier. Die wurde insbesondere an den nord- und mittelamerikanischen Küsten wegen ihres zarten Fleisches und ihrer derben Haut – »ideal« für Peitschen zur Züchtigung von Sklaven – gnadenlos verfolgt, und man nimmt an, dass das letzte Exemplar 1768 von Pelztierjägern erschlagen wurde.

Doch obwohl Schweinfurths Befürchtungen im Hinblick auf die afrikanischen Elefanten sicher berechtigt waren und obschon skrupellose Wilderer den mächtigen Tieren des wertvollen Elfenbeins wegen auch heute noch illegal nachstellen – von 1979 bis 1989 ging die Zahl der afrikanischen Elefanten von 1,3 Millionen auf 610 000 zurück –, hat der wagemutige Forscher mit seiner pessimistischen Prognose zum Glück nicht recht behalten. Zwar ist der Elefantenbestand in Ostafrika weiter rückläufig, doch in Südafrika, Namibia und Simbabwe gilt er als stabil. Zurückzuführen ist das vor allem auf strenge gesetzliche Bestimmungen, wonach die Einfuhr von Skulpturen und Schnitzereien aus Elfenbein sowie von Taschen aus dem Leder und von Arm- und Halsreifen aus den Haaren der »edlen Kreaturen« strikt verboten ist.

»Man kann von Propheten nicht verlangen,
dass sie immer irren.«
Voltaire,
französischer Philosoph

1874

»In der Physik ist im Wesentlichen schon alles erforscht.«

Philipp von Jolly (1809–1884),
deutscher Physiker und Mathematiker

Ob Max Planck (1858–1947) sich als Schüler des Namens wegen für das Münchener Max-Gymnasium entschied, oder ob er dort hingeschickt wurde, weil seine Eltern zufällig im Einzugsbereich der Schule wohnten, ist nicht überliefert. Fest steht nur, dass er dort im Jahr 1874 ein glänzendes Abitur bestand und sich, wie jeder Abiturient, fragte, was er anschließend tun sollte. Da ihn nichts so sehr fesselte wie die Naturwissenschaften und hier wieder vor allem die Physik, erkundigte er sich bei dem renommierten Physik-Professor von Jolly nach seiner Einschätzung zu diesem Studienfach. Die Antwort des Experten war ernüchternd: Physik zu studieren lohne sich nicht mehr, da in dieser Disziplin so gut wie alles bereits erforscht sei. Es gebe nur hier und dort noch kleine Lücken zu schließen, und einige unbedeutende Naturkonstanten müssten ein bisschen genauer bestimmt werden.

Vielleicht hat Max Planck aus den Worten des Physikers eine leise Unsicherheit herausgehört, vielleicht beschloss er aber auch zähneknirschend, dann eben in Gottes Namen an der Schließung der Lücken und der Bestimmung der Konstanten mitzuwirken. Fakt ist, dass er trotz der professoralen Warnung Physik studierte – und zwar mit einem derartigen Erfolg, dass er nur wenige Jahre nach dem Abschluss, mit gerade 30 Jahren, ordentlicher Professor an der Universität Berlin wurde. Zehn Jahre später entwickelte er die Quantentheorie, derzufolge Energie nicht kontinuierlich, sondern nur in winzigen Portionen existiert, und veröffentlichte die revolutionäre Strahlungsformel mit dem nach ihm benannten Wirkungsquantum. Damit war er zum Vater der modernen Quantenmechanik geworden, ohne die es heute keinen Transistor, keinen Computer, keinen Laser, aber auch kein Kernkraftwerk und keine Atombombe gäbe. Und auch mehr als 130 Jahre nach von Jollys grandiosem Irrtum ist in der Physik noch längst nicht alles erforscht. Im Gegenteil: Der technische Fortschritt, der ja stets auf neuen physikalischen Erkenntnissen beruht, rast mit einem derartigen Tempo voran, dass dem staunenden Beobachter schwindelig wird.

Würde Philipp von Jolly von den Toten auferstehen, es erginge ihm sicherlich nicht anders.

»Die Zukunft ist nur deshalb zu ertragen,
weil wir vorher nicht wissen, was sie uns bringt.«
Lisz Hirn,
österreichische Philosophin

1874

»Ihr Konzert taugt gar nichts. Es lässt sich nicht spielen!«
Nikolai Rubinstein (1835–1881),
russischer Pianist, Komponist und Dirigent

Derjenige, dem der bedeutende russische Klaviervirtuose diese vernichtende Kritik entgegenschleuderte, war kein Geringerer als der Komponist Peter Iljitsch Tschaikowsky (1840–1893), und das Werk, um das es dabei ging, war das weltberühmte *Klavierkonzert Nr. 1 in b-Moll*. Das hatte Tschaikowsky seinem Freund und Gönner Rubinstein sogar persönlich gewidmet, verdankte er ihm doch eine ganze Menge. Denn nach seinem Umzug nach Moskau hatte Rubinstein den damals vollkommen mittellosen Musiker nicht nur kostenfrei bei sich aufgenommen, sondern auch seine abgetragene Kleidung durch neue ersetzt, seine musikalische Ausbildung gefördert und ihm schließlich sogar eine Stelle als Dozent am Moskauer Konservatorium verschafft.

Wie enttäuscht muss Tschaikowsky gewesen sein, als er seinem Gönner im Jahr 1874 voller Stolz das gerade fertig komponierte *b-Moll-Konzert* vorspielte und eine derart harsche Abfuhr erhielt. Noch drei Jahre später schrieb er seiner Mäzenin Nadeschda von Meck: »Ich spielte den ersten Satz. Nicht ein Wort, nicht eine Bemerkung. Ich fand die Kraft, das Konzert ganz durchzuspielen. Weiterhin Schweigen. ›Nun?‹, fragte ich, als ich mich vom Klavier erhob. Da ergoss sich ein Strom von Worten aus Rubinsteins Mund. Sanft zunächst, wie wenn er Kraft sammeln wollte, und schließlich ausbrechend mit der Gewalt des Jupiter Tonans. Mein Konzert sei wertlos, völlig unspielbar. Die Passagen seien so bruchstückhaft, unzusammenhängend und armselig komponiert, dass es nicht einmal mit Verbesserungen getan sei. Die Komposition selbst sei schlecht, trivial, vulgär. Hier und da hätte ich von anderen stibitzt. Ein oder zwei Seiten vielleicht seien wert, gerettet zu werden; das Übrige müsse vernichtet oder völlig neu komponiert werden.«

Zum Glück änderte Tschaikowsky trotz der niederschmetternden Kritik keine einzige Note und schickte die Partitur an den deutschen Pianisten, Komponisten und Dirigenten Hans von Bülow. Der war von dem Werk sehr angetan und erklärte sich bereit, es bei der Uraufführung 1875 im Beisein des Komponisten zu spielen. Bereits als die ersten Töne erklangen, drang aus dem Publikum ein andächtiges Raunen an Tschaikowskys Ohren, und als die letzten Klänge des Schlusssatzes verhallt waren, erhob sich tosender Beifall. Da blieb auch Rubinstein keine andere Wahl, als sein Urteil zu revidieren, und drei Jahre später war er es höchstpersönlich, der bei einer legendären Aufführung in Paris am Klavier saß. Von dort trat das *b-Moll-Konzert* mit den wuchtigen Eingangsakkorden und dem überaus melodischen Hauptthema einen derart beispiellosen Siegeszug an, dass es noch heute das meistgespielte Klavierkonzert auf den Bühnen der Welt ist.

Und im Gegensatz zu Rubinsteins Ansicht gibt es keinen einzigen bedeutenden Pianisten, der es nicht in seinem Repertoire hätte.

1877

»Welchen Nutzen könnte unsere Firma schon aus so einem elektronischen Spielzeug ziehen?«

William Orton (1826–1878),
Vorstand des Telegraphieunternehmens Western Union

Bei dem, was der Firmenchef da verächtlich als »elektronisches Spielzeug« abtat, handelte es sich um das Telefon. Wer es ursprünglich erdacht hat, lässt sich nicht eindeutig sagen – eine wesentliche Vorreiterrolle spielte zweifellos der deutsche Lehrer Philipp Reis (1834–1874) –, doch als sein eigentlicher Erfinder gilt der Engländer Alexander Graham Bell (1847–1922), der von Beruf ursprünglich Sprachtherapeut war. Zumindest war Bell derjenige, der diverse Einzelentwicklungen seiner Vorgänger zusammengefasst und mit ihrer Hilfe einen Apparat konstruiert hat, der die von Schallwellen erzeugten Schwingungen einer Membran in elektrische Impulse umwandelte. Dafür erhielt er 1876 ein Patent, und zwar genau zwei Stunden bevor der amerikanische Erfinder Elisha Gray ein ähnliches Gerät anmelden wollte.

Ein Jahr später gründete Bell zusammen mit zwei Partnern die *Bell Telephone Company*, doch da der Bedarf an den neumodischen Apparaten einfach zu gering war, erwies sich seine Erfindung keinesfalls als der erwartete Verkaufsschlager, und die junge Firma geriet rasch in finanzielle Bedrängnis. In seiner Not bot Bell sein Patent daraufhin der etablierten Telegraphengesellschaft *Western Union* für 100 000 Dollar zum Verkauf an, doch ein dort erstelltes Memo kam zu dem Schluss: »Die Erfindung hat so viele Mängel, dass das Gerät nicht ernsthaft als Kommunikationsmittel taugt. Das Ding hat für uns an sich keinen Wert.« Aufgrund dieser internen Beurteilung lehnte Präsident William Orton das Angebot mit den inzwischen berühmt gewordenen Worten ab: »Welchen Nutzen könnte unsere Firma schon aus so einem elektronischen Spielzeug ziehen?«

Tief enttäuscht überlegte Bell, wie er seine Erfindung der Öffentlichkeit schmackhaft machen könnte, und erreichte schließlich mit Unterstützung einflussreicher Freunde die Installation seiner neuen Telefonapparate im Büro des amerikanischen Präsidenten Rutherford B. Hayes (1822–1893). Doch auch das erwies sich als Flop. Hayes fand das Gerät zwar beeindruckend, konnte sich jedoch die Möglichkeiten, die es bot, nicht einmal im Entferntesten vorstellen und tat die neue Errungenschaft kurzerhand mit den Worten ab: »Eine erstaunliche Erfindung. Aber wer sollte sie jemals benutzen wollen?«

Damit unterlag er zwar einer ebenso großen Fehleinschätzung wie kurz zuvor der Präsident der *Western*

Union, doch zur Ehrenrettung der beiden Herren muss gesagt werden, dass auch andere bedeutende Persönlichkeiten, die es eigentlich besser hätten wissen müssen, dem Telefon anfangs skeptisch gegenüberstanden. So ist von Werner von Siemens, der dem Gerät immerhin einen gewissen Nutzen im Nahverkehr zutraute, der Satz überliefert: »Das Telefon wird für den Verkehr in Städten und zwischen benachbarten Ortschaften große Dienste leisten. Aber ebenso wenig, wie es auf ganz kurzen Entfernungen das Sprachrohr verdrängen wird, wird es für größere Entfernungen den Telegraphen ersetzen können.« Und William Preece, seinerzeit Chef der britischen Post, meinte zu Graham Bell, als der ihm die praktische Verwendbarkeit seiner Erfindung vorgeführt hatte, herablassend: »Die Amerikaner brauchen vielleicht das Telefon, wir aber nicht. Wir haben eine Menge Eilboten.«

Doch trotz der anfänglichen Mängel, der zahlreichen englischen Laufburschen und entgegen der präsidialen Skepsis konnte sich das Telefon letztlich durchsetzen. Heute verbindet es Menschen in aller Welt, liefert unzählige wertvolle Informationen, hilft im Notfall, Leben zu retten und ist – man denke nur an die 130 Millionen verkauften Handys pro Jahr – ein gewaltiger wirtschaftlicher Erfolg geworden. »Haben Sie Telefon?«, fragt heute niemand mehr, vielmehr erkundigt man sich beim Gesprächspartner ganz selbstverständlich nach der Nummer.

Dass jemand über keines der inzwischen mit immer trickreicheren technischen Raffinessen ausgestatteten »elektronischen Spielzeuge« verfügt, ist schlechterdings unvorstellbar.

»Es irrt der Mensch, solang er strebt.«
Johann Wolfgang von Goethe

1877

»Sentimentaler Quatsch. Zeigt mir eine einzige Seite, die auch nur den Funken einer Idee enthält.«

Odessa Kurier, *russische Zeitschrift*

Als der Literaturkritiker des *Odessa Kuriers* den gnadenlosen Verriss schrieb, aus dem dieser Satz stammt, hatte er gerade einen Roman von Leo Tolstoi (1828–1910) gelesen: *Anna Karenina*, ein achtteiliges Epos, in dem es um Ehre und Moral der russischen Gesellschaft und nicht zuletzt um das heikle Thema Ehebruch geht. Damit reiht sich das Werk aus heutiger Sicht nahtlos in das Genre des »realistischen Verführungsromans« des ausgehenden 19. Jahrhunderts ein, zu dem auch Flauberts *Madame Bovary* sowie Fontanes *Effi Briest* zählen. Mittlerweile sind sich die Kritiker weitgehend einig, dass *Anna Karenina* unter Tolstois Romanen wohl der künstlerisch wertvollste und vollkommenste ist.

Das Buch wurde in alle möglichen Sprachen, davon allein sechsmal ins Deutsche übersetzt und immer wieder verfilmt. Zahlreiche tiefschürfende Interpretationen sind zu seinem Inhalt erschienen, und in der Psychologie gibt es sogar den feststehenden Begriff des *Anna-Karenina-Prinzips.* Das beruht auf dem ersten Satz des Romans: »Alle glücklichen Familien gleichen einander, jede unglückliche Familie ist auf ihre eigene Weise unglücklich«, mit dem Tolstoi die bemerkenswerte Tatsache beschreibt, dass zum Familienglück eine ganze Reihe von Faktoren gehören und dass allein das Fehlen eines einzigen Aspekts – und der ist eben bei den weniger begünstigten Familien unterschiedlich – ausreicht, um die Harmonie zu zerstören. Verallgemeinert bedeutet also das *Anna-Karenina-Prinzip*, dass zum Gelingen eines Projekts mehrere Dinge gleichzeitig nötig sind und dass das komplette Vorhaben scheitern wird, wenn es auch nur an einem einzigen dieser Faktoren hapert. Somit bleibt festzuhalten, dass bereits der allererste Satz von *Anna Karenina* eine der vielen höchst bemerkenswerten Ideen des Romans enthält, die der russische Kritiker im gesamten »sentimentalen Quatsch« vermisst.

1878

»Als Kunstwerk absolut nichtig!«

New York Times, *US-amerikanische Tageszeitung*

Das Musikstück, das der *Times*-Kritiker so erbarmungslos abkanzelte, war die Oper *Carmen* des jungen französischen Komponisten Georges Bizet (1838–1875). Die war zum Zeitpunkt des Verrisses zwar schon drei Jahre alt, doch noch immer gab es etliche Opernfreunde, die sich mit dem merkwürdigen Libretto nach einer gleichnamigen Novelle von Prosper Mérimée sowie der unkonventionellen Musik absolut nicht anfreunden konnten. Das war schon bei der Premiere am 3. März 1875 in der Pariser *Opéra comique* nicht anders gewesen: Nach anfänglicher Begeisterung waren die Zuschauer immer stiller geworden, und am Ende hatte es sogar deutlich hörbare Missfallensrufe gegeben. Kein Wunder also, dass *Carmen* in den Monaten nach der Uraufführung nur selten gespielt wurde.

Das sollte sich jedoch in den nächsten Jahren und Jahrzehnten entscheidend ändern, und heute ist *Carmen* auf den internationalen Bühnen eine der meistgespielten Opern überhaupt, deren Melodien zu regelrechten Ohrwürmern geworden sind. Allein an der Stätte ihrer Uraufführung stand sie jahrelang auf dem Programm und wurde fast 3000-mal gespielt. Außerdem war die »als Kunstwerk absolut nichtige« Oper Vorbild für sieben Verfilmungen, von denen besonders Carlos Sauras gleichnamiger Streifen – er löste ein wahres Flamenco-Fieber aus – einen grandiosen internationalen Erfolg feierte.

»Es ist heute leicht, Prophet zu sein,
denn es trifft alles ein, was man befürchtet.«
Dieter Hildebrandt, deutscher Kabarettist

1879

»Völlig idiotisch!«

Sir William Preece (1834–1913), britischer Elektroingenieur und technischer Leiter der königlichen Post

Das Urteil war ebenso knapp wie vernichtend: Die Erfindung eines gewissen Thomas Alva Edison (1847–1931) sei absolut unbrauchbar. Gemeint war die elektrische Glühlampe, die Edison – seinerzeit bereits Inhaber von mehr als 150 Patenten – beim zuständigen Amt angemeldet hatte. Ob er sie tatsächlich erfunden hat, ist bis heute nicht einwandfrei geklärt, denn nach eigenem, allerdings nie bewiesenen Bekunden hatte das fünf Jahre zuvor bereits der deutsche Feinmechaniker Heinrich Göbel getan. Fakt ist, dass Edison die Glühbirne durch etliche Verbesserungen erst zur Marktreife brachte und nun vorschlug, sie zur Straßenbeleuchtung einzusetzen. Doch da biss er bei William Preece, einem der angesehensten und zweifellos kompetentesten britischen Experten, auf Granit. Denn der erklärte die Verwendung elektrischer Lampen für den Einsatz in Häusern und auf Straßen schlichtweg für unmöglich.

Mit dieser Einschätzung stand er erstaunlicherweise keinesfalls allein da. Denn selbst, als sich kurz darauf die Nachricht verbreitete, Edison habe eine seiner Glühlampen 13 Stunden ohne Unterbrechung zum Leuchten gebracht, tat dies einer der bekanntesten Elektroingenieure der damaligen Zeit, der in England wirkende Deutsche Sir William Siemens, mit der schnoddrigen Bemerkung ab: »Solche sensationsheischenden Meldungen sind für die Wissenschaft nutzlos und schädlich für ihren tatsächlichen Fortschritt.« Die kritischen Kommentare verstummten nicht einmal, als Edison seine Erfindung auf der Pariser Weltausstellung 1889 einer erstaunten Öffentlichkeit höchst erfolgreich vorgeführt hatte. Noch immer dachten die vermeintlichen Experten gar nicht daran, in die allgemeine Bewunderung einzustimmen, sondern gaben stattdessen bissige Stellungnahmen ab, in denen mitunter allerdings ein neidischer Unterton mitschwang. So prophezeite etwa der Oxford-Professor Erasmus Wilson in offensichtlicher Überschätzung seines Sachverstandes lapidar: »Was die elektrischen Lampen angeht, so ist viel dafür und dagegen gesagt worden. Aber ich behaupte, dass mit dem Ende der Pariser Weltausstellung das elektrische Licht ebenfalls zu Ende gehen und man nie wieder davon hören wird.«

Selbst als der durch die heftige Kritik massiv in seiner Erfinderehre verletzte Edison mit seinen Glühlampen sämtliche Straßen in der Umgebung seines Labors in New Jersey erleuchtete und damit laut Zeitung »erstmals in der Geschichte die Nacht elektrisch erhellte«, konnte er die Skeptiker noch immer nicht überzeugen. Zwar folgten einige einflussreiche Persönlichkeiten des öffentlichen Lebens seiner Einladung, das historische Schauspiel hautnah mitzuerleben, doch kein einziger Wissenschaftler ließ sich blicken. Das galt auch für den Physik-Professor Henry Morton, obwohl der ganz in der Nähe wohnte und Edison persönlich kannte. Kurzerhand begründete er sein Fernbleiben damit, er sehe sich im Interesse der wahren Wissenschaft zu der Erklärung genötigt, dass Edisons Experimente ein deutlicher Fehlschlag seien, der unverantwortlicherweise als großer Erfolg herausposaunt werde. Im Grunde sei das Ganze »nicht mehr als ein grandioser Betrug an der Öffentlichkeit!«.

Der gigantische Erfolg, der der Glühbirne trotz all dieser skeptischen und zum Teil bösartigen Kommentare beschieden war, muss nicht besonders hervorgehoben werden. Milliarden Leuchtkörper wurden und werden seitdem verkauft, sie erhellen unsere Wohnungen, Städte und Straßen. Und auch wenn die »völlig idiotische Erfindung« heute mehr und mehr durch verbrauchsgünstigere und langlebigere Energiesparlampen ersetzt wird, gehört sie zweifellos zu den erfolgreichsten technischen Errungenschaften aller Zeiten. So wie das Auto, der Fernseher und der Computer, auf die wir allesamt noch ausführlich zu sprechen kommen werden.

»Die Vergangenheit gehört dem Verstand,
die Zukunft der Phantasie.«
Helga Schäferling, deutsche Sozialpädagogin

1884

»Peinlich, aber wahr: Es ist offensichtlich, dass Henry James sich, was den internationalen Roman angeht, leergeschrieben hat.«

William Morton Payne (1858–1919), US-amerikanischer Schriftsteller, Übersetzer und Literaturkritiker

Die abwertende Bemerkung ist Teil einer Rezension, die über den Roman *Tales of Three Cities* (*Erzählungen von drei Städten*) des amerikanischen Schriftstellers Henry James (1843–1916) in der Zeitschrift *Dial* erschien. Weiter heißt es darin: »Diese Geschichten von amerikanischen Millionären und englischen Lords und Ladies werden immer weniger interessant. ... Jeder neue Erzählband von Mr. James verstärkt den Eindruck, dass er ein weitaus besserer Literaturkritiker als Romanautor ist.«

Doch James, dem William Morton Payne voraussagte, er werde wahrscheinlich nie wieder einen guten Roman schreiben, dachte gar nicht daran, sich an die bösartige Prophezeiung zu halten. Im Gegenteil: Die meisten seiner bekannten Romane erschienen erst nach 1884, so unter anderem *The Spoils of Poynton* (*Die Schätze von Poynton*), *The Sacred Fount* (*Der Wunderbrunnen*), *The Wings of the Dove* (*Die Flügel der Taube*) und *The Golden Bowl* (*Die goldene Schale*).

In all diesen Werken erwies sich James als scharfsinniger Beobachter und beißender Kommentator des Gegensatzes zwischen dem alten Europa mit seiner langen kulturellen Tradition und der Naivität der »Neuen Welt« Amerika. Bis heute fasziniert seine Leser vor allem die überaus detaillierte Schilderung seiner Charaktere, wobei ganz besonders die psychologisch vielschichtig gezeichneten Frauenfiguren begeistern. Davon, dass er sich 1884, als er gerade mal 26 Jahre alt war, bereits leergeschrieben hatte, konnte also ganz und gar nicht die Rede sein.

1884

»Kokain ist ein weit kräftigeres und unschädlicheres Stimulans als der Alkohol, und einer Anwendung in großem Maßstabe steht derzeit nur der hohe Preis im Wege.«

Sigmund Freud (1856–1939),
österreichischer Psychiater und Begründer der Psychoanalyse

Die Leistungen Sigmund Freuds – eines der großen Denker des 19. und 20. Jahrhunderts – auf dem Gebiet der Psychologie und Psychiatrie sind unbestritten. Seine Entdeckung des Unbewussten, der Versuch einer wissenschaftlich fundierten Traumdeutung sowie vor allem die Entwicklung der Psychoanalyse sind großartige Errungenschaften, die die Medizin nachhaltig beeinflusst haben und bis in die heutige Zeit nachwirken. Doch im Leben und Wirken dieses genialen Geistes gibt es auch eine dunkle Seite: sein Verhältnis zum Kokain. Die Wirkung des weißen Pulvers, auf das er ursprünglich bei der Suche nach einem schmerzlindernden Medikament gestoßen war, hatte es ihm derart angetan, dass er schon bald mit Selbstversuchen begann. Die verliefen zu seiner vollsten Zufriedenheit, und so schrieb er 1884 an seine Verlobte und spätere Ehefrau Martha Bernays: »Ich vermute, dass das Mittel sich seinen Platz in der Therapie erobert, neben und über dem Morphium. Ich habe noch andere Hoffnungen damit, ich nehme es regelmäßig gegen Verstimmungen und gegen Druck im Magen mit dem glänzendsten Erfolg in sehr kleinen Dosen.«

Kurz darauf veröffentlichte er eine Studie mit dem Titel *Über Coca*, in der er das Mittel gegen psychische Schwächezustände, Hysterie, Hypochondrie, melancholische Stimmungen und noch etliche weitere seelische Leiden in den höchsten Tönen pries. Aber auch gegen »alle krankhaften Zustände, die mit Consumption der Gewebe einhergehen wie bei schweren Anämien, Schwindsucht, langdauernden fieberhaften Erkrankungen«, ja, sogar gegen Syphilis hielt er Kokain für ein sehr probates Mittel. Dieser Studie folgten in den nächsten Jahren fünf weitere mit ähnlichem Inhalt. Aus einer davon – sie erschien im *Centralblatt für die gesamte Therapie* – stammt der eingangs zitierte Satz, mit dem Freud einer breiten Kokain-Anwendung das Wort redete. Dass die Substanz schwerste Rauschzustände erzeugt und zur völligen Abhängigkeit führt, erwähnte er darin mit keinem Wort, was allerdings wohl daran lag, dass ihm die fatalen Nebeneffekte überhaupt nicht bewusst waren. Darauf weist ein anderer Satz aus einem seiner Aufsätze hin: »Die momentane Wirkung einer Gabe Coca darf man freilich nicht mit der einer Morphininjektion vergleichen, aber dafür wird man eine durch den chronischen Morphingebrauch verursachte allgemeine Schädigung des Organismus nicht befürchten müssen.«

Doch Freuds Lobgesang auf das Kokain sollte schon

bald dramatische Folgen haben. Immer mehr Fälle wurden bekannt, in denen Menschen, denen man das angebliche Wundermittel verabreicht hatte, nicht mehr davon loskamen. Das betraf auch einen seiner besten Freunde, den Arzt Dr. Ernst von Fleischl, dem er das weiße Pulver in seiner Begeisterung regelrecht aufgedrängt hatte. Hilflos musste Freud mit ansehen, wie Fleischl der Droge immer mehr verfiel und schließlich nach sechs langen und qualvollen Jahren jämmerlich zugrunde ging.

Warum er selbst und seine Verlobte, der er das Mittel weiterhin regelmäßig zusandte, nicht ebenfalls kokainsüchtig wurden, ist bis heute nicht geklärt, möglicherweise nahmen beide die Droge nicht lang genug oder in zu geringen Dosen. Fakt ist jedenfalls, dass Dr. Fleischls Tod Freud offenbar so naheging, dass er seine Selbstversuche nach und nach vollkommen einstellte. Dazu trug sicher auch der Protest bei, der sich vonseiten der Ärzteschaft immer massiver gegen das Kokain artikulierte. So bezeichnete etwa der deutsche Psychiater Albrecht Erlenmeyer in seinem Aufsatz *Ueber Cocainsucht* das Mittel neben Alkohol und Morphium als »dritte Geißel der Menschheit«.

Doch offen eingestanden hat Freud seinen fatalen Irrtum nie. Vielmehr versuchte er trotzig, die Angelegenheit herunterzuspielen und schrieb noch vierzig Jahre später, im August 1924, an seinen Biographen Fritz Wittels: »So kommt es, dass sich Auslassungen ergeben, die eine Angelegenheit ins falsche Licht rücken, direkt Unrecht tun und dergleichen. Zum Beispiel in der Kokaingeschichte, auf die Sie, aus mir nicht bekannten Gründen, soviel Gewicht legen.«

»Wenn's besser kommt als vorausgesagt,
dann verzeiht man sogar dem falschen Propheten.«
Ludwig Erhard, ehemaliger Bundeskanzler

1886

»Die Kunst, ohne Einfälle zu komponieren, hat in Brahms entschieden ihren wertvollsten Vertreter gefunden.«

Hugo Wolf (1860–1903),
österreichisch-slowenischer Komponist und Musikkritiker

Heute gilt Johannes Brahms (1833–1897), der vielfach sogar als »legitimer Nachfolger Ludwig van Beethovens« bezeichnet wird, als einer der bedeutendsten europäischen Komponisten aus der zweiten Hälfte des 19. Jahrhunderts. Doch das war nicht immer so. Denn als Vertreter einer eher konservativen, absoluten Musik wandte er sich offen gegen die sich als fortschrittlich bezeichnenden Tonkünstler wie Franz Liszt und Richard Wagner, die seine Werke als ganz und gar rückständig verhöhnten. Besonders der glühende Wagner-Verehrer Hugo Wolf, seinerseits vor allem als Liedkomponist berühmt, verfasste immer wieder sarkastische Schmähschriften. Dies ganz besonders, als er Musikkritiker der Wiener Boulevardzeitung *Salonblatt* wurde, in der er beispielsweise tönte: »Ganz wie der liebe Gott versteht auch Herr Brahms sich auf das Kunststück, aus nichts etwas zu machen.«

Doch auch andere angebliche Experten vermochten mit Brahms' Musik wenig anzufangen. So konnte man etwa 1887 im New Yorker *Musical Courier* lesen: »Brahms fehlt es an Atem und Kraft, zwei Elemente, die bei großen symphonischen Werken von außerordentlicher Wichtigkeit sind.« Zum Glück focht die Kritik den so Gescholtenen wenig an. Vielmehr machte er sich immer wieder einen Spaß daraus, Hugo Wolfs Ausfälle in voller Länge seinem Freundeskreis vorzulesen. Und komponierte derart fröhlich weiter, dass er sogar zur Titelfigur eines berühmten Romans und eines ebensolchen Films wurde: *Lieben Sie Brahms?*

Die Frage hätte Hugo Wolf mit Sicherheit verneint.

1889

»Sie wissen einfach nicht, wie man die englische Sprache gebraucht. Dies ist kein Kindergarten für Amateurschriftsteller.«

Chefredakteur der US-amerikanischen Tageszeitung
San Francisco Examiner

Bei dieser Aussage handelt es sich ausnahmsweise einmal nicht um eine vernichtende Kritik, sondern schlicht um eine Entlassung. Die traf den englischen Dichter Rudyard Kipling (1865–1936), der seinerzeit für den *San Francisco Examiner* als Reporter tätig war. Zu der Zeit hatte er bereits sechs Bände mit Kurzgeschichten veröffentlicht, darunter so bekannte wie die 1975 verfilmte mit dem Titel *Der Mann, der König sein wollte.* Hätte Kiplings Arbeitgeber das geahnt, er hätte den Entlassungsgrund, wenn es ihn dann überhaupt noch gegeben hätte, sicher anders formuliert. Geschämt hätte er sich später auf jeden Fall.

Denn fünf Jahre nach dem Rausschmiss veröffentlichte Kipling seinen größten Erfolg *Das Dschungelbuch,* und 1907 erhielt er gar die höchste Auszeichnung, die einem Schriftsteller zuteilwerden kann: den Literatur-Nobelpreis. Für einen »Amateurschriftsteller, der die Muttersprache nicht zu gebrauchen weiß«, eine wahrhaft bemerkenswerte Ehre!

»Man irrt so hartnäckig, weil man selten gänzlich irrt.«
Karl Heinrich Waggerl, österreichischer Schriftsteller

1890

»Der Verkehr ist nicht mehr zu bewältigen. Spätestens 1910 werden die Straßen New Yorks wegen des meterhohen Pferdemists unpassierbar sein.«
US-amerikanische Verkehrsexperten

Auch wenn wir die Befürchtungen der New Yorker Fachleute heute nicht mehr nachvollziehen können und allenfalls amüsiert zur Kenntnis nehmen, waren sie damals doch alles andere als unbegründet. Denn allein in New York City produzierten die Pferde zu dieser Zeit in einem einzigen Jahr 136 000 Tonnen Dung. Und da das tierische Verkehrsaufkommen stetig zunahm, konnte man mit einiger Zuverlässigkeit vorhersagen, wie sich die unappetitliche Angelegenheit weiterentwickeln würde. Setzte man nämlich nur eine jährliche Steigerung von drei Prozent voraus, bedeutete dies, dass sich das Aufkommen an Pferdemist in 24 Jahren verdoppeln würde. Und nach 70 Jahren hätten die New Yorker gar die gigantische Menge von mehr als einer Million Tonnen Pferdeäpfeln zu beseitigen. Doch bevor es so weit kam, erfand ein gewisser Carl Friedrich Benz kurzerhand das Automobil und machte damit den Befürchtungen ein Ende.

Aber mit Benz beschäftigen wir uns später.

1890

»Von der Fotografie in natürlichen Farben ist leider nicht nur für die nächste Folgezeit, sondern aus theoretischen Gründen auch für alle Zukunft so gut wie nichts zu erwarten.«

Emil du Bois-Reymond (1818–1896),
deutscher Physiologe

Als der seinerzeit allgemein bekannte und hochangesehene Physiologe du Bois-Reymond dies sagte, war die Fotografie den Kinderschuhen zwar schon eine Weile entwachsen, doch noch immer waren die Schwarzweißaufnahmen sehr grobkörnig und verwaschen. Vorrangiges Ziel der Experten war daher, die Qualität der Bilder zu verbessern, doch damit kamen sie nur sehr mühsam voran. An eine Wiedergabe von Farben wagte folglich niemand auch nur im Entferntesten zu denken, dennoch war es natürlich eine sehr kühne Prognose, diese »für alle Zukunft« auszuschließen.

Denn nur rund vierzig Jahre später, in den 30er Jahren des 20. Jahrhunderts, brachten die Firmen Agfa und Kodak die ersten Colorfilme auf den Markt. Die bestanden aus drei übereinanderliegenden Schichten, die jeweils für Licht verschiedener Wellenlängen und damit für unterschiedliche Farben empfindlich waren. Zwar glichen die Fotos anfangs eher nachträglich kolorierten Schwarzweißaufnahmen, dennoch stellten sie zweifellos einen bemerkenswerten Fortschritt dar, den man vorrangig in der Werbe-, Industrie- und Modefotografie nutzte. Zwanzig Jahre später hatte man die zugrunde liegenden chemischen Verfahren dann so weit verbessert, dass die Farbaufnahmen auch im Fotojournalismus Eingang fanden, und nach weiteren zwanzig Jahren, also in den 70er Jahren des vorigen Jahrhunderts, entdeckten schließlich auch die künstlerischen Fotografen die Farben für sich.

In der Folge wurden die Filme immer weiter optimiert und wegen der rasanten Ausbreitung der Amateurfotografie in immer größeren Mengen produziert, was sich in deutlich fallenden Preisen niederschlug. So kam es, dass sich Ende des 20. Jahrhunderts nur noch einige wenige Künstler der puristischen Schwarzweißfotografie bedienten. Doch zu der Zeit wurden die herkömmlichen Kameras schon langsam, aber sicher von digitalen Modellen verdrängt, deren Aufnahmen man auf dem Computer bearbeiten, speichern und vor allem problemlos löschen konnte. Dass es einmal derart komfortable Möglichkeiten der »Fotografie in natürlichen Farben« geben würde, konnte der gute alte du Bois-Reymond – das muss man ihm ehrlich zugutehalten – aber beim besten Willen nicht ahnen.

»Die Zukunft kann man am besten vorhersagen,
wenn man sie selbst gestaltet.«
Jean Fourastié,
französischer Wirtschaftspolitiker

1891

»Meine Fabriken werden den Krieg vielleicht früher beenden als Ihre Kongresse.«

Alfred Nobel (1833–1896),
schwedischer Chemiker und Erfinder

Diesen Satz schrieb der schwedische Industrielle Alfred Nobel, durch die Erfindung des Dynamits schwerreich geworden, aber zeit seines Lebens ein Eigenbrötler, an die österreichische Aristokratin Bertha von Suttner. Die hatte einst bei ihm als Privatsekretärin gearbeitet – da hieß sie noch Bertha Kinsky –, hatte sich jedoch standhaft geweigert, mit ihm eine Liebesbeziehung einzugehen und bald darauf Arthur von Suttner, Sohn eines Freiherrn, geheiratet. Dass sie und Nobel kein Paar wurden, lag vermutlich nicht zuletzt daran, dass der schwedische Tüftler sich eifrig mit der Produktion von Sprengstoffen beschäftigte, während Bertha von Suttner als eine der engagiertesten Friedensaktivistinnen aller Zeiten bekannt wurde. Im Gegensatz zu ihr war Nobel der festen Überzeugung, Frieden ließe sich niemals durch »gute Wünsche und Gebete« erreichen, sondern einzig und allein durch massive gegenseitige Abschreckung. Deshalb fügte er dem zitierten Satz folgenden hinzu: »Wenn sich zwei Armeen eines Tages in einer Sekunde gegenseitig auslöschen können, werden alle zivilisierten Nationen ihre Truppen sofort zurückziehen.«

Doch schon bald erkannte Nobel, dass er mit seiner Einschätzung vollkommen falschlag. Anstatt Kriege zu verhindern, kostete sein Sprengstoff unendlich viele Menschen das Leben. In seinem Testament, in dem er unter anderem verfügte, dass sein immenses Kapital in eine Stiftung fließen solle, um mit dem Erlös alljährlich den nach ihm benannten Preis zu finanzieren, gestand er seinen bitteren Irrtum ein. Er habe die Sprengmittel nur deshalb erfunden, schrieb er, weil er durch deren verheerende Wirkung jede bewaffnete Auseinandersetzung von vornherein sinnlos machen wollte; die Entwicklung der modernen Kriegstechnik habe ihn jedoch auf schreckliche Weise ins Unrecht gesetzt. Heute vermuten Biographen, dass er seinen ebenso berühmten wie begehrten Preis – nicht zuletzt auch für Bemühungen um den Weltfrieden – vor allem deshalb ausgesetzt hat, um auf diese Weise so etwas wie Wiedergutmachung zu leisten.

1895

»Es ist höchst zweifelhaft, dass das Stethoskop jemals eine weite Verbreitung findet, denn sein Einsatz ist zeitraubend und verursacht eine Menge Ärger.«

The Times,
britische Tageszeitung

Mögen die Herren Doktoren in den vielen Fernsehfilmen, in denen es um Ärzte und ihre Patienten geht, auch noch so unterschiedlich sein, eines ist ihnen allen gemeinsam: das Stethoskop, das ihnen als ärztliches Statussymbol vor der Brust baumelt. Und tatsächlich ermöglicht das aus einem Geräuschaufnehmer mit Membran, einem langen flexiblen Schlauch und zwei Ohrstöpseln bestehende Gerät dem Arzt, gleichsam in das Innere eines Patientenkörpers hineinzuhören, Herz und Lunge bei der Arbeit zu belauschen und sich so rasch und ohne großen Aufwand ein Bild von etwaigen krankhaften Veränderungen zu machen.

Entwickelt wurde das praktische Utensil im Jahr 1816

von dem französischen Arzt René Théophile Hyacinthe Laennec, der im Lauf seiner Tätigkeit eine unüberwindliche Abscheu dagegen entwickelt hatte, sein Ohr unmittelbar auf die oftmals ungewaschene und schwitzige Haut seiner Patienten zu legen. Deshalb verfiel er auf die Idee, einen zusammengerollten Bogen Papier als eine Art Hörrohr zu verwenden, und siehe da: Er vernahm die Geräusche aus dem Körperinneren damit keinesfalls schlechter, sondern im Gegenteil sogar deutlich besser. In der Folge widmete er sich intensiv der Konstruktion eines papierrollenähnlichen Rohres aus Holz, das er schon damals *Stethoskop* nannte, was so viel wie »Brustbetrachter« bedeutet.

Die endgültige Form beschrieb *Meyers Konversations-Lexikon* seinerzeit folgendermaßen: »Das Stethoskop ist eine 26 bis 31 Zentimeter lange Röhre aus Holz, die unten trichterförmig gestaltet, und an der oben eine runde Scheibe, die sogenannte Ohrplatte, gewöhnlich aus Elfenbein, angebracht ist. Das untere Ende von etwa 2,6 bis 3,9 Zentimeter Durchmesser muss abgerundet sein, damit es beim Aufsetzen auf die Körperhaut nicht schmerzhaft einschneidet. Beim Gebrauch ergreift man das Stethoskop am trichterförmigen Ende, setzt es genau auf die Oberfläche des Körperteils, welcher untersucht werden soll, so dass es rundum fest aufsitzt, und legt dann das Ohr auf die Ohrplatte.«

Warum der Leitartikelschreiber der *Times* im Jahr 1895 von »einer Menge Ärger« sprach, die das »zeitraubende« Gerät angeblich verursachte, ist nicht überliefert. Fest steht, dass das Stethoskop in der Folge immer weiter verbessert wurde und heute aus der ärztlichen Praxis nicht mehr wegzudenken ist.

Und aus dem Fernsehen schon gleich gar nicht.

»Der einzig wahre Realist ist der Visionär.«
Federico Fellini, italienischer Regisseur

1897

»Diese Strahlen des Herrn Röntgen werden sich als Betrug herausstellen.«

William Thomson, bekannt als Lord Kelvin (1824–1907), britischer Physiker und Begründer der Kelvin-Temperaturskala

Am 18. Dezember 1895 erschien bei der *Physikalisch-Medizinischen Gesellschaft* in Würzburg eine kurze Mitteilung mit dem lapidaren Titel *Ueber eine neue Art von Strahlen*. Verfasser war Wilhelm Conrad Röntgen, Physik-Ordinarius und Rektor der Würzburger Universität. Der hatte sich intensiv mit der Elektrizitätsleitung in Gasen beschäftigt und war dabei zufällig auf eine Art unsichtbarer Strahlen gestoßen, die in der Lage waren, Substanzen zu durchdringen und ihre Umrisse auf einer fotografischen Platte sichtbar zu machen. In besagter Mitteilung beschrieb Röntgen dieses Phänomen so: »Hält man die Hand zwischen den Entladungsapparat und den Schirm, so sieht man die dunklen Schatten der Handknochen in dem nur wenig dunkleren Schattenbild der Hand.«

Das Echo auf die Publikation war gewaltig, und bereits einen knappen Monat später stellte der bis dato relativ unbekannte Physiker seine revolutionäre Entdeckung keinem Geringeren als Kaiser Wilhelm II. vor, wobei er ausdrücklich deren speziellen Nutzen für die ärztliche Diagnostik hervorhob. Die Medien berichteten in umfangreichen Artikeln, und nachdem dann auch noch Ende Januar die *Wiener Klinische Wochenschrift* einem breiten medizinischen Publikum das erste Bild mit bisher unsichtbaren Körperstrukturen präsentiert hatte, konnte Röntgen sich vor Anfragen aus aller Welt kaum mehr retten.

Doch trotz etlicher weiterer Veröffentlichungen, in denen die Leser mehr Beispiele der neuartigen Aufnahmen bestaunen konnten, gab es ein paar zeitgenössische Wissenschaftler, die der Sache offen misstrauten. Einer davon war der seinerzeit weltberühmte britische Physiker Lord Kelvin, immerhin geadelter Präsident der britischen *Royal Society* und Mitglied des Ordens *Pour le Mérite für Wissenschaft und Künste*. Was ihn zu seiner Meinung veranlasst hat, ist nicht überliefert, fest steht jedoch, dass er sich damit eine der krassesten Fehlprognosen der Wissenschaftsgeschichte leistete. Denn kaum eine andere Entdeckung hatte sich jemals so rasch verbreitet wie diejenige des Würzburger Professors in den nächsten Monaten. So gab es schon bald eine Menge Forscher, die sich, von Röntgen angeregt, ebenfalls mit den ominösen Strahlen beschäftigten. Einer davon, der Franzose Henri Becquerel, kam dabei rein zufällig einem weiteren fundamentalen physikalisch-chemischen Prozess auf die Spur: der Radioaktivität. Somit ist Röntgen indirekt auch für deren Entdeckung verantwortlich.

Unterdessen traten die auf seinen bahnbrechenden Erkenntnissen beruhenden Röntgengeräte einen unaufhaltsamen Siegeszug um die ganze Welt an. Überall blickten Ärzte nun voller Eifer ins Innere ihrer Patienten, diagnostizierten Knochenbrüche, beurteilten Tumoren und verfolgten die Ergebnisse ihrer Therapie. Daneben wurden die extrem kurzwelligen und daher hochenergetischen Strahlen zur Grundlage der Röntgenmikroskopie und -astronomie und erlaubten in der Werkstoffprüfung zudem das Aufspüren winzigster Risse und Fehlstellen, die vorher verborgen geblieben waren.

Im Lauf der Zeit wurden nach dem »Herrn Röntgen«, der 1901 den ersten Nobelpreis für Physik erhielt, zahlreiche Straßen benannt, es gibt eine – wenn auch mittlerweile veraltete – physikalische Einheit seines Namens, eine *Deutsche Röntgengesellschaft* sowie mehrere Denkmäler in Lebensgröße. Und auch der Röntgen-Preis, der alljährlich für herausragende Arbeiten in der strahlenphysikalischen und -biologischen Grundlagenforschung verliehen wird, ist nach dem angeblichen Betrüger benannt.

»Die Hellseher wechseln ihr Tätigkeitsfeld:
Heute ist es schwerer vorauszusagen, wie in Bälde
die Vergangenheit aussehen wird als die Zukunft.«
Wieslaw Brudzinski, polnischer Aphoristiker

1899

»Alles, was erfunden werden kann, wurde bereits erfunden.«

Charles Duell (1850–1920),
US-amerikanischer Jurist und Chef des Patentamts

Das Patentamt könne man im Grunde getrost schließen, soll dessen Chef Ende des 19. Jahrhunderts geäußert haben, denn es sei nicht damit zu rechnen, dass in Zukunft noch etwas Bedeutendes erfunden werde, was eine

Patentierung rechtfertige. Diese Aussage mutet geradezu grotesk an, gab es doch seinerzeit – beispielsweise mit Radio, Telefon und Automobil – eine ganze Menge technischer Entwicklungen, die noch in den Kinderschuhen steckten und bei denen man mit Anschlusserfindungen hätte rechnen müssen. Deshalb halten es auch etliche Wissenschaftshistoriker schlichtweg für nicht glaubhaft, dass ein derart kluger Mann wie Charles Duell sich tatsächlich so verschätzen konnte.

Sollte er das allerdings tatsächlich getan haben, lag er damit weit daneben. Es genügt, sich einige Erfindungen anzusehen, die eindeutig ins 20. Jahrhundert gehören und aus unserem Alltagsleben nicht mehr wegzudenken sind: etwa den Fernseher, das Flugzeug und den Mobilfunk, aber auch die Geldautomaten und die Gentechnik, die in Zukunft mit ziemlicher Sicherheit eine immer größere Rolle spielen wird. Daneben wurden nach 1899 natürlich auch eine Menge Dinge erfunden und patentiert, auf die man sicher gut hätte verzichten können, so zum Beispiel die Taschenuhr mit integrierter Pistole (Patentnummer 276105), der regensichere Hut mit Tannenzapfenschuppen (Patentnummer 15313) oder die Fliegenklatsche mit variabler Schlagkraft und Glockensignal (Patentnummer 370046).

Doch ob nützlich oder allenfalls kurios, die Patentämter haben auch heute noch alle Hände voll zu tun. Denn genau wie im 19. und 20. gibt es auch im 21. Jahrhundert jede Menge kreativer Denker, hartnäckiger Tüftler, aber auch liebenswerter Spinner, von denen jeder Einzelne hofft, mit seiner Erfindung das große Geld zu machen.

1901

»Die weltweite Nachfrage nach Kraftfahrzeugen wird eine Million nicht überschreiten – allein schon aus Mangel an verfügbaren Chauffeuren.«

Gottlieb Daimler (1834–1900),
deutscher Ingenieur und Konstrukteur

Wann genau die Geburtsstunde des Automobils schlug, darüber gehen die Meinungen der Experten auseinander. Naheliegend ist, den 29. Januar 1886 als maßgebliches Datum anzusehen, denn an diesem Tag erhielt Carl Friedrich Benz das Patent mit der Nummer 37435 für das allererste Motorfahrzeug. Um es ohne große Mühe lenken zu können, hatte es nur drei Räder, aber geschäftlich war es eher ein Flop. Erst das vierrädrige Nachfolgemodell *Benz Velo* mit einem 1,5-PS-Motor, der es auf maximal 20 Stundenkilometer beschleunigte, stieß auf mehr Resonanz und wurde – seinerzeit für 2200 Mark – in größerer Stückzahl verkauft. In der Folgezeit setzte eine rasante Weiterentwicklung ein. 1898 stellte Louis Renault sein erstes Auto vor, und ein Jahr später folgten die Daimler-Werke mit einem deutlich verbesserten und komfortableren Fahrzeug, das nach der Tochter des österreichischen Daimler-Großkunden Emil Jellinek auf den Namen *Mercedes* getauft wurde. Wiederum ein Jahr später kam dann der erste Opel auf den Markt, dem bald darauf auch der erste Fiat folgte.

Doch obwohl mit der Zeit immer mehr Autos gebaut wurden, die in immer größerer Zahl über die Straßen tuckerten, und obwohl Daimler-Karossen überall viel Zuspruch erfuhren, war der Firmenchef – das beweist obiges Zitat – von dem neuartigen Selbstfahrkonzept offenbar nur bedingt überzeugt. Zu Unrecht, wie sich rasch zeigen sollte. Denn die Million Autos, die Gottlieb Daimler für die Zukunft als Maximum vorhersagte, wurden allein in Deutschland bereits Ende 1952 erreicht. Heute fahren bei uns etwa 45 Millionen Pkws herum, weltweit sind es zirka 650 Millionen, und Verkehrsexperten gehen davon aus, dass spätestens 2040 die Milliardengrenze überschritten wird.

Ob diese Prognose zutrifft, wird sich zeigen. An der Anzahl der Chauffeure wird sie jedenfalls ganz bestimmt nicht scheitern.

»Weissagungen überlasse den Propheten.
Wir halten uns an die Wahrheit.«
Joachim Panten, deutscher Publizist

1901

»Tut mir leid, aber ich kann mir beim besten Willen nicht vorstellen, was Unterseeboote im Krieg bewirken könnten – außer, dass sie ihre Besatzungen dem Erstickungstode aussetzen.«

H. G. Wells (1866–1946), britischer Schriftsteller und Pionier der Science-Fiction-Literatur

Grundsätzlich sind Unterseeboote, wie der Name schon sagt, Wasserfahrzeuge, die in ihrer Bewegung nicht auf die Oberfläche beschränkt sind, sondern auch mehr oder minder tief tauchen können. In der Praxis spricht man allerdings bei Verwendung eines solchen Gefährts in Forschung und Wissenschaft von *Tauchboot*, während man die Bezeichnung *Untersee-* oder kurz *U-Boot* fast ausschließlich für militärische Einheiten verwendet. Deren Einsatz war gerade erst in Mode gekommen, als H. G. Wells sich zu seiner pessimistischen Prognose verstieg. Zwar hatte es in der Vergangenheit schon mehrere Versuche gegeben, unterwassertaugliche Fahrzeuge zu entwickeln – das erste stammte aus dem Jahr 1620 und bestand aus mit gefettetem Leder umwickeltem Holz –, doch erst knapp 40 Jahre vorher war mit der *Sub Marine Explorer* das erste wirklich funktionsfähige Unterwasserschiff vom Stapel gelaufen. Das war allerdings konstruiert worden, um damit auf dem Meeresgrund nach Perlen zu suchen, und somit nach heutiger Definition kein U-, sondern ein Tauchboot.

Der militärische Einsatz begann erst kurz vor der Jahrhundertwende, als man batteriebetriebene und mit Torpedos bewaffnete U-Boote konstruierte, auf denen eine Dampfmaschine bei Überwasserfahrt die Batterien immer wieder auflud. Da diese Gefährte allerdings noch derart gravierende Mängel aufwiesen, dass von Zuverlässigkeit beim besten Willen keine Rede sein konnte, lehnten die Admiralitäten vieler Länder, darunter die der britischen *Royal Navy*, die Einführung kategorisch ab. Erst im Jahr 1902, also ein Jahr nach H. G. Wells' Prognose, bauten die Deutschen vier 200 Tonnen schwere U-Boote, die bei ausgedehnten Tests voll überzeugen konnten und nach Russland exportiert wurden. Und vier Jahre später stellte dann schließlich auch die Kaiserlich Deutsche Marine mit der *SMU 1 (Seiner Majestät Unterseeboot 1)* das erste U-Boot in Dienst.

Im Ersten Weltkrieg setzte die deutsche Admiralität erstmals erfolgreich U-Boote gegen feindliche Handelsschiffe ein. Vor allem britische Dampfer wurden in größerer Zahl von den »Schatten der Tiefe« versenkt, und es ist daher kein Wunder, dass die Engländer den Deutschen nach dem verlorenen Krieg den Bau neuer U-Boote untersagten. Damit konnten sie jedoch nicht verhindern, dass die Reichsmarine im Zweiten Weltkrieg bis zu 300 der heimtückischen Angreifer einsetzte, die vereinzelt gegnerische Schlacht- und in beträchtlicher Menge feindliche Handelsschiffe versenkten. Doch auch die Marinen anderer Nationen blieben nicht untätig, und so durchpflügten bald italienische, russische, britische, französische, amerikanische und japanische U-Boote die Weltmeere. Die russischen waren besonders »erfolgreich«, waren sie doch für drei der verheerendsten Schiffskatastrophen aller Zeiten verantwortlich: Im Monatsabstand versenkten sie 1945 die *Wilhelm Gustloff*, die *Steuben* und die *Goya*, wobei insgesamt knapp 20000 Menschen ums Leben kamen.

Nach dem Zweiten Weltkrieg hörten Konstruktion und Bau tauchfähiger Schiffe jedoch keinesfalls auf. Vor allem die Amerikaner und Russen stellten immer schnellere, wendigere und stärker bewaffnete U-Boote in Dienst, die schließlich sogar mit Nuklearantrieb ausgerüstet wurden. Und auch wenn der Kalte Krieg längst Vergangenheit ist, ist ein Ende dieser Entwicklung nicht in Sicht.

Zum Schluss noch ein Satz zu H. G. Wells' pessimistischer Prophezeiung: Zwar sind im Lauf der Zeit tatsächlich viele Soldaten in ihren U-Booten ums Leben gekommen, aber fast ausschließlich deshalb, weil diese von Unterwasserbomben getroffen wurden und sanken. In einem tauchenden U-Boot erstickt sind dagegen nur ganz wenige.

»Zukunftsforschung ist die Kunst,
sich zu kratzen, bevor es einen juckt.«
Peter Sellers, britischer Schauspieler

1901

»In hundert Jahren wird man sich gerade noch so eben des *Huckleberry Finn* erinnern.«

Harry Thurston Peck (1856–1914),
amerikanischer Autor und Literaturkritiker

Die Geschichten des Müßiggängers und Lebenskünstlers *Huckleberry Finn* kennt fast jeder, deshalb ist klar, dass sich die Kritik von H. T. Peck gegen seinen amerikanischen Schriftstellerkollegen Mark Twain (1835–1910) richtet. Der hieß ursprünglich Samuel Longhorne Clemens und nahm erst später seinen Künstlernamen an, einen Fachausdruck aus der Seemannssprache mit der Bedeutung »Zwei Faden Wassertiefe«, der an seine Zeit als Steuermann auf dem Mississippi erinnerte. Anschließend arbeitete er als Reporter für die Zeitung *Territorial Enterprise* und machte sich einen Namen als Autor frei erfundener Schauergeschichten. So berichtete er beispielsweise einmal von einem Mann namens Hopkins, der seiner Frau mit einer Axt den Schädel abgetrennt, seine sechs Kinder mit einem Knüppel und zwei ihrer Freunde mit der bloßen Faust erschlagen habe, um sich anschließend mit durchgeschnittener Kehle auf sein Pferd zu schwingen und mit dem Skalp seiner Frau nach Carson City zu reiten. Die Geschichte war zwar vom ersten bis zum letzten Buchstaben ein Produkt seiner

Phantasie, erschien aber dennoch überall in der amerikanischen und europäischen Presse.

Daneben veröffentlichte Mark Twain immer wieder kritische Artikel über die Doppelmoral der Herrschenden und prangerte dabei Polizeiübergriffe auf Minderheiten ebenso scharf an wie religiöse Heuchelei und korrupte Senatoren. Besonders scharf ging er mit der Gier nach Macht und der verbreiteten »Geldlust« ins Gericht, die er als Amerikas übelste Krankheit bezeichnete. Auch seine berühmtesten Werke, die Geschichten von *Tom Sawyer* und *Huckleberry Finn,* strotzten ursprünglich derart von satirischer Bissigkeit, dass die Verleger massive Proteste der potentiellen Leser befürchteten und den Text vor der Veröffentlichung in weiten Passagen entschärften.

Auf ausgedehnten Vortragsreisen durch Amerika und Europa wurde Mark Twain von einem begeisterten Publikum frenetisch gefeiert, und dabei war es durchaus nicht nur *Huckleberry Finn,* der seinen Ruhm weltweit verbreitete. Auch die meisten seiner anderen Werke wie *Leben auf dem Mississippi, Der Prinz und der Bettelknabe* oder *Ein Yankee am Hofe des Königs Artus* wurden beachtliche Erfolge, sie wurden in viele Sprachen übersetzt und zum Teil auch höchst erfolgreich verfilmt.

Heute gilt Mark Twain, der nach einem abenteuerlichen Leben im Alter von 74 Jahren starb, als einer der größten amerikanischen Schriftsteller überhaupt und speziell als leuchtendes Vorbild in Sachen Toleranz und Engagement gegen Unterdrückung – ganz besonders für die Jugend.

Dass man sich irgendwann »gerade noch so eben des *Huckleberry Finn* erinnern« wird, erscheint daher aus heutiger Sicht in höchstem Maße unwahrscheinlich.

»Wer die Zukunft gestalten will,
muss Träume und Visionen haben.«
Ernst Ferstl, österreichischer Dichter

1903

»Menschen werden niemals fliegen, denn Fliegen ist den Engeln vorbehalten.«

*Milton Wright (1828–1917),
US-amerikanischer Bischof*

Abgesehen von Computern und allem, was dazugehört – wir kommen noch ausführlich darauf zu sprechen –, haben vermeintliche Experten zu keinem anderen Thema so viele irrige Prophezeiungen abgegeben wie zum Fliegen. Besonders originell ist die oben zitierte des Amerikaners Milton Wright, waren es doch seine eigenen Söhne Wilbur und Orville, die die ersten gesteuerten Gleitflüge mit Geräten schwerer als Luft durchgeführt hatten und als Pioniere der Luftfahrt gelten. Bis zum Jahr 1903, in dem Vater Milton sich derart pessimistisch äußerte, waren die beiden schon mehr als 1000-mal durch die Luft gesegelt, allerdings stets von erhöhten Punkten aus abwärts, und mit einem extrem leichten Fluggerät aus mit Stoff bespanntem Holz.

Dass Fliegen auch mit erheblich schwereren Maschinen möglich sein könnte, hatte Wilbur Wright selbst zwei Jahre zuvor ausgeschlossen: »Der Mensch wird es in den nächsten 50 Jahren nicht schaffen, sich mit einem Metallflugzeug in die Luft zu erheben.« Vielleicht hatte er dabei dem Sachverstand des berühmten englischen Physikers

Lord Kelvin vertraut, dessen zweifelhaftes hellseherisches Talent uns ja bereits im Zusammenhang mit den Röntgenstrahlen begegnet ist und der 1895 kategorisch erklärt hatte: »Es kann keine Flugmaschinen geben, die schwerer als Luft sind.« Ein Jahr später schloss sich sogar der berühmteste amerikanische Astronom und Mathematiker, Simon Newcomb, Lord Kelvins und Wilbur Wrights Auffassung an, wobei er sich allerdings ein wenig zurückhaltender ausdrückte: »Ein Flugzeug, das schwerer als Luft ist, ist unnötig, wenn nicht gar unmöglich.«

Doch seine Fehleinschätzung sollte nicht lange Bestand haben, denn schon am 17. Dezember 1903 gelangen den Brüdern Wright im kleinen Küstenort Kitty Hawk im amerikanischen Bundesstaat North Carolina die ersten Motorflüge. Zwar dauerte der Jungfernflug mit dem *Flyer* – der Propeller wurde von einem 12 PS leistenden Vierzylindermotor angetrieben – nur gerade mal zwölf Sekunden, doch beim vierten und letzten Versuch an diesem Tag legte Orville bereits 260 Meter zurück und hielt sich dabei 56 Sekunden lang in der Luft.

Der Vollständigkeit und Objektivität halber sei allerdings erwähnt, dass es ernstzunehmende Stimmen gibt, die den Wright-Brüdern den Ruhm des ersten Motorfluges absprechen. Glaubt man ihnen, so war es der Deutsche Gustav Weißkopf, dem dieses Kunststück bereits 1901 gelungen war. Mit seinem Flieger *Nummer 21* soll der Franke bei Bridgeport, Connecticut, eine Strecke von 800 Metern geflogen sein – höher und weiter als die Gebrüder Wright und vor allem zweieinhalb Jahre früher. Pech nur, dass es von seiner Pioniertat nur Zeugenaussagen, aber kein einziges Foto gibt.

Wer nun tatsächlich der Erste war, der in einem motorbetriebenen Gerät den Boden verlassen hat, lässt sich heute nicht mehr mit Sicherheit rekonstruieren, auf jeden Fall hat die Luftfahrt seit Beginn des 20. Jahrhunderts einen rasanten Aufschwung erlebt. Und diesmal war es nicht Wilbur Wright, sondern sein Bruder Orville, der 1913 eine Voraussage machte, die schon bald von der Wirklichkeit widerlegt werden sollte: »Keine Flugmaschine wird je von New York nach Paris fliegen.« Denn bereits im Juni 1919 gelang den britischen Piloten John Alcock und Arthur Brown mit einem zweimotorigen Flugzeug die erste Nonstop-Atlantik-Überquerung, die allerdings mit einer Bruchlandung endete. Im Gegensatz zu dieser fliegerischen Glanzleistung, die merkwürdigerweise weitgehend unbeachtet blieb, ist der erste ununterbrochene Flug über den Atlantik durch einen einzigen Piloten weltberühmt geworden: Es war der Amerikaner Charles Lindbergh, der dafür im Mai 1927 begeistert gefeiert wurde.

Doch auch wenn damit die Leistungsfähigkeit und Zuverlässigkeit der Flugzeuge und damit der Luftfahrt ganz allgemein bewiesen war, verstummten die kritischen Stimmen nicht. So verkündete etwa der bedeutende amerikanische Astronom William Pickering noch Jahre nach Lindberghs Triumph im Brustton der Überzeugung: »Der Laie stellt sich häufig gewaltige Flugmaschinen vor, die mit großer Geschwindigkeit den Atlantik überqueren und zahllose Passagiere transportieren. Man kann aber getrost behaupten, dass solche Vorstellungen reine Phantasie sind; und selbst wenn ein Flugzeug mit ein oder zwei Passagieren die Strecke zurücklegen würde, wären die Kosten untragbar.« Mit dieser Auffassung schloss er sich, freilich, ohne es zu wissen, seinem Landsmann Octave Chanute an, einem Eisenbahningenieur, der sich um die Jahrhundertwende als Flugpionier hervorgetan und schon 1904 behauptet hatte: »Flugzeuge werden im

Sport verwendet werden, doch man darf in ihnen keine kommerziellen Beförderungsmittel sehen.«

Die Wirklichkeit sah anders aus, denn bereits 1939 ermöglichte das luxuriöse Flugboot *Yankee Clipper* bis zu 19 Passagieren eine bequeme, kostengünstige und vor allem schnelle Reise über den Ozean. Durch beide Weltkriege entscheidend gefördert, entwickelte sich die Luftfahrt rasant weiter, und heute düsen allein in Europa Tag für Tag rund 30 000-mal Jets von einem Airport zum anderen. Doch noch Mitte des 20. Jahrhunderts hat niemand vorausahnen können, mit welcher Selbstverständlichkeit man schon bald darauf per Flugzeug an den Urlaubsort und wieder zurück gelangen würde.

Und das für jedermann – nicht nur für Engel.

»Pessimisten sind Leute, die mit der Sonnenbrille in die Zukunft schauen.«
Heinz Erhardt, deutscher Humorist

1904

»Das Werk von Richard Strauss kann man in vier Worten beschreiben: wenig Talent, dafür unverschämt. Seine absurden Missklänge werden selbst im dreißigsten Jahrhundert keine Musik sein.«

César Cui (1835–1918),
russischer Komponist und Musikkritiker

Dass der russische Komponist César Cui hierzulande nur Insidern bekannt ist, verwundert ein wenig, gehörte er doch zusammen mit Balakirew, Mussorgski, Borodin und Rimski-Korsakow zur durchaus angesehenen *Gruppe der Fünf*, denen es in ihren Werken vor allem auf die Bewahrung eines »russischen Nationalstils« ankam. Musikexperten sind sich allerdings einig, dass Cui das mit Abstand schwächste Mitglied dieser Vereinigung war, und tatsächlich wurden seine Kompositionen von Anfang an nur selten aufgeführt.

Wahrscheinlich schwang daher bei seiner Kritik am wesentlich erfolgreicheren Zeitgenossen Richard Strauss (1864–1949) eine ganze Menge Neid mit. Denn Strauss, der sich nicht nur als Komponist, sondern auch als hervorragender Dirigent und Theaterleiter einen Namen gemacht hatte, feierte mit seiner Musik in ganz Europa triumphale Erfolge. Vor allem seine Opern *Der Rosenkavalier*, *Salome* und *Elektra* werden bis heute mit großem Erfolg auf den Bühnen der Welt gespielt, aber auch seine anderen Orchesterstücke, kammermusikalischen Kompositionen, Lieder und Chorwerke haben für das musikliebende Publikum nichts von ihrer Faszination verloren. Und man muss kein Prophet sein, um vorherzusagen, dass Strauss' »absurde Missklänge« die Zuhörer auch noch im 30. Jahrhundert verzaubern werden.

1905

»Vernünftige und verantwortungsbewusste Frauen wollen gar nicht wählen.«

Grover Cleveland (1837–1908),
vormaliger US-Präsident

Bis heute ist Grover Cleveland der einzige Staats- und Regierungschef der USA, dessen zwei Amtszeiten (1885 bis 1889 und 1893 bis 1897) nicht unmittelbar aufeinanderfolgten, weshalb er sowohl als 22. als auch 24. Präsident geführt wird. Er war bei seinen Landsleuten hoch angesehen, was vor allem auf seiner persönlichen Integrität und darauf beruhte, dass er nie in einen der damals allgegenwärtigen Korruptionsskandale verwickelt war. So machte er unter anderem die Ernennung von Beamten allein von ihrer persönlichen Leistung und nicht, wie bis dahin üblich, von ominösen Beziehungen abhängig. Man kann ihn also durchaus als modernen, aufgeschlossenen Menschen bezeichnen.

Doch das galt nicht für seine Familienpolitik. In diesem Sektor war er überaus konservativ und nicht im mindesten bereit, das überkommene Rollenverständnis von Mann und Frau in Frage zu stellen. Frauen gehörten für ihn in den Haushalt, sie hatten sich um die Wohnung, die Erziehung der Kinder und vor allem um das Wohl ihres Ehemanns zu kümmern und sich gefälligst sämtlicher Äußerungen zu öffentlichen Angelegenheiten, ganz besonders zur Politik, zu enthalten. Daher war es nach Clevelands Ansicht auch keinesfalls erforderlich, ja, sogar der Rolle als Ehefrau und Mutter abträglich, ihnen ebenso wie den Männern ein Wahlrecht zuzugestehen.

Diese Haltung vertrat er noch 1905, das heißt acht Jahre nach Ende seiner zweiten Amtszeit, und damit zu einer Zeit, als das Frauenwahlrecht in einigen Staaten der USA längst eingeführt worden war. Denn bereits 1776 war den Frauen in New Jersey der Gang an die Urne erlaubt worden, doch dieses Privileg hatte man ihnen 1807 kurzerhand wieder aberkannt. Der erste Bundesstaat, der dem weiblichen Geschlecht dauerhaft das Recht zu wählen zugestand, war Wyoming im Jahr 1869. Dort wurde später auch die erste weibliche Abgeordnete in das Parlament der USA gewählt, dort gab es die erste Friedensrichterin und 1925 sogar die erste Gouverneurin der USA. Doch erst 1920, also 15 Jahre nach Clevelands herabwürdigender Äußerung, erhielten die amerikanischen Frauen mit Verabschiedung des 19. Verfassungszusatzes das uneingeschränkte Wahlrecht auf Bundesebene. Dass es überhaupt dazu gekommen war, lag an der unermüdlichen Arbeit unzähliger Frauenrechtlerinnen. So hatte beispielsweise eine Gruppe militanter Damen namens *The Silent Sentinels* volle 18 Monate vor dem Weißen Haus in Washington für mehr Rechte des vermeintlich schwächeren Geschlechts gekämpft. Zweifellos allesamt »vernünftige und verantwortungsbewusste Frauen«.

»Wer nicht mehr liebt und nicht mehr irrt,
der lasse sich begraben.«
Johann Wolfgang von Goethe

1905

»Die Stunde kann nicht mehr fern sein, in der sich die schönen Augen der letzten Twiga, wie sie die Waswahili nennen, in der Einöde schließen.«

Carl Georg Schillings (1865–1921),
Afrikaforscher und Großwildjäger

Wie sein Landsmann und Zeitgenosse Georg Schweinfurth, von dem ja schon unter der Jahreszahl 1872 die Rede war, unternahm auch Carl Georg Schillings mehrere ausgedehnte Reisen ins Innere des Schwarzen Kontinents, wobei er Deutsch-Ostafrika, das heutige Tansania, bevorzugte. Dort betätigte sich der passionierte

Tierschützer als Fotograf, aber erstaunlicherweise auch als Jäger, wohl vor allem, um die erlegten Tiere in ausgestopftem Zustand für die Nachwelt zu erhalten. Noch heute kann man einen Großteil seiner Präparate im Leopold-Hoesch-Museum in Düren bewundern. Daneben hielt er zahlreiche Vorträge, die er mit wundervollen, selbstaufgenommenen Fotos der afrikanischen Tierwelt umrahmte. Und auch als Buchautor machte er sich einen Namen. Sein bedeutendstes, 1905 erschienenes Werk *Mit Blitzlicht und Büchse* wurde ein beachtlicher internationaler Erfolg.

Darin nimmt der Tierschutz, bis dahin nur von einigen wenigen engagierten Forschern nachdrücklich verfolgt, einen bedeutenden Platz ein. Denn schon früh hatte Schillings sich ernste Gedanken über den zunehmenden Raubbau am afrikanischen Großwild gemacht. Bereits 1900, nach seiner zweiten Reise in den dunklen Kontinent, bezeichnete er die Fauna Ostafrikas als unwiederbringliches Erbe der Menschheit, das unter allen Umständen zu erhalten sei. So machte er sich auch große Sorgen um die majestätischen Giraffen, die die Eingeborenen *Twiga* nannten, und hielt ihr baldiges Aussterben für kaum noch abwendbar. Doch damit sollte er sich zum Glück täuschen. Denn obwohl nach wie vor zahlreiche der langhalsigen Tiere Wilderern zum Opfer fallen, ist der Bestand dank umfangreicher Schutzmaßnahmen seit längerem stabil. Vor allem in Ostafrika gibt es heute wieder reiche Bestände. So geht man davon aus, dass allein in der zu Tansania und Kenia gehörenden Serengeti etwa 13 000 der mächtigen, bis zu sechs Meter hohen *Twigas* durch die Savannen ziehen.

1906

»Das Pferd wird es immer geben. Das Automobil ist nur eine vorübergehende Erscheinung.«

Wilhelm II. (1859–1941),
deutscher Kaiser

Ob Kaiser Wilhelm den kernigen Ausspruch tatsächlich getan hat, ist nicht einwandfrei verbürgt. Denn eine fast identische Äußerung wird auch einem Vorstand der amerikanischen *Michigan Savings Bank* in den Mund gelegt, der Henry Fords Anwalt Horace Rackham davon abgeraten haben soll, in Fords prosperierendes Unternehmen zu investieren: »Das Pferd wird bleiben. Das Auto ist nichts weiter als ein neumodischer Schnickschnack.«

Doch egal, wer nun der wahre Autoskeptiker und Pferdefreund war, solche Prophezeiungen waren – was ihren letzten Teil anbelangt – geradezu grotesk. Das ist uns ja schon bei der Beschäftigung mit Gottfried Daimler aufgefallen, der 1901 einen maximalen Fahrzeugbedarf von einer Million Stück postulierte. Dagegen treffen die Prognosen in Bezug auf das Pferd durchaus zu. Denn seit der Mensch das bis dahin wildlebende Tier vor etwa 7000 Jahren domestiziert und daraus viele unterschiedliche Rassen gezüchtet hat, ist die Geschichte von Ross und Mensch untrennbar miteinander verbunden. Und da der stattliche Vierbeiner bis zum Ende des 19. Jahrhunderts, sowohl was das Reiten als auch das Ziehen von Kutschen anbelangt, praktisch das einzige Fortbewegungsmittel darstellte, war die Skepsis des deutschen Kaisers beziehungsweise des amerikanischen Bankvorstands durchaus nachvollziehbar.

Heute, etwas mehr als hundert Jahre später, können wir jedoch mit ziemlicher Sicherheit davon ausgehen, dass es, solange auf dieser Welt Menschen leben, weder jemals an Autos noch an Pferden mangeln wird.

»Die Zukunft war früher auch besser.«
Karl Valentin, deutscher Komiker

1906

»Freuds Methode ist in den meisten Fällen falsch, in vielen nicht einwandfrei und in allen überflüssig.«

Gustav Aschaffenburg (1866–1944), deutscher Psychiater und Pionier der forensischen Psychologie

Sigmund Freuds Vorliebe für Kokain, das er geradezu als Wundermittel gegen alle möglichen körperlichen und seelischen Leiden anpries, haben wir ja schon unter der Jahreszahl 1884 ausführlich behandelt. Hier geht es dagegen um seine Verdienste als Psychiater und speziell als Begründer der Psychoanalyse, die von der Fachwelt keinesfalls rundum anerkannt wurden. Vielmehr war Freud permanent das Ziel rüder Attacken seiner Kollegen, so unter anderem des zitierten Mediziners Gustav Aschaffenburg, der sich vor allem als Psychiater auf dem Gebiet der Kriminalistik einen Namen gemacht hatte.

Aber auch dessen berühmter amerikanischer Kollege Boris Sidis wetterte gegen den Österreicher und verteufelte 1909 auf der Jahresversammlung der *Amerikanischen Psychologischen Vereinigung* die »verrückte Epidemie des Freudismus, die sich jetzt überall in Amerika ausbreitet«. Und der Geheime Medizinalrat Wilhelm Weygandt, seinerzeit Ordinarius für Psychiatrie an der Universität

Hamburg, erklärte gar wütend, Freuds Thesen seien für ihn »kein Diskussionsthema einer wissenschaftlichen Versammlung, sondern schlicht Sache der Polizei!«. Am schlimmsten trieb es jedoch der Neurologe Allen Starr, der Freud im April 1912 vor der *New Yorker Akademie für Medizin* wegen seiner gewagten Sexualhypothesen lautstark als »üblen Wiener Wüstling« beschimpfte.

Freud selbst ließ sich jedoch durch die heftige, oft verleumderische Kritik seiner Kollegen nicht aus der Ruhe bringen und ging in seinen Schriften nur bedingt darauf ein. So schrieb er etwa 1925 in einem Aufsatz: »Im wissenschaftlichen Betrieb sollte für die Scheu vor Neuem kein Raum sein. In ihrer ewigen Unvollständigkeit und Unzulänglichkeit ist die Wissenschaft darauf angewiesen, ihr Heil von neuen Entdeckungen und neuen Auffassungen zu erhoffen.« An anderer Stelle kann man lesen, die grundsätzlich legitime Skepsis richte sich oft scharf gegen das Neue, während sie das bereits Bekannte respektvoll verschone. Damit enthülle sie sich als eine Art primitiver Reaktion gegen alles Ungewohnte und als Deckmantel für die Erhaltung des Geglaubten.

Auch heute noch sind viele der Freud'schen Theorien umstritten, doch das ändert nichts an der Tatsache, dass sein Beitrag zur Erklärung des menschlichen Erlebens und Handelns von den meisten Experten als absolut bewundernswerte Leistung anerkannt wird, die entscheidend zur Verbesserung von Diagnostik und Therapie in Neurologie und Psychiatrie beigetragen hat. Etliche seiner Wortschöpfungen, beispielsweise das *Unbewusste*, die *orale* und *anale Phase* sowie der *Ödipuskomplex* sind in die Umgangssprache eingegangen, und mittlerweile ist es sogar gelungen, zahlreiche seiner Thesen in ausgeklügelten Experimenten zu bestätigen. Tatsächlich begegnet man ihnen in sämtlichen Lebensbereichen, überall ist man bestrebt, die dunklen Abgründe der menschlichen Seele zu beleuchten. Vor allem Freuds Erkenntnisse, auf welch nachhaltige Weise unbewusste Prozesse unsere Entscheidungen beeinflussen, gelten seit langem als gesichertes neurobiologisches Wissen, das sich besonders die ständig auf uns niederprasselnde Werbung skrupellos zunutze macht. Und inwieweit die »in den meisten Fällen falsch, in vielen nicht einwandfrei und in allen überflüssig« ist, darüber lässt sich in der Tat trefflich streiten.

1911

»Flugzeuge sind interessant, haben aber keinerlei militärischen Wert.«

Marschall Ferdinand Foch (1851–1929),
französischer Marschall und Militärstratege

Auf etliche irrige Prognosen, die diverse Skeptiker zum Fliegen ganz allgemein geäußert haben, sind wir bereits unter der Jahreszahl 1903 ausführlich eingegangen. Zu diesen Pessimisten gehörte der französische Marschall Foch sicher nicht; denn dass der Mensch sich in die Luft erheben konnte, hielt er für eine bewiesene Tatsache. Seine Bedenken richteten sich ausschließlich gegen den Einsatz von Flugzeugen in kriegerischen Auseinandersetzungen, worin er keinerlei Nutzen erkennen konnte. Leider ein fataler Irrtum.

Denn schon bald gab es die ersten Kampfflugzeuge, und da bekanntlich vor allem der Krieg die technische Entwicklung enorm beschleunigt, wurden die von Jahr zu Jahr leistungsfähiger. So hat denn auch der hochmoderne Tarnkappenbomber *B-2 Spirit* von heute so gut wie gar nichts mehr mit dem Drahtgestell *Wright Military Flyer* von 1909 gemeinsam. Fakt ist jedenfalls, dass schon im Ersten Weltkrieg über den Schützengräben die ersten erbitterten Luftkämpfe tobten. Jagdflieger wie Roland Garros und Manfred von Richthofen wurden in ihren jeweiligen Ländern als Helden gefeiert, und schon damals warnten Experten vor zukünftigen gigantischen Luftschlachten. Sie sollten recht behalten, denn im Zweiten Weltkrieg waren die Flugzeuge zweifellos die kriegsentscheidenden Waffen. So war es 1940 die britische *Royal Air Force*, die die deutsche Luftherrschaft über England und damit letztlich die Invasion der Deutschen Wehrmacht verhinderte, und in den folgenden Jahren wurden beim brutalen Luftkrieg in Europa Hunderttausende von Soldaten und noch mehr Zivilisten getötet. 1945 schließlich waren es wieder Flugzeuge, genauer gesagt amerikanische *B-29*-Maschinen, die die ersten beiden Atombomben über Hiroshima und Nagasaki abwarfen und damit auf grausame Weise den Krieg im Pazifik beendeten.

Doch nach 1945 ging die Herrschaft der Militärflugzeuge keinesfalls zu Ende, vielmehr spielten sie auch im Kalten Krieg zwischen den beiden Großmächten USA und Sowjetunion eine ganz entscheidende Rolle. Man denke nur an die Berliner Luftbrücke, mit der die Amerikaner die deutsche Metropole während der russischen Blockade 1948 bis 1949 am Leben erhielten. Und an die späteren Spionageflüge, die immer wieder heftige Konflikte zwischen den Supermächten auslösten, beispielsweise, als die Russen 1960 die amerikanische *U2* abschossen, aber auch an 1962, als eine Maschine desselben Typs die auf Kuba stationierten sowjetischen Atomraketen entdeckte, was die Welt an den Rand eines Nuklearkrieges brachte. Schließlich sei noch der unsägliche Vietnamkrieg erwähnt, in dessen Verlauf die Amerikaner ihre Luftüberlegenheit nutzten, um aus mächtigen Bombern Tausende von Napalmbomben und Unmengen von Pflanzengiften auf das südostasiatische Land abzuwerfen.

Den traurigen Höhepunkt des Flugzeugeinsatzes in »Kriegssituationen« stellt jedoch der 11. September 2001 dar. An diesem schicksalsträchtigen Tag brachten Terroristen mehrere vollbesetzte Passagiermaschinen in ihre Gewalt, die sie zielsicher in die beiden Türme des New Yorker World Trade Center sowie ins Washingtoner Pentagon donnern ließen.

Damit war – ähnlich wie bei den japanischen Kamikaze-Einsätzen des Zweiten Weltkriegs – das Flugzeug selbst zur tödlichen Waffe geworden. Von »militärischem Wert« im Sinne des ehrenhaften Marschalls Foch kann dabei allerdings wohl kaum die Rede sein.

»Unsere Hauptaufgabe ist nicht, zu erkennen, was unklar in weiter Entfernung liegt, sondern zu tun, was klar vor uns liegt.«

Thomas Carlyle, schottischer Historiker und Essayist

1911

»Das Manuskript ist umständlich geschrieben und voll von stilistischen Mängeln.«

André Gide (1869–1951),
französischer Literatur-Nobelpreisträger

Als André Gide seine vernichtende Kritik äußerte, war er Lektor des französischen Verlags *Gallimard*, und das Buch, das er derart verriss, war Marcel Prousts Roman

A la recherche du temps perdu (Auf der Suche nach der verlorenen Zeit), dessen erster Band später beim Konkurrenzverlag *Grasset* erschien und einer der größten Erfolge der Literaturgeschichte wurde. Besonders bemerkenswert ist dabei, dass Gide das Manuskript nie gelesen, ja das Paket, in dem es verpackt war, nicht einmal geöffnet hat. Denn derart sorgfältige Bindfadenknoten wie Prousts Kammerdiener Nicolas machten die Leute bei *Gallimard* ganz sicher nicht, und mit dieser fabelhaften Verschnürung, mit der der Verfasser die Sendung abgeschickt hatte, kam sie auch wieder zu ihm zurück.

Gide selbst hat seinen Fehler später zähneknirschend eingestanden und sich dafür bei Proust entschuldigt. Er hatte dem snobistischen Jungautor mit der Kamelie im Knopfloch, dessen Bemühungen um Zutritt zur feinen Gesellschaft er seit zwanzig Jahren mit wachsendem Unbehagen verfolgte, ganz offenbar keinen vernünftigen Text zugetraut. Diese Einschätzung änderte er daraufhin radikal, und vom zweiten Buch an erschien das siebenbändige Werk denn auch bei *Gallimard*.

Doch immerhin kann sich André Gide damit trösten, dass auch andere Verlage Prousts – in den Augen vieler Leser höchst langatmige – *Suche nach der verlorenen Zeit* negativ beurteilten. So schrieb etwa der französische Verleger Marc Humboldt ein Jahr nach Gides Urteil in einer Absage an den Autor: »Mein lieber Junge, vielleicht bin ich vom Hals an aufwärts nichts wert, jedenfalls kann ich mein Gehirn noch so sehr zermartern, mir fällt wirklich nicht ein, wieso ein Typ dreißig Seiten benötigt, um zu beschreiben, wie sich jemand im Bett zur Seite dreht, bevor er einschläft.«

Nichtsdestotrotz wurde das Werk, in dem der Ich-Erzähler ausführlich und in langen, von Konjunktiven wimmelnden Sätzen über sein Leben und den Vorgang des Erinnerns im Allgemeinen berichtet, ein grandioser Erfolg. Die einzelnen Bände, in denen sämtliche psychologischen und philosophischen Themen der damaligen Zeit abgehandelt werden, wurden in viele Sprachen übersetzt und einige Teile des Zyklus zudem erfolgreich verfilmt. So etwa 1984 von Volker Schlöndorff in seinem Streifen *Eine Liebe von Swann*.

1912

»Niemand braucht sich auch nur die geringsten Sorgen zu machen. Die wasserdichten Abteilungen der *Titanic* können das Schiff für unbegrenzte Zeit über Wasser halten.«

Zahlmeister des britischen Passagierschiffs RMS Titanic

Als die *Titanic* 1912 zu ihrer Jungfernfahrt auslief, galt sie als das größte, modernste, luxuriöseste und vor allem sicherste Passagierschiff, das jemals die Meere befahren hatte. Entsprechend tief mussten die prominenten und wohlhabenden Gäste für die Überfahrt über den Atlantik in die Tasche greifen; für die teuerste Suite waren umgerechnet rund 50000 Euro auf den Tisch zu legen. Doch dafür hatte man den Passagieren auch ein unvergessliches Vergnügen versprochen, das aufgrund der ausgeklügelten Konstruktion des Schiffes und sämtlicher seinerzeit verfügbarer Sicherheitseinrichtungen noch dazu ganz und gar risikolos sei. Unter anderem verkündete die Reederei-Werbung vollmundig, der Dampfer sei durch 15 Querschotts in 16 wasserdicht voneinander getrennte Räume unterteilt, von denen zwei beliebige bis zur Decke volllaufen könnten, ohne dass die Sicherheit des Schiffes dadurch auch nur im Geringsten beeinträchtigt werde.

Trotz all dieser Versprechungen gab es einige Fahrgäste, die der Sache nicht so recht trauten und allein schon vor den gewaltigen Dimensionen des Schiffes zurückschreckten. Diese Skeptiker versuchte – das haben überlebende Zeugen berichtet – der breit grinsende Zahlmeister des Schiffes mit oben zitierter Aussage zu beruhigen. Besonders Ängstlichen hielt er dazu noch die aktuelle Ausgabe der Fachzeitschrift *The Shipbuilder* vor die Nase, in der die *Titanic* als »praktisch unsinkbar« in den höchsten Tönen gelobt wurde. Der Rest ist bekannt. Am 14. April 1912 gegen 23 Uhr 40 kollidierte das riesige Schiff mit einem Eisberg. Knapp zweieinhalb Stunden später war es in den Fluten des Atlantiks versunken. Von den 2200 Passagieren wurden dabei mehr als 1500 in den Tod gerissen.

Wie viele davon sich vorher Sorgen gemacht hatten, ist nicht bekannt.

1912

»Kein Interesse. Meine Männer haben bessere Ideen.«

Alfred von Tirpitz (1849–1930),
deutscher Großadmiral

Der Mann, dem Großadmiral Tirpitz, der Begründer der deutschen Hochseeflotte, den reichlich schroff formulierten Ablehnungsbescheid zukommen ließ, war ein gewisser Christian Hülsmeyer (1881–1957). Der hatte acht Jahre zuvor das Patent für ein Gerät erhalten, »durch welches die Annäherung beziehungsweise die Bewegung entfernter metallischer Gegenstände mittels elektrischer Wellen einem Beobachter gemeldet wird«. Oder einfacher: Hülsmeyer hatte das Ur-Radar erfunden und bot es jetzt der deutschen Marine zum Kauf an. Doch obwohl er dessen praktischen Nutzen im Mai 1904 bei einem Versuch unter der Kölner Dombrücke (heute Hohenzollernbrücke) eindrucksvoll bewiesen hatte, erkannte zunächst kein Mensch das ungeheure Potential, das in dem neuartigen Verfahren steckte.

Wahrscheinlich war die Zeit einfach noch nicht reif. Viel mehr als auf das Radar vertrauten die maßgeblichen Gremien nämlich auf die Einführung der Funktelegraphie, von der man sich vor allem bei Dunkelheit und schlechter Sicht eine deutlich höhere Sicherheit versprach. Erst dreißig Jahre später, im Sommer 1934, kam man auf die Hülsmeyer'sche Erfindung zurück, als die englische Regierung eine größere Summe zur Weiterentwicklung des Ortungsverfahrens bewilligte. Mit diesem Geld gelang es dem schottischen Physiker Robert Wattson-Watt, eine verbesserte Version der Funkmesstechnik zu entwickeln, die schließlich zum heutigen *Radar* (Abkürzung für: *Radio detecting and ranging*) führte. Die damit geschaffene Möglichkeit, die Entfernung und Bewegungsrichtung weder mit dem bloßen Auge noch mit dem Fernglas sichtbarer Objekte auszumachen, revolutionierte nicht nur die Kriegsführung grundlegend.

Doch erst 1954 wurde Christian Hülsmeyer anlässlich des 50-jährigen Bestehens des von ihm entwickelten Verfahrens die offizielle Ehrung und umfassende Würdigung seines Verdienstes zuteil. Heute sind Radargeräte aus der See- und Luftfahrt nicht mehr wegzudenken, und auch bei der Wettervorhersage sowie der Kontrolle von Geschwindigkeitsbegrenzungen durch die Polizei sind sie unverzichtbar geworden.

Doch daran haben 1904 mit Sicherheit weder Christian Hülsmeyer noch Großadmiral Tirpitz auch nur im Entferntesten gedacht.

»Die beste Art, die Zukunft vorauszusagen, ist, die Zukunft zu erfinden.«
Alan Kay, US-amerikanischer Informatiker

1913

»Wegeners Theorie ist ein Phantasiegebilde, welches wie eine Seifenblase vergehen wird.«

Hermann von Ihering (1850–1930), deutscher Arzt, Zoologe und Paläontologe

Die Theorie, um die es hier geht, ist unter Wissenschaftlern allgemein als »Kontinentalverschiebung« bekannt; später wurde sie zum heutigen Modell der »Plattentektonik« erweitert. Entwickelt hat sie der deutsche Meteorologe und Polarforscher Alfred Wegener (1880–1930), dem nicht nur aufgefallen war, dass die östliche Küstenlinie Südamerikas wie ein Puzzleteil in die westliche Kontur von Afrika passt, sondern auch, dass die Fossilfunde auf beiden Kontinenten verblüffende Ähnlichkeiten aufweisen. Darüber hatten sich vor ihm freilich auch schon andere kluge Köpfe Gedanken gemacht und das erstaunliche Phänomen kurzerhand mit angeblichen »Landbrücken«, ähnlich dem heutigen Isthmus von Panama, erklärt, über die Tiere von einem Erdteil zum anderen gewandert seien. Doch damit gab sich Wegener nicht zufrieden und untersuchte zusätzlich die Gesteinsformationen der beiden Kontinente, wobei er feststellte, dass sich etwa ein Gebirgszug in Südafrika ganz offensichtlich in einer Bergkette auf der anderen Seite des Ozeans, in Argentinien, nahtlos fortsetzte.

Aus diesen und einer Reihe ähnlicher Befunde schloss er, dass Afrika und Südamerika in grauer Vorzeit eine zusammenhängende Landmasse gebildet haben mussten. Und als er dann auch noch erfuhr, dass man in der Antarktis Kohlevorkommen entdeckt hatte, die sich nur unter tropischen Bedingungen hatten bilden können, war er sogar von der einstmaligen Existenz eines einzigen, riesigen Urkontinents überzeugt, den er *Pangaea* nannte. Der war nach seiner Auffassung im Lauf der Jahrmillionen in mehrere Landplatten zerbrochen, die bis heute langsam, aber unaufhaltsam wie die überbackene Kruste auf einem geschmolzenen Käse auf dem glühenden Erdinneren umherglitten.

Doch als er seine Erkenntnisse im Januar 1912 auf der Jahresversammlung der *Geologischen Vereinigung* erstmals der Fachwelt präsentierte, löste er einen gewaltigen Skandal aus. Die Experten tobten, behauptete da doch ein fachfremder Meteorologe mit unerhörter Dreistigkeit, die seit langem anerkannten Erkenntnisse über die Entstehung der Kontinente seien grundsätzlich falsch. Als einer der lautesten Eiferer wetterte der bekannte Wiener Paläontologe Fritz Kerner-Marilaun, bei Wegeners Theorie handele es sich um »Fieberphantasien eines von Krustendrehkrankheit und Polschubseuche schwer Befallenen«, und der britische Astronom und Geophysiker Harold Jeffreys schrieb noch 1952 in seinem vielbeachteten Buch *The Earth:* »Die Parteigänger der Kontinentaldrift haben in 30 Jahren keine einzige Erklärung zustande gebracht, die einer Nachprüfung standhielte.«

Heute ist Wegeners Theorie von der niemals endenden Bewegung mehrerer Erdkrustenplatten auf einem zähflüssigen Untergrund unter den Geologen allgemein anerkannt. Bestätigt wurde sie nicht nur durch die geodätische Auswertung moderner Satellitenfotos, sondern auch durch eine sensationelle Entdeckung von Forschungsschiffen Anfang der sechziger Jahre des vergangenen Jahrhunderts, wonach sich der Boden der Ozeane an zahlreichen Stellen fortwährend spaltet, so dass sich ständig neues Krustenmaterial zwischen die auseinanderdriftenden Kontinente schiebt.

Doch zu dieser Zeit war Alfred Wegener schon lange tot. Er war im Herbst 1930 bei einer seiner zahlreichen Polarexpeditionen offenbar einer Herzattacke erlegen und jämmerlich erfroren. Den Triumph, dass große Teile der geologischen Fachliteratur aufgrund seiner angeblichen »Phantasiegebilde« komplett umgeschrieben werden mussten, hat er so bedauerlicherweise nicht mehr miterlebt.

1915

»Der große Krieg endet Weihnachten; Ford wird ihn stoppen.«

New York Tribune, *einflussreiche US-Zeitung*

Autor des am 25. November 1915 in der *New York Tribune* erschienenen Artikels, aus dem das optimistische Zitat stammt, war ein Journalist, der gerade zusammen mit einer Gruppe hochkarätiger Kriegsgegner, darunter Henry Ford, auf einem Schiff nach Europa unterwegs war. Offenbar traute er dem Autofabrikanten einen derartigen Einfluss auf die Machthaber der am Ersten Weltkrieg beteiligten Nationen zu, dass er fest davon überzeugt war, Ford werde den Krieg allein durch geschickte Überzeugungsarbeit beenden. Und wenn ihm das schon nicht allein gelänge, so doch ganz sicher mit Unterstützung der mitgereisten Prominenten, die sich allesamt bereit erklärt hatten, als Unterhändler zwischen den erbittert kämpfenden Ländern zu vermitteln.

Wie allgemein bekannt ist, blieb es bei dem Versuch. Die amerikanischen Aktivisten besuchten in Europa ein paar Städte, ließen sich über den Kriegsverlauf unterrichten und führten das eine oder andere Gespräch – fast ausschließlich mit untergeordneten Personen ohne jegliche Entscheidungsbefugnis. Anschließend fuhren sie unverrichteter Dinge wieder in die Staaten zurück. Der Erste Weltkrieg aber tobte grausam weiter. Als er drei Jahre später wirklich zu Ende ging, hatten rund 17 Millionen Menschen – darunter 7 Millionen unbeteiligte Männer, Frauen und Kinder – ihr Leben verloren und die doppelte Anzahl Verletzungen erlitten, die vielen von ihnen das Leben zur Hölle machten. Vermutlich hatte keiner von ihnen je von Henry Fords redlichen Bemühungen gehört.

»Hochrechnungen sagen die Zukunft voraus,
sofern alles beim Alten bleibt.«
Alexander Eilers, deutscher Aphoristiker

1915

»Die Vorstellung, dass die Kavallerie von diesen Eisenkutschen ersetzt wird, ist absurd!«

Adjutant des britischen Feldmarschalls Douglas Haig

Die »Eisenkutschen«, die der britische Offizier als ganz und gar ungeeigneten Kavallerie-Ersatz bezeichnete, waren keinesfalls irgendwelche Pferdegespanne oder Lastwagen, sondern vielmehr die ersten britischen Panzer. Denen hatte man die Tarnbezeichnung *Tank* verpasst, um feindliche Spione im Glauben zu wiegen, die neuartigen Metallkästen seien lediglich harmlose Wasserbehälter. In Wirklichkeit handelte es sich jedoch um einfache, ringsum mit Metallplatten verstärkte Fahrzeuge, die mit Maschinengewehren oder leichten Kanonen bewaffnet waren.

Möglich, dass Feldmarschall Haigs Adjutant von den merkwürdigen Kästen in Wirklichkeit durchaus beeindruckt war, dies aber nicht zu äußern wagte, weil der damalige britische Kriegsminister Lord Kitchener die neuen Tanks wenige Monate zuvor bei einer Vorführung verächtlich als »pretty mechanical toy« (»hübsches mechanisches Spielzeug«) verspottet hatte. Doch sowohl Kitchener als auch der Adjutant sollten sich ganz erheblich täuschen. Zwar erwiesen sich die ersten Panzer tatsächlich nicht als der erhoffte Fortschritt in der Kriegsführung und waren allenfalls dazu geeignet, den Infanteriesoldaten, die den langsamen Gefährten mühelos zu Fuß folgen konnten, einen Weg durch ausgedehnte Stacheldrahtverhaue oder sonstige feindliche Sperren zu bahnen, doch das sollte sich rasch ändern.

Denn schon bald wurden schnellere, wendigere und stärker bewaffnete Modelle konstruiert, die ohne große Mühe Lücken in die gegnerische Verteidigung reißen und Ziele im Hinterland angreifen konnten. Da die Kanonenrohre jedoch noch starr in eine Richtung zeigten, war es für feindliche Truppen nicht allzu schwierig, die gepanzerten Ungetüme seitlich oder von hinten mit Handgranaten und Flammenwerfern zu stoppen oder mit schweren Geschützen gleich ganz zu vernichten. Einen großen Fortschritt stellten deshalb französische

Typen dar, deren zentraler Geschützturm sich rasch in jede gewünschte Richtung schwenken ließ und damit sämtliche umliegenden Ziele unter Beschuss nehmen konnte. Im Ganzen gesehen, ist jedoch festzuhalten, dass Panzer im Ersten Weltkrieg nur eine sehr bescheidene Rolle spielten. Die Bezeichnungen »Eisenkutschen« beziehungsweise »Spielzeug« waren deshalb im Grunde gar nicht so abwegig.

In den Folgejahren aber produzierten die Rüstungsfabriken immer neue Formen von Panzern bis hin zu gewaltigen fahrenden Festungen. Und im Zweiten Weltkrieg waren die robusten, extrem geländegängigen und schwerbewaffneten Kampfpanzer, von denen ständig neue Typen erschienen, dann so weit entwickelt, dass sie neben den fliegenden Jägern und Bombern, von denen ja schon unter der Jahreszahl 1911 die Rede war, zur kriegsentscheidenden Waffe wurden. Noch heute bilden die diversen Panzertypen – allesamt mit elektronischen Geräten vollgestopfte Hightechgeräte – mit ihren variablen Einsatzschwerpunkten das unverzichtbare Rückgrat jeder modernen Landstreitmacht.

1916

»Kino ist nur eine Modeerscheinung, ein Drama in Dosen. Was die Leute wirklich sehen wollen, ist Fleisch und Blut auf der Bühne.«

Charlie Chaplin (1889–1977),
britischer Schauspieler, Regisseur und Produzent

Dass Charlie Chaplin dem Spielfilm noch 1916 eine derart zweifelhafte Zukunft voraussagte, erstaunt einigermaßen, hatte er zu dieser Zeit doch selbst schon eine

Reihe von Streifen gedreht, von denen einige durchaus erfolgreich waren. Nicht umsonst wurde er daher 1914 von der britischen Presse euphorisch als »der geborene Leinwandkomiker« gefeiert. Er hätte es also eigentlich besser wissen müssen, und tatsächlich sollte er sich mit seiner Prophezeiung auch gewaltig irren. Denn nahezu überall auf der Welt wollten die Menschen Spielfilme sehen, und zwar auch jene Theaterfreunde, die auf der Bühne mit Begeisterung Akteuren aus »Fleisch und Blut« zujubelten. Die Filmindustrie boomte und boomt bis heute, hochbezahlte Schauspieler werden wie Helden verehrt, und der weltweite Umsatz wird schon bald die 100-Milliarden-Marke übersteigen. Von einer Modeerscheinung kann da wirklich keine Rede sein.

Was Charlie Chaplin zu seiner pessimistischen Prognose veranlasst hat, wissen wir nicht. Es steht jedoch zu vermuten, dass er dabei einen entscheidenden Nachteil des Spielfilms im Vergleich zum Theater im Auge hatte: die Stummheit der Akteure. Das änderte sich erst Ende der zwanziger Jahre, als die ersten Tonfilme auf die Leinwand kamen, ein Ereignis, das selbst hochkarätige Experten noch wenige Jahre vorher für ganz und gar unmöglich gehalten hatten. So hatte beispielsweise David Griffith, einer der Gründer von *United Artists*, noch 1924 im Brustton der Überzeugung getönt: »Es wird niemals möglich sein, die Stimmen der Schauspieler mit dem Bild zu synchronisieren. Deshalb wird es niemals sprechende Bilder geben.« Und Thomas Alva Edison, der uns bereits bei der Fehlprognose bezüglich seiner Glühbirnen begegnet ist, hatte zwei Jahre später lauthals verkündet: »Die Amerikaner haben es im Kino gern still. Für sie zerstört die Sprache jegliche Illusion. Man kann sich zwar vorstellen, die Stimmen der Schauspieler zu übertragen, aber die Idee wird niemals funktionieren.«

In Deutschland präsentierte der *Deutsche Musikerverband* gar eine Studie, wonach der Tonfilm Ohren und Augen der Zuschauer schädigen und möglicherweise sogar die Nerven zerrütten könne. Dabei muss man allerdings berücksichtigen, dass der Verband, dessen Mitglieder die Stummfilme bislang mit ihren Orchestern musikalisch untermalt hatten, die Studie selbst in Auftrag gegeben hatte. Doch selbst eine anerkannte Kapazität auf dem Gebiet der filmischen Unterhaltung lehnte die Idee der Tonwiedergabe entschieden ab. Gemeint ist Harry M. Warner, Präsident der amerikanischen Filmgesellschaft *Warner Bros.*, dessen Ausspruch aus dem Jahr 1927 geradezu legendär geworden ist. Ihn schien nämlich die Frage der technischen Realisierbarkeit überhaupt nicht zu interessieren, vielmehr tat er das Problem der Tonwiedergabe in maßloser Überschätzung seines Sachverstands kurzerhand mit der Frage ab: »Wer in drei Teufels Namen will schon Schauspieler sprechen hören?«

Bemerkenswerterweise war es dann ausgerechnet sein eigenes Studio, das wenige Monate später mit *The Jazz Singer (Der Jazzsänger)* den ersten abendfüllenden Tonfilm überhaupt produzierte. Von da an ging es Schlag auf Schlag, immer mehr Streifen wurden mit immer höheren Budgets und immer berühmteren Schauspielern gedreht. Und im krassen Gegensatz zu Harry Warners kühner Prognose wollen die Zuschauer ihre Stars bis heute nicht nur sprechen hören, sondern identifizieren sie derart über ihre Stimmen, dass diese beim Verleih der Filme ins Ausland von immer denselben Sprechern synchronisiert werden.

»Es kommt nicht darauf an, die Zukunft vorherzusagen, sondern auf die Zukunft vorbereitet zu sein.«
Perikles, antiker griechischer Staatsmann

1918

»Ich denke gar nicht daran abzudanken. Der König von Preußen darf Deutschland nicht untreu werden.«

Wilhelm II. (1859–1941), deutscher Kaiser

Ende 1918 hatten viele Millionen Deutsche in den blutigen Schlachten des Ersten Weltkriegs ihr Leben verloren. Trotz eines Separatfriedens mit Russland war das Schicksal des Kaiserreichs spätestens nach der verlorenen Schlacht bei Amiens sowie dem Kriegseintritt der Amerikaner endgültig besiegelt. Deshalb versuchte der preußische Innenminister Wilhelm Arnold Drews am 3. November, Wilhelm II., seines Zeichens deutscher Kaiser und König von Preußen, zur Abdankung zu bewegen. Aber der stellte sich stur. Wegen der paar hundert Juden und einiger Tausend Arbeiter – die hielt er offenbar für die alleinigen Urheber des Rücktrittsverlangens – denke er gar nicht daran, den Thron zu verlassen.

Doch dann ging alles ganz schnell. Bereits einen Tag später, am 4. November 1918, meuterten mehrere Schlachtschiffbesatzungen gegen den Befehl, jetzt noch zu einem Angriff auf die britische Marine auszulaufen, und aus diesem Affront entwickelte sich rasch die sogenannte »Novemberrevolution«, die wie ein Lauffeuer das ganze Land erfasste. Unter dem Eindruck der von überall her eintreffenden Hiobsbotschaften berieten sich daraufhin in der Nacht vom 8. zum 9. November General Hindenburg und die Oberste Heeresleitung und kamen dabei zu dem Schluss, dass eine militärische Auseinandersetzung gegen die Aufständischen unter Kaiser Wilhelms Befehl keinerlei Aussicht auf Erfolg habe. Zu allem Überfluss verkündete dann auch noch der deutsche General Wilhelm Groener aus dem Armeehauptquartier in Belgien: »Das Heer wird unter seinen Führern und kommandierenden Generälen in Ruhe und Ordnung in die Heimat zurückmarschieren, aber nicht unter dem Befehl Eurer Majestät, denn es steht nicht mehr hinter Eurer Majestät.«

Damit war das Maß voll. Unter dem Eindruck von Groeners klarer Aussage sowie der Drohung der amerikanischen Regierung, Deutschland könne nur bei einem Thronverzicht seines »monarchistischen Autokraten« mit erträglichen Waffenstillstandsbedingungen rechnen, sah der Chef der Obersten Heeresleitung, Paul von Hindenburg, sich endgültig genötigt, Kaiser Wilhelm II. zum Rücktritt aufzufordern: »Ich muss Eure Majestät dringend ersuchen, sofort abzudanken und nach Holland abzureisen. Als preußischer General kann ich es nicht verantworten, dass Sie von Ihren eigenen Truppen verhaftet und der revolutionären Regierung ausgeliefert werden.«

Doch noch immer zögerte der Kaiser. Da erklärte Reichskanzler Prinz Max von Baden ohne Rücksprache mit dem Monarchen ganz einfach dessen Thronverzicht und ernannte – freilich ohne die dafür eigentlich erforderliche verfassungsmäßige Kompetenz – kurzerhand Friedrich Ebert zum neuen Reichskanzler. Erst nach diesem offenen Vertrauensbruch sah Wilhelm II.

ein, dass er keine Wahl mehr hatte, und verließ Deutschland zähneknirschend Richtung niederländisches Exil. Das geschah am 11. November – nur acht Tage nachdem er trotzig verkündet hatte, er denke gar nicht daran abzudanken.

So kurzlebig können politische Parolen sein.

1920

»Das Auto ist fertig entwickelt. Was kann noch kommen?«

Carl Benz (1844–1929),
deutscher Ingenieur und Automobilpionier

1920 sah ein Auto etwa so aus: langgestreckte, nach vorn in einen senkrechten Kühlergrill abfallende Motorhaube mit zwei außen angebrachten, halbkugeligen Scheinwerfern; kastenartiges Fahrerhaus mit ebenfalls steil stehender, wischerbestückter Windschutzscheibe; Speichenräder unter wuchtig geschwungenen Kotflügeln; meist keine und, wenn doch, eine starre, massive Stoßstange; zwei sich nach vorn öffnende Türen, und so gut wie kein Kofferraum. Komfortable Modelle wurden bereits mit Hilfe eines elektrischen Anlassers gestartet, bei einfacheren Typen musste der Fahrer den Motor noch per Kurbel in Gang setzen.

Wüsste Carl Benz, was sich seither in der Automobiltechnik getan hat, er würde sich vermutlich vor lauter Aufregung im Grab herumwälzen. Hier nur einige wenige Beispiele: ABS, Airbag, Allradantrieb, Automatikgetriebe, automatische Einparkhilfe, Benzin-Direkteinspritzung, elektronische Kennfeldzündung, Fahrdynamikregelung mit elektronischem Stabilitätsprogramm (ESP), GPS-

Navigation, Klimaanlage, Motoren mit Turbolader, Motorsteuerung durch Mikroprozessor, Scheibenbremsen, Scheibenwaschanlage, Servolenkung, Sicherheitsgurt, Zentralverriegelung. Und so weiter und so fort.

Würde man uns heute fragen, was in der Kfz-Technik noch alles kommen kann, wären wir wohl nicht mehr so kühn wie seinerzeit der knurrige Schwabe. Mit dem inzwischen fest in uns verwurzelten Glauben an die scheinbar grenzenlosen Möglichkeiten der Technik würden wir antworten: Noch eine ganze Menge!

»Ein Prognostiker ist ein Mann, der in lichten Momenten düstere Ahnungen hat.«
Tennessee Williams

1922

»Der Radio-Wahn wird mit der Zeit aussterben.«

Thomas Alva Edison (1847–1931),
amerikanischer Erfinder

Wer genau das Radio erfunden hat, lässt sich nicht eindeutig sagen; fest steht jedoch, dass der Rundfunk ohne die Entdeckung der elektromagnetischen Wellen durch Heinrich Hertz (1857–1894) im Jahr 1886 nicht möglich gewesen wäre. Da Hertz die enorme Bedeutung seiner Erkenntnisse am Anfang jedoch nicht richtig einschätzen konnte, äußerte er sich im Jahr seines größten Triumphes vorsichtshalber lieber skeptisch: »Radiowellen werden nie ernsthaft für Kommunikationszwecke einsetzbar sein.« Doch schon bald schufen wesentliche Weiterentwicklungen durch den österreichisch-kroatischen Elektroingenieur Nicola Tesla (1856–1943) sowie den italienischen Physiker Guglielmo Marconi (1874–1937) die Voraussetzungen für die drahtlose Übertragung telegraphischer Nachrichten. Eine entscheidende Rolle spielte daneben noch der russische Funktechnik-Pionier Alexander Popow (1859–1905), dem es im März 1896 gelang, mit einer von ihm entwickelten Versuchsanordnung die Wörter »Heinrich Hertz« an eine 250 Meter entfernte Empfangsstation zu senden, wo sie deutlich zu verstehen waren. Da es am Ende jedoch Marconi war, der sich im Juni 1896 eine derartige Anlage patentieren ließ und der damit 1899 sogar eine drahtlose Telegraphie-Verbindung über den Ärmelkanal zuwege brachte, gilt der Italiener im öffentlichen Bewusstsein bis heute als der eigentliche Erfinder des Radios (obwohl 1943 das amerikanische Patentgericht Nicola Tesla diese Ehre zuerkannte).

1901 ging Marconi noch einen Schritt weiter und schickte die ersten Radiowellen quer über den Atlantik. Mit dieser seinerzeit revolutionären Leistung strafte er den berühmten französischen Mathematiker, Physiker und Philosophen Henri Poincaré Lügen, der nur wenige Monate zuvor in seinem Aufsatz *Bemerkungen über drahtlose Telegraphie* »wissenschaftlich bewiesen« hatte: »Radiowellen können den Atlantik nicht überqueren. Ihre nutzbare Reichweite beträgt höchstens 300 Kilometer.« Vom physikalischen Standpunkt hatte der Franzose sogar recht, denn Radiowellen breiten sich geradlinig aus und hätten sich demzufolge nach spätestens 300 Kilometern im All verlieren müssen. Dass sie das in der Praxis nicht tun, liegt an der die Erde umgebenden Ionenschicht, von deren Existenz zur damaligen Zeit weder Poincaré noch andere Experten etwas wussten. Die wirkt auf die Radiowellen nämlich ähnlich wie die Bande auf eine Billardkugel: Sie wirft die Wellen immer wieder Richtung Erde zurück.

1906 wurde dann unter Leitung des kanadischen Erfinders Reginald Fessenden – Inhaber von mehr als 500 Patenten – im amerikanischen Bundesstaat Massachusetts die erste Radiosendung ausgestrahlt, bei der sowohl Musik als auch Sprache übertragen wurde. Doch obwohl sich namhafte Wissenschaftler bei dieser Gelegenheit persönlich davon überzeugen konnten, dass das Gesendete tatsächlich vollkommen drahtlos zu den US-Schiffen auf dem Atlantik gelangte und dort gut zu hören war, konnte von einem Durchbruch des Radios noch keine Rede sein. Vielmehr hielten etliche Fachleute die neue Technik erstaunlicherweise nach wie vor nicht nur für entbehrlich, sondern geradezu für überflüssig. Einer von ihnen war W. W. Dean, der Vorsitzende der *Dean Telephone Company*, der 1907 großspurig verkündete: »Hier in diesem Büro ist genügend Platz für alle Rundfunkempfänger, die die Welt je benötigen wird.«

Danach war es der Erste Weltkrieg, der die Rundfunktechnik entscheidend voranbrachte, wobei vor allem die Verwendung von Röhrensendern einen wesentlichen Fortschritt darstellte. Die vereinfachten die komplexe Technik derart, dass schon kurz nach dem Krieg, im Frühjahr 1920, im amerikanischen Pittsburgh die erste kommerzielle Radiostation ihren Betrieb aufnahm. Weitere Sender folgten, und Weihnachten 1920 war es dann auch bei uns so weit: Der posteigene Langwellensender in Königs Wusterhausen übertrug ein festliches Konzert und legte damit den Grundstein für den Öffentlichen Rundfunk in Deutschland. Doch obwohl sich das Radio anschließend immer weiter verbreitete, gab es vonseiten maßgeblicher Persönlichkeiten noch immer massiven Widerstand. Das beweist nicht nur der eingangs zitierte Satz des amerikanischen Erfinders Thomas Alva Edison, sondern auch eine Äußerung von David Sarnoff, dem Chef der *Radio Corporation of America*, aus dem Jahr 1925: »Die drahtlose Musikbox hat keinen denkbaren kommerziellen Wert. Wer würde für eine Nachricht bezahlen, die zu niemandem direkt gesendet wird?«

Doch hier irrte Sarnoff gewaltig. Denn in der Folge war eine stetig wachsende Anzahl von Menschen bereit, für den regelmäßigen Empfang von Radiosendungen zu bezahlen. Am 1. Januar 1925 waren das bereits mehr als eine halbe Million, und ihre Zahl nahm von Jahr zu Jahr zu. Immer mehr Sender strahlten ein immer umfangreicheres und vielseitigeres Programm aus, und spätestens, als die Nationalsozialisten im Radio das ideale Medium für die Verbreitung ihrer Massenpropaganda erkannten und umgehend dafür sorgten, dass die Geräte – man denke vor allem an den legendären »Volksempfänger« – immer preiswerter wurden, war der Rundfunk zum allgemeinen Massenmedium avanciert. So kam es, dass es trotz des Fernsehens, das dem Radio später zunehmend den Rang ablief, in den westlichen Industrieländern heute kaum noch einen Haushalt gibt, in dem man nicht auf irgendeine Weise Rundfunksendungen empfangen kann.

So manch Neues ist seit Beginn des 20. Jahrhunderts nach anfänglicher Begeisterung wieder ausgestorben, der »Radio-Wahn« jedoch ganz gewiss nicht. Und das ist wohl auch in Zukunft nicht zu befürchten.

»Ein glücklicher Mensch ist zu zufrieden mit der Gegenwart, um sich viele Gedanken über die Zukunft zu machen.«
Albert Einstein, deutscher Physiker

1926

»Dieses Buch ist eine Eintagsfliege.«

New York Herald Tribune,
US-amerikanische Tageszeitung

Wohl selten hat ein Literaturkritiker mit seinem Urteil so danebengelegen wie 1926 derjenige der *Herald Tribune,* als er dem ein Jahr zuvor erschienenen Roman *Der große Gatsby* von Francis Scott Fitzgerald ein rasches, unrühmliches Ende prophezeite. Unwillkürlich fragt man sich, ob dem Mann nicht die Kommentare von Fitzgeralds Schriftstellerkollegen wie Gertrude Stein, Ernest Hemingway oder T. S. Eliot bekannt waren. Die hatten sich über das gesellschaftskritische Werk nämlich einmütig sehr angetan, zum Teil sogar begeistert geäußert. Und auch andere Kritiker zollten dem Roman allerhöchstes Lob und bezeichneten ihn geradezu als Synonym für die Widersprüchlichkeit des »American Dream« mit seinem dekadenten Streben nach Reichtum, Erfolg und Glück ohne jegliches Verantwortungsgefühl.

Bis heute hat *Der große Gatsby* nichts von seiner Aktualität verloren und wird immer wieder neu aufgelegt. Gymnasiasten lesen die Originalfassung im Englischunterricht und können bei der Interpretation auf eine umfangreiche Sekundärliteratur zurückgreifen. Und dass der Roman viermal verfilmt wurde, ist für eine angebliche »Eintagsfliege« auch eher ungewöhnlich.

1929

»Ich habe keine politischen Ambitionen für mich oder meine Kinder.«

Joseph P. Kennedy (1888–1969),
US-amerikanischer Geschäftsmann und Diplomat

Joseph Patrick Kennedy, Sohn irischer Einwanderer und höchst erfolgreicher Aktienspekulant, war 41 Jahre alt, als er diese, aus heutiger Sicht geradezu groteske Aussage machte. Denn schon er selbst war alles andere als unpolitisch, unterstützte er doch aktiv den Präsidentschafts-Wahlkampf von Franklin D. Roosevelt, nach dessen Sieg er zum Vorsitzenden der US-Börsenaufsichtsbehörde ernannt wurde. Außerdem fungierte er von 1935 bis 1937 als Chef der *United States Maritime Commission (MARCOM)* und ging von 1938 bis 1940 sogar als amerikanischer Botschafter nach London.

Doch noch weit mehr als er selbst taten sich seine Nachkommen in der Politik hervor. Insgesamt hatte er mit seiner Ehefrau Rose Elizabeth neun Kinder, von denen es Edward zum Senator von Massachusetts und Robert gar zum amerikanischen Justizminister brachte. Die imponierendste politische Karriere machte jedoch der zweitälteste Sohn, John Fitzgerald, der bekanntermaßen Präsident der Vereinigten Staaten von Amerika wurde.

Sosehr der Name Kennedy seither mit Politik, Macht und Ruhm verwoben ist, so steht er andererseits für eine Serie grausamer Schicksalsschläge. 1941 misslang bei Joseph P. Kennedys Tochter Rosemary eine Gehirnoperation, woraufhin sie zeitlebens behindert blieb; 1944 starb ihr Bruder Joseph Patrick jr., als sein Flugzeug über dem Atlantik explodierte; und vier Jahre später wurde auch Schwester Kathleen Opfer eines Flugzeugunglücks, diesmal über Frankreich. 1963 war ein besonderes Schicksalsjahr: Zuerst starb im August John F. Kennedys jüngster Sohn nur zwei Tage nach seiner Geburt, und im November wurde der Präsident selbst in Dallas, Texas, von einem Attentäter erschossen. Ein halbes Jahr später entkam sein Bruder Edward bei einem Flugzeugabsturz – immer wieder Flugzeuge! – nur ganz knapp dem Tod, und vier Jahre später, im Juni 1968, wurde sein Bruder Robert in Los Angeles Opfer eines Attentats. Edward verursachte 1969 einen schweren Autounfall, bei dem die Wahlkampfhelferin Mary Jo Kopechne starb; er selbst kam dabei ein zweites Mal nur knapp mit dem Leben davon. Und so ging es weiter. Edwards Sohn verlor wegen Krebs ein Bein, die Freundin von Roberts Sohn Joe erlitt bei einem Unfall eine Querschnittslähmung, und dessen Bruder David starb an einer Überdosis Drogen.

Was für ein schrecklich hoher Preis für Ruhm und Ehre.

»Der Blick in die Zukunft ist ein Blick
in die Gegenwart von morgen.«
Peter von Krusenstern,
Künstler und Autor

1929

»Die Aktien haben offenbar ein dauerhaft hohes Niveau erreicht.«

Irving Fisher (1867–1947),
US-amerikanischer Ökonom

Noch im Sommer 2007 und damit unmittelbar vor der größten Wirtschafts- und Finanzkrise, die die Welt seit Anfang des 20. Jahrhunderts erlebt hat, lockten Anlageberater weltweit ihre Kunden mit blumigen Renditeversprechen und stellten ihnen nicht nur hohe, sondern dazu noch angeblich vollkommen risikolose Gewinne in Aussicht. Ein solches Verhalten scheint für Banker und andere Finanzexperten geradezu typisch zu sein, denn genauso handelten viele von ihnen vor dem großen Börsencrash 1929. Noch am 16. Oktober verkündete der berühmte Ökonom Irving Fisher von der Universität Yale, der Aufschwung, den die Aktienkurse in der Vergangenheit genommen hätten, werde mit hoher Wahrscheinlichkeit anhalten, die Wall Street werde nichts erleben, was auch nur im Entferntesten mit einem Crash zu tun habe.

Die Wirklichkeit sah bekanntlich ganz anders aus: Nur drei Tage nach dieser Prognose hatte der Dow-Jones-Index 15 Prozent seines Wertes verloren, und noch einmal fünf Tage später, am 24. Oktober 1929, erlebte die Finanzwelt am berühmt-berüchtigten »Schwarzen Freitag« (der eigentlich ein Donnerstag war) den bis dahin folgenreichsten Börsencrash der Geschichte, bei dem Professor Fisher selbst binnen weniger Tage sein gesamtes Privatvermögen verlor. Zur Ehrenrettung der Banker muss man allerdings anmerken, dass er dieses Schicksal nicht deren obskuren Versprechungen, sondern seinem eigenen krassen Fehlurteil zu verdanken hatte.

1932

»Es gibt nicht das geringste Anzeichen, dass wir jemals Atomenergie entwickeln können.«

Albert Einstein (1879–1955),
deutscher Physiker und Vater der Relativitätstheorie

Zu Beginn des 20. Jahrhunderts wussten die Physiker längst, dass Atome keinesfalls die kleinsten Bausteine der Materie sind, sondern vielmehr aus einem Kern mit umgebenden Elektronen bestehen. Und 1932 beschrieb der Engländer James Chadwick den Kern seinerseits als aus Protonen und Neutronen zusammengesetztes Gebilde, das durch ungeheure Kräfte zusammengehalten werde. In diesem Kern, auch das wusste man, war praktisch die gesamte Masse des Atoms vereinigt, und da nach Einsteins berühmter Formel $E = mc^2$ Masse und Energie gleichwertig sind, musste in ihm auch die gesamte Energie stecken. Als man diese jedoch berechnete, stellte man erschrocken fest, dass ein einziges Gramm Materie theoretisch eine Energiemenge von 25 Millionen Kilowattstunden, mithin die Verbrennungswärme von 250 Eisenbahnwaggons voller Steinkohle, enthält.

Den Physikern war darum klar, was für eine gigantische Kraftquelle sich erschlösse, wenn es gelänge, auch nur einen winzigen Bruchteil der im Atomkern gespeicherten Energie nutzbar zu machen. Doch dazu wäre es erforderlich, Atomkerne zu spalten, und das hielten selbst die namhaftesten Wissenschaftler seinerzeit für vollkommen unmöglich. So erklärte denn auch der aus Neuseeland stammende Experimentalphysiker Ernest Rutherford, der durch das von ihm entwickelte Atommodell weltberühmt geworden war: »Die Energie, die durch die Spaltung eines Atoms erzeugt wird, ist völlig unerheblich.« Unterstützt wurde er in dieser Auffassung unter anderem vom US-amerikanischen Chemie-Nobelpreisträger Robert Mulliken, der bei einem internationalen Kongress kategorisch verkündete: »Der Mensch wird es nie schaffen, sich der Kraft des Atoms zu bedienen.«

Tatsächlich sah es lange so aus, als sollten Rutherford und Mulliken recht behalten, denn in den nächsten 15 Jahren gelang es niemandem, die dem Atomkern innewohnende Energie auch nur ansatzweise nutzbar zu machen. Es überrascht daher nicht, dass selbst Albert Einstein, immerhin Vater der Relativitätstheorie und damit der revolutionären Erkenntnis der Masse-Energie-Äquivalenz, die weltweit tätigen Wissenschaftler noch 1932 mit dem oben zitierten Satz entmutigte: »Es gibt nicht das geringste Anzeichen, dass wir jemals Atomenergie entwickeln können.« Zwar gab es durchaus Experten, die die Atomspaltung grundsätzlich für machbar hielten, doch die erhofften sich davon bestenfalls eine höchst bescheidene Energieausbeute und erklärten daher wiederholt, sie hielten es für wenig sinnvoll, in dieser Richtung weiterzuforschen. Besonders krass formulierte das der gerade schon einmal zitierte und ansonsten durchaus fortschrittsgläubige Ernest Rutherford im Jahr 1933: »Die Energie, die durch Atomzertrümmerung produziert wird, ist eine armselige Sache. Jeder, der von der Umwandlung dieser Atome eine Kraftquelle erwartet, redet nur Blabla.«

Doch dann erlebten zwei Physiker exakt das Gegenteil von dem, was sie erwartet hatten. Denn als Otto Hahn und Fritz Straßmann 1938 mittels Neutronenbeschuss ein künstliches Element mit einer höheren Masse als Uran erzeugen wollten, erhielten sie zu ihrer maßlosen

Verblüffung ein Produkt, das keinesfalls schwerer, sondern deutlich leichter war als der Ausgangsstoff, nämlich Barium. Das konnte nichts anderes bedeuten, als dass sie den Atomkern des Urans mit den darauf abgefeuerten Neutronen nicht, wie beabsichtigt, vergrößert, sondern vielmehr in kleinere Produkte zertrümmert hatten. Und als sie diese wogen und feststellten, dass sie insgesamt sogar noch ein wenig leichter waren als der Ausgangsstoff Uran, war ihnen eines sofort klar: Die bei der Umwandlung verlorengegangene Masse war zu Energie geworden. Die reichte zwar höchstens aus, um ein Sandkorn ein klein wenig von der Stelle zu bewegen, aber es handelte sich ja auch nur um die Energiemenge *eines einzigen* Urankerns. Wenn es gelänge, den Vorgang zu potenzieren, indem man mit Hilfe der bei der Spaltung frei werdenden Neutronen weitere Kerne zertrümmerte und so eine Art Kettenreaktion in Gang setzte, müsste dabei eine gigantische Kraft entstehen, eine innerhalb einer millionstel Sekunde frei werdende Energie, die um das Zigtausendfache größer und damit zerstörerischer wäre als bei der Zündung jedweden Sprengstoffs.

Die Nachricht von der ersten erfolgreichen Kernspaltung verbreitete sich wie ein Lauffeuer über die Labore der Welt, aber die anfängliche Euphorie verebbte rasch, als immer deutlicher wurde, wie ungeheuer schwierig, wenn nicht gar unmöglich es sein würde, die erwähnte Kettenreaktion tatsächlich in Gang zu setzen – und das war nun einmal die Grundvoraussetzung für den Bau einer Atombombe. Denn deren Entwicklung war für Politiker und Militärs zu jener Zeit, als der Zweite Weltkrieg unmittelbar bevorstand, absolut vorrangig – an die zivile Nutzung der Atomkraft dachte seinerzeit noch niemand. Auch nicht der britische Premierminister Winston Churchill, der das Risiko, die Nazis könnten eine solch verheerende Waffe bauen, für äußerst gering hielt. Und wenig Durchblick verriet er, als er noch 1939, also im Jahr des Kriegsausbruchs, verkündete, eine Atombombe hätte, falls sie wider Erwarten doch irgendwann funktionieren sollte, allenfalls die Zerstörungskraft der bis dahin bekannten Explosivstoffe: »Die Atomenergie mag vielleicht so gut sein wie die uns heute bekannten Sprengstoffe, aber es ist sehr unwahrscheinlich, etwas sehr viel Gefährlicheres herstellen zu können.«

Mit seiner Arglosigkeit sollte er auch lange Zeit recht behalten. Denn während sich der verheerendste Krieg aller Zeiten über die ganze Welt ausbreitete, waren zwar vor allem in den USA Heerscharen von Wissenschaftlern und Technikern fieberhaft bemüht, die Atomenergie zum Bau einer Bombe mit nie gekannter Zerstörungskraft zu nutzen, doch ihre Erfolge waren höchst bescheiden. Noch 1943 war der weltberühmte Physiker Nicola Tesla, der uns ja schon im Zusammenhang mit der Erfindung des Radios begegnet ist, vollkommen überzeugt: »Atomenergie lässt sich weder zivil noch militärisch nutzen.« Und sogar noch knapp zwei Jahre später, Anfang 1945, beteuerte der US-amerikanische Admiral William Leahy gegenüber dem ungeduldig wartenden Präsidenten Harry S. Truman: »Das ist der größte Unsinn, den wir jemals unternommen haben. Die Bombe wird niemals explodieren. Das sage ich als Bombenexperte.«

Welch verheerende Fehleinschätzung er sich damit leistete, ist allgemein bekannt. Denn nur wenige Monate später, im August desselben Jahres, fielen die ersten Atombomben auf die japanischen Städte Hiroshima und Nagasaki und töteten auf einen Schlag etwa 92 000 Menschen. In den folgenden Monaten starben weitere 130 000 Japaner an den unmittelbaren Folgen des Bombenabwurfs, und viele, viele andere folgten ihnen noch Jahre später in den Tod. Noch nie zuvor in der Geschichte der Menschheit und auch nie wieder danach wurden die Irrtümer angeblicher Experten so brutal widerlegt wie die von Einstein, Tesla, Rutherford und Leahy.

»Dir kann passieren, was will, es gibt immer einen, der es kommen sah.«
Fernandel, französischer Schauspieler

1932

»Ravels *Boléro* betrachte ich als die unverschämteste Monstrosität, die je in der Geschichte der Musik Einzug gehalten hat.«

Edward Robinson, US-amerikanischer Musikkritiker

Eines steht fest: Edward Robinson war bei weitem nicht der einzige Musikkenner, der mit dem höchst eigenwilligen *Boléro* von Maurice Ravel (1875–1937) nichts, aber auch gar nichts anfangen konnte. Das erstaunt nicht einmal, hatte doch der Komponist selbst zu dem 1928 uraufgeführten Werk bekannt: »Ich habe nur ein einziges Meisterwerk geschrieben, das ist der *Boléro*. Dummerweise enthält er keine Musik.« Und als man ihm erzählte, bei der Pariser Premiere sei eine Frau aufgesprungen, habe auf ihn gedeutet und geschrien: »Der ist doch verrückt!«, lächelte er und meinte, die Frau sei offenbar die Einzige, die das Werk verstanden habe.

Doch gerade diese höchst ungewöhnliche, ursprünglich als Ballettmusik geschriebene Komposition, in der sich von Anfang bis Ende nur zwei Melodien, von unterschiedlichen Instrumenten aufgegriffen, unablässig wiederholen und dabei immer mehr an Lautstärke und Eindringlichkeit zunehmen, sollte eines der populärsten Musikstücke des 20. Jahrhunderts werden. Nach der amerikanischen Premiere war Ravels Name denn auch in aller Munde, der *Boléro* machte ihn bekannter als all seine anderen in den vier Jahrzehnten zuvor komponierten Werke zusammengenommen. Sechs Schallplattenaufnahmen erschienen fast gleichzeitig, und schon bald gab es Bearbeitungen für Jazzbands sowie für viele andere Instrumente, sogar für Soloharmonika.

Zusätzliche Popularität erhielt der *Boléro* als mystische Untermalung erotischer Szenen im Spielfilm *Zehn – die Traumfrau* mit Bo Derek sowie als Begleitmusik zur Goldmedaillen-Kür des britischen Eistanzpaares Jane Torvill und Christopher Dean bei den Olympischen Winterspielen 1984 in Sarajevo. Mit Sicherheit hatten die beiden sich ganz genau überlegt, warum sie nicht nach Tschaikowskys melodiösen Ballettweisen oder einer lieblichen Mozart-Serenade, sondern ausgerechnet nach der »unverschämten Monstrosität« eines verrückten Franzosen über das Eis wirbelten.

»Akzeptiere die Diagnose, aber nicht die Prognose.«
Dr. Ebo Rau, deutscher Mediziner

»Die Zukunft soll man nicht voraussehen wollen, sondern möglich machen.«
Antoine de Saint-Exupéry, französischer Schriftsteller

1933

»Der gewaltige nationalsozialistische Angriff auf den demokratischen Staat ist abgeschlagen.«
Frankfurter Zeitung

Zum Jahreswechsel 1932/33 herrschte in der deutschen Presse einmütig Erleichterung: Die NSDAP schien am Boden, Hitler am Ende, die Republik gerettet. Der schreckliche nationalsozialistische Spuk war offensichtlich vorüber. Entsprechend euphorisch lauteten die Schlagzeilen in den bedeutenden deutschen Zeitungen. »Der gewaltige nationalsozialistische Angriff auf den demokratischen Staat ist abgeschlagen«, konnte man Anfang Januar in der angesehenen *Frankfurter Zeitung* lesen, und in der traditionsreichen, bürgerlich-liberalen *Vossischen Zeitung* kommentierte Chefredakteur Julius Elbau: »Die Hyperpolitisierung des letzten Jahres, das die Nationalsozialisten um jeden Preis zum Jahr der Entscheidung machen wollten, war zu jäh, um echt zu sein. Was Feuer schien, war Fieber. Umso größer ist jetzt die Ermattung.« Am Schluss seines Leitartikels setzte er noch einen drauf: »Die Republik ist gerettet worden. Nicht, weil sie verteidigt wurde, sondern weil sich die Angreifer wechselseitig erledigten.« Und das eher linksliberale *Berliner Tageblatt* ließ sich Anfang Januar 1933 sogar zu beißendem Spott hinreißen: »Überall, in der ganzen

Welt, sprachen die Leute von ... wie hieß er doch schon mit Vornamen: Adalbert Hitler. Später? Verschollen!« Aber auch links der politischen Mitte spielt Hitler in den Ausblicken auf das Jahr 1933 eine eher geringe Rolle, wobei manchmal fast so etwas mit Mitleid anklang. So beschrieb etwa ein Artikel in der Neujahrsnummer des sozialdemokratischen *Vorwärts* ausführlich Hitlers Aufstieg in den vorausgegangenen zwei Jahren und fügte erleichtert hinzu: »Noch nie ist eine politische Bewegung in solchem Umfang eingebrochen wie im zweiten Halbjahr 1932 die ›Hitlerei‹.«

Wie heute jeder weiß, lagen die Blätter mit ihren Anfang-Januar-Prognosen in jeder Hinsicht daneben. Denn bereits wenige Wochen später, am 30. Januar 1933, ernannte Reichspräsident Paul von Hindenburg den Führer der *Nationalsozialistischen Deutschen Arbeiterpartei (NSDAP)*, Adolf Hitler, zum Reichskanzler und gab damit gleichsam den Startschuss für die schlimmste Diktatur in der deutschen und mitteleuropäischen Geschichte. Schon wenige Wochen später waren sämtliche liberalen oder linken Zeitungen und Zeitschriften entweder verboten oder »gleichgeschaltet«, viele ihrer Autoren saßen in »Schutzhaft« oder hatten sich dieser durch spontane Emigration entzogen.

Heute fragt man sich natürlich, wie die politisch durchaus gebildeten Redakteure der großen deutschen Zeitungen sich zu derartigen Prophezeiungen versteigen konnten. Doch wenn man sich eingehender mit der damaligen politischen Situation beschäftigt, muss man zu ihrer Ehrenrettung attestieren, dass sich die nationalsozialistische Bewegung Ende 1932 tatsächlich in einer existenzbedrohenden Krise befand. Die Partei war praktisch pleite und nicht in der Lage, das braune

Massenheer der SA weiter zu finanzieren. Und zu allem Überfluss war im Dezember auch noch der NS-Spitzenfunktionär Gregor Strasser von allen seinen Ämtern zurückgetreten. Kein Wunder daher, dass Joseph Goebbels in seinem Tagebuch notierte: »Die Zukunft ist dunkel und trübe, alle Aussichten vollends verschwunden.« Und Hitler drohte – wie schon nach dem Scheitern seines Putschversuchs 1923 – gar mit Selbstmord.

Wahr gemacht hat er die Drohung leider erst zwölf Jahre und 60 Millionen Tote später.

1933

»Ein größeres Flugzeug wird niemals gebaut werden.«

Ingenieur des US-Flugzeugbauers Boeing

Das Flugzeug, über dessen Ausmaße sich der Ingenieur derart euphorisch äußerte, war die *Boeing 247*, eine zweimotorige Propellermaschine mit gerade mal 16,30 Metern Länge und einer Spannweite von 22,66 Metern. Neben einer Besatzung von drei Mann bot sie Platz für zehn Passagiere, die sie mit einer Höchstgeschwindigkeit von knapp 300 Stundenkilometern durch die Luft transportierte.

Dass seit damals immer größere und schwerere Maschinen gebaut wurden, die immer größere Lasten über immer weitere Strecken beförderten, ist allgemein bekannt. Wenn man von Spezialflugzeugen absieht, von denen nur einige wenige Stückzahlen oder, wie von der gewaltigen *Antonow 225*, gar nur ein einziges Exemplar für spezielle militärische Zwecke gebaut wurden, und sich auf die in Großserien produzierten Verkehrsmaschinen beschränkt, war lange Zeit die *Boeing 747*, volkstümlich

Jumbo-Jet genannt, das Maß aller Dinge. Mehr als 1400 Maschinen dieses Typs, dessen Maxiversion mehr als 76 Meter Länge und eine Flügelspannweite von knapp 70 Metern aufweist, verließen seit 1967 die Montagehallen und transportieren jeweils bis zu 500 Passagiere über Strecken von bis zu 15 000 Kilometern.

Doch inzwischen hat ein noch gewaltigerer Gigant der Lüfte dem *Jumbo* den Rang abgelaufen: der neue *Airbus 380*. Dessen knapp 80 Meter lange Superversion 380-900 mit einer Flügelspannweite von ebenfalls fast 80 Metern bietet bei maximaler Bestuhlung Platz für nahezu 1000 Passagiere – 100-mal so viele wie seinerzeit die angeblich nicht zu toppende *Boeing 247*!

»Stets findet Überraschung statt,
da, wo man's nicht erwartet hat.«
Wilhelm Busch

1934

»Glauben Sie mir, Deutschland ist unfähig, einen Krieg zu führen.«

David Lloyd George (1863–1945),
vormaliger britischer Premierminister

In der Zeit, als der britische Politiker sich zu der kühnen Vorhersage verstieg, war er längst nicht mehr Premierminister, sondern nur noch ein betagtes Mitglied des englischen Unterhauses. In dieser Funktion gehörte er zu denjenigen Parlamentariern, die im Auftrag der Regierung zwischen England und Hitler-Deutschland vermittelten, um unter allen Umständen eine kriegerische Auseinandersetzung zu vermeiden. Diese sogenannte *Appeasement (Beschwichtigungs)-Politik* zeigte Verständnis für die deutsche Empörung gegen die harten Auflagen des Versailler Vertrags und billigte stillschweigend, dass Hitler sich mit der Aufrüstung, dem Einmarsch ins entmilitarisierte Rheinland und der Einführung der allgemeinen Wehrpflicht rigoros darüber hinwegsetzte. Hauptsache: Kein Krieg! Denn den konnte sich England, das selbst in einer schweren Wirtschaftskrise steckte, auf keinen Fall leisten. Außerdem war die Bevölkerung dermaßen kriegsmüde, dass König George V. sich zu dem Versprechen hinreißen ließ, er werde eher abdanken und am Trafalgar Square *Die rote Fahne* singen, als seinem Land zuzumuten, noch einmal einen Krieg wie den von 1914 bis 1918 durchzustehen.

Vor diesem Hintergrund muss man David Lloyd Georges Einstellung und Verhalten Hitler gegenüber beurteilen. Denn vor allem anderen war der Brite darauf aus, nur ja keine Unstimmigkeiten oder gar ein offenes Zerwürfnis mit dem deutschen Diktator zu riskieren. Deshalb versuchte er, seine argwöhnischen Landsleute 1934, also ein Jahr nach Hitlers Machtergreifung, mit dem Satz zu beruhigen: »Glauben Sie mir, Deutschland ist unfähig, einen Krieg zu führen.« Sogar noch zwei Jahre später, als immer offensichtlicher wurde, was der schnauzbärtige Diktator im Schilde führte, meinte er nach einem Besuch in Berchtesgaden treuherzig: »Ich habe nun Deutschlands Reichskanzler Herrn Hitler gesehen, auch die großen Veränderungen, die er verursacht hat. Was immer einer denkt von solchen Methoden – und diese sind bestimmt nicht jene eines parlamentarischen Landes –, kann doch kein Zweifel darüber bestehen, dass dieser Mann eine wunderbare Veränderung im Geist der Menschen, in ihrem Benehmen untereinander, in ihrer sozialen und ökonomischen Selbstdarstellung bewirkt hat.«

Ob David Lloyd George das wirklich selbst geglaubt oder mit derartigen Äußerungen im Bestreben, bloß keinen Krieg zu provozieren, die Augen vor der Wirklichkeit verschlossen hat, wissen wir nicht. Fakt ist jedenfalls, dass Deutschland sehr wohl fähig war, einen Krieg zu führen, was auch die Briten schon bald schmerzlich zu spüren bekamen. Als dieser Krieg im Mai 1945 und damit nur einen knappen Monat nach Georges Tod zu Ende ging, lag ein großer Teil der Welt in Trümmern, und inmitten dieser Trümmer hausten 60 Millionen Menschen weniger.

Einen noch eindrucksvolleren Beweis, dass es oft klüger ist, Politiker-Aussagen zu misstrauen, kann es wohl nicht geben.

1937

»Düsentriebwerk? Sehr interessant, mein Junge. Aber glauben Sie mir, das wird niemals funktionieren.«

Professor an der Universität Cambridge

Der smarte 30-Jährige, den der ehrenwerte Professor ebenso jovial wie herablassend mit »mein Junge« ansprach, war Frank Whittle (1907–1996), ein Pilot der *Royal Air Force*, der im Jahr 1928 an der Universität von Cambridge als Zweitbester seines Jahrgangs die Ausbildung abgeschlossen hatte. Unmittelbar anschließend begann er, sich mit Flugzeugantrieben zu beschäftigen, und schon bald schlug er ein völlig neuartiges Konzept vor, bei dem ein Triebwerk Luft ansaugen, diese stark erhitzen und danach mit hoher Geschwindigkeit durch eine Düse ausströmen lassen sollte. Wäre der Luftdurchsatz entsprechend groß, so wäre der Rückstoß – davon war Whittle felsenfest überzeugt –, stark genug, um auch dem größten und schwersten Flugzeug ausreichend Schub zu verleihen. Und tatsächlich gelang es ihm, ein solches Triebwerk zu konstruieren und patentieren zu lassen. In den Folgejahren verbesserte er es so lange immer und immer wieder, bis im April 1937 die ersten ausgedehnten Testläufe stattfinden konnten. Doch dabei zeigte sich, dass die Neuentwicklung sich nicht ausreichend präzise regeln ließ, ja, mehrere Male ging eines der Triebwerke sogar in Flammen auf. Kein Wunder also, dass der eingangs zitierte, auf Maschinenbau spezialisierte Professor, den Whittle in seiner Not um Rat fragte, das ganze Projekt zwar für eine interessante Idee hielt, aber gleichzeitig betonte, ein solches Triebwerk könne im tatsächlichen Flugbetrieb niemals zufriedenstellend funktionieren.

Doch zum Glück war das britische Luftfahrtministerium anderer Meinung und förderte die Weiterentwicklung von Whittles Plänen mit dem stattlichen Betrag von 6000 Pfund. Dieses Geld erlaubte es dem ehrgeizigen Konstrukteur, immer neue Testläufe, zum Teil unter schwierigsten Bedingungen, durchzuführen und seine Erfindung dank der dabei gewonnenen Erkenntnisse so lange kontinuierlich zu verbessern, bis im März 1938 ein in jeder Hinsicht zufriedenstellender Probelauf gelang.

Als dann ein Jahr später der Zweite Weltkrieg ausbrach, kam den britischen Militärs Whittles Strahltriebwerk gerade recht, um damit ein völlig neu konstruiertes Flugzeug auszustatten, dessen Prototyp unter der Bezeichnung *G 40* bereits im Mai 1941 auf dem Flughafen von Cranwell startete. Während des viertelstündigen Testflugs erreichte der Jet eine Höchstgeschwindigkeit von 545 Stundenkilometern und erwies sich auch sonst als wahres Wunderwerk der Technik, das herkömmlichen Maschinen in jeder Hinsicht überlegen war. Daraufhin versahen die Briten erstmals auch zweistrahlige Flugzeuge mit den neuen Triebwerken, die inzwischen in größerer Anzahl bei Rolls-Royce gebaut wurden, wo Whittle seit 1942 als maßgeblicher Konstrukteur arbeitete.

Nach dem Krieg dauerte es eine ganze Weile, bis neue Flugzeuge gebaut wurden. Doch als es so weit war, wurden die Strahltriebwerke ein derartiger Erfolg, dass sie heutzutage nahezu sämtliche Hochleistungsjets durch die Lüfte schieben. Sie sind extrem stark und dabei vergleichsweise sparsam im Verbrauch; und was das Wichtigste ist: Sie sind derart zuverlässig, dass Flugzeugunglücke, an denen unerklärliche Triebwerksausfälle schuld sind, nur extrem selten vorkommen. So ziehen heute Unmengen strahlgetriebener Jets ihre Bahn, von denen einige auch Coventry überfliegen, die Heimatstadt von Frank Whittle, wo man dem – mit knapp 40 Jahren sogar geadelten – Pionier der Luftfahrt 2007 ein Denkmal errichtet hat.

»Die meisten Prognosen sind falsch – und es ist kein Fall bekannt, in dem ein Futurist die Verantwortung für die üblen Folgen seiner falschen Prognosen übernommen hätte.«

Karl Steinbuch,
deutscher Hochschullehrer und Sachbuchautor

1937

»Es ist sehr wahrscheinlich, dass die meisten Kompositionen Strawinskys nur von kurzer Lebensdauer sein werden.«

William James Henderson (1855–1937),
US-amerikanischer Musikwissenschaftler und -kritiker

Die vernichtende Kritik, mit der Henderson – bemerkenswerterweise im letzten Jahr seines Lebens – Strawinskys Werken ein rasches Ende prophezeite, erschien am 16. Januar 1937 in der *New York Sun*. Dass der Autor die Qualität der Kompositionen offenbar ganz anders einschätzte als viele andere Musikliebhaber und -kritiker, verwundert etwas, denn Henderson war auf seinem Gebiet ein durchaus anerkannter Fachmann, der etliche Bücher über musikalische Themen geschrieben hatte, darunter ein sehr erfolgreiches mit dem Titel *What is Good Music? (Was ist gute Musik?)*. Er war Lehrer für Musikgeschichte am New Yorker *College of Music* und Mitglied des *Nationalinstituts für Kunst und Literatur*. Aber offenbar konnte er mit den eigentümlich polytonalen Klängen des russisch-französisch-amerikanischen Komponisten, die sich noch dazu durch eine höchst spezielle Rhythmik auszeichneten, nicht viel anfangen.

Mit seiner düsteren Prophezeiung sollte er jedoch ganz und gar nicht recht behalten. Denn vor allem Strawinskys frühe Werke wie *Der Feuervogel*, *Petruschka* und ganz besonders *Le Sacre du Printemps* erfreuen sich bei Musikliebhabern in aller Welt bis heute größter Beliebtheit. Einem breiten Publikum ist der Komponist zudem durch den Walt-Disney-Zeichentrickfilm *Fantasia* bekannt geworden, in dem die Melodien von *Le Sacre du Printemps* zu Bildern aus der Frühgeschichte der Erde erklingen. Möglicherweise wurde ihm vor allem wegen dieses Films auf dem berühmten *Hollywood Walk of Fame* ein Stern gewidmet. Außerdem verlieh ihm die *Rutgers University* in New Jersey die Ehrendoktorwürde, und in Paris erinnert vor dem *Centre Pompidou* ein Strawinsky-Brunnen Einheimische und Besucher aus aller Welt an den russischen Komponisten und sein Werk.

1939

»Ich bin nur froh, dass es Clark Gable ist, der auf die Fresse fällt, und nicht Gary Cooper.«

Gary Cooper (1901–1961),
US-amerikanischer Filmschauspieler und Produzent

Mit diesen Worten kommentierte Gary Cooper seinen Entschluss, die ihm angebotene Hauptrolle im Film *Vom Winde verweht* nach dem gleichnamigen Roman von Margaret Mitchell abzulehnen. War er doch felsenfest vom Misserfolg des Streifens überzeugt und wollte unbedingt verhindern, dass seine Person irgendwie mit dem Flop in Verbindung gebracht würde. Sollte sich doch Clark Gable eine blutige Nase holen!

Man weiß nicht, wie oft Gary Cooper später den Tag verflucht hat, an dem er diese Entscheidung traf. Denn wie allgemein bekannt ist, wurde die während des amerikanischen Bürgerkriegs spielende, zutiefst ergreifende Liebesgeschichte um Rhett Butler und Scarlett O'Hara einer der gigantischsten Erfolge der Filmgeschichte. 1939, im Jahr seiner Weltpremiere, wurde der Streifen mit nicht weniger als zehn Oscars ausgezeichnet, unter anderem für die beste Regie sowie die beste Haupt- und Nebendarstellerin. Clark Gable erhielt eine Nominierung als bester Hauptdarsteller, verpasste den Preis letztlich jedoch ganz knapp. Vielleicht hätte Gary Cooper mehr Glück gehabt.

Aber der wollte ja nicht auf die Fresse fallen.

»Wer in der Zukunft lesen will,
muss vorher in der Vergangenheit blättern.«
André Malraux, französischer Schriftsteller

1940

»Wenn auch nur ein feindliches Flugzeug unser Reichsgebiet überfliegt, will ich Meier heißen.«

Hermann Göring (1893–1946), führender NS-Politiker und Oberbefehlshaber der Luftwaffe im Zweiten Weltkrieg

Das ebenso trotzige wie vermessene Versprechen stammt aus einer Radioansprache, mit der Hermann Göring – Nazigröße und Oberbefehlshaber der Deutschen Luftwaffe im Zweiten Weltkrieg – dem deutschen Volk Anfang 1940 Mut machen wollte. Doch schon am 12. Mai begann die *Royal Air Force* mit dem Bombardement Mönchengladbachs ihre Luftangriffe auf deutsche Städte. Und bereits am folgenden Tag war Duisburg das Ziel der feindlichen Flugzeuge.

Waren an diesen Attacken anfänglich nur relativ wenige Maschinen beteiligt, so gingen die Alliierten ab 1942 dazu über, riesige Schwärme von mehr als 1000 Bombern nach Deutschland zu schicken, um eine Großstadt nach der anderen vollständig zu zerstören, ihre Infrastruktur und Industrie zu vernichten und – nicht weniger wichtig – Moral und Durchhaltewillen der Bevölkerung zu brechen. Als der Krieg 1945 schließlich zu Ende ging, hatten Zigtausende feindlicher Flugzeuge das deutsche Reichsgebiet überquert. Doch bis zu Görings Selbstmord im Oktober 1946 ist keine einzige Gelegenheit bekannt geworden, bei der er sich gemäß seinem vollmundigen Versprechen Hermann Meier genannt hätte – ein Spitzname übrigens, der seit den ersten Luftangriffen hinter vorgehaltener Hand unter der Bevölkerung kursierte.

1943

»Tiergeschichten lassen sich in den USA unmöglich verkaufen.«

Alfred A. Knopf (1892–1984),
amerikanischer Verleger

Von der oft schwer nachvollziehbaren, in jedem Fall aber höchst kurzsichtigen verlagsseitigen Zurückweisung von Manuskripten, die später ein riesiger Erfolg wurden, war ja schon im Zusammenhang mit Prousts *Auf der Suche nach der verlorenen Zeit* die Rede. Tatsächlich gibt es wohl keinen größeren Verlag, dessen Geschäftsleitung sich nicht irgendwann die Haare gerauft hat, weil ein abgelehnter Text bei einem Konkurrenzunternehmen zum Bestseller wurde. Besonders bemerkenswert sind dabei die Begründungen, mit denen Lektoren die ihnen angebotenen Manuskripte als für eine Veröffentlichung ungeeignet an die Autoren zurückgeschickt haben. Ein paar Beispiele:

Nabokovs *Lolita* war demnach »allzu pikant«, Baldwins *Giovannis Zimmer* »hoffnungslos schlecht« und Sylvia Plaths *Die Glasglocke* »ohne hinreichendes genuines Talent«. Pearl S. Buck musste in einem Ablehnungsschreiben für ihren Roman *Die gute Erde* lesen, kein Amerikaner interessiere sich für »chinesische Vorgänge«; und dem amerikanischen Krimiautor Tony Hillerman riet ein Lektor, er solle doch bitte »diesen ganzen Indianerkram« weglassen. Ähnliche Vorwürfe beziehungsweise Kritiken mussten sich unter anderem auch Jack Kerouac, Jean-Paul Sartre, Isaac Singer und Anaïs Nin gefallen lassen. Und eben auch George Orwell (1903–1950), dessen Manuskript des späteren Welterfolges *Farm der Tiere* der bekannte Verleger Alfred A. Knopf kurzerhand mit der pauschalen Feststellung ablehnte, »Tiergeschichten« ließen sich in den USA unmöglich verkaufen.

Da man Knopf nicht unterstellen mag, er habe den tieferen Sinn von Orwells Werk nicht verstanden, muss man wohl davon ausgehen, dass er das Manuskript gar nicht oder allenfalls sehr oberflächlich gelesen hat. Denn wenn der 1945 erschienene Roman etwas nicht ist, dann eine »Tiergeschichte« im herkömmlichen Sinne. Vielmehr handelt es sich um ein Gleichnis über Macht, Gewalt und Diktatur, das oft als Parabel auf die Geschichte der Sowjetunion interpretiert wird, wo die vom freiheitsliebenden Volk ausgehende Oktoberrevolution letztlich in der brutalen Gewaltherrschaft Josef Stalins endete. Kein Wunder daher, dass der Roman in den Ostblockstaaten bis zum Ende der kommunistischen Herrschaft auf der Liste der verbotenen Bücher stand.

Heute ist Orwells *Farm der Tiere* dagegen längst zu einem modernen Klassiker geworden. Er wird in immer neuen Auflagen gedruckt, wurde in zahlreiche Sprachen übersetzt, und Schüler lesen ihn bis heute als anspruchsvolle Lektüre im Deutsch- und Englischunterricht. Außerdem diente der Roman als Vorlage für mehrere

Hörspiele und wurde sogar zweimal mit großem Erfolg verfilmt.

Alfred A. Knopf dürfte das alles mit höchst gemischten Gefühlen verfolgt haben.

»Vorsicht steht nicht im Pflichtenheft der Propheten.«
Walter Ludin, Schweizer Schriftsteller

1943

»Ich denke, dass es einen Weltmarkt für vielleicht fünf Computer gibt.«

Thomas J. Watson (1874–1956),
Präsident von IBM

Neben dem Auto hat wohl keine andere technische Errungenschaft unser Leben derart revolutioniert wie der Computer. Egal, welchen Beruf ein junger Mensch heute ergreift, er wird mit ziemlicher Sicherheit mit einer der Wunderkisten zu tun haben. Weil die elektronische Datenverarbeitung mithin aus der modernen Welt nicht mehr wegzudenken ist, verblüffen uns frühere Prophezeiungen über ihre künftige Bedeutung besonders.

Die absurdeste Behauptung zu diesem Thema stammt zweifellos von *IBM*-Chef Thomas Watson, der vor nicht einmal 70 Jahren doch tatsächlich die Vermutung äußerte, der weltweite Bedarf an elektronischen Rechnern liege bei kaum mehr als fünf Stück. Freilich muss man dabei berücksichtigen, dass Computer für kommerzielle Zwecke zu Watsons Zeiten gewaltige technische Ungetüme mit Tausenden von Röhren waren, die riesige

Hallen füllten und nicht nur eine Menge Lärm machten, sondern auch eine geradezu unerträgliche Hitze entwickelten sowie – aus wirtschaftlicher Sicht besonders wichtig – Unmengen von Strom verbrauchten. So gewaltig war der Elektrizitätsbedarf der Monstermaschinen, dass in Philadelphia jedes Mal, wenn der röhrenbasierte Rechengigant *ENIAC (Electronic Numerical Integrator and Computer)* den Betrieb aufnahm, sämtliche Lampen flackerten.

Außerdem konnte Watson natürlich nicht ahnen, dass Wissenschaftler der *Bell Laboratories* ein paar Jahre später den Transistor erfinden würden, der sowohl die Konstruktion als auch den Betrieb von Computern von Grund auf revolutionieren sollte. Und dass es in gar nicht so ferner Zukunft gar Mikrochips geben würde, die bei minimalem Platzbedarf gigantische Rechenoperationen in kürzester Zeit ermöglichen würden, konnte er auch nicht wissen. Fakt ist jedenfalls, dass es bei den prognostizierten fünf Computern schon bald nicht mehr blieb. Vielmehr stieg spätestens seit den 1980er Jahren der Absatz geradezu lawinenartig an, bis schließlich im Jahr 2010 weltweit rund 260 Millionen PCs verkauft wurden. Doch auch bei dieser Zahl wird es mit Sicherheit nicht bleiben, denn seriösen Studien zufolge sollen bereits 2020 weltweit fast fünf Milliarden Menschen beruflich oder privat in irgendeiner Form mit Computern zu tun haben.

An derartige Zahlen dachte in den 1940er Jahren freilich noch niemand. Vielmehr waren die meisten Experten davon überzeugt, die Leistungsfähigkeit der elektronischen Datenverarbeitung sei so gut wie ausgereizt und eine Ausweitung ihrer Möglichkeiten daher nicht zu erwarten. Dieser Meinung war offenbar auch Pablo Picasso, der 1946 großspurig verkündete: »Computer sind nutzlos. Sie können nur Antworten geben.« Doch nicht nur technische Laien wie der weltberühmte spanische Maler, sondern auch durchaus ernstzunehmende Koryphäen sahen das Ende der Computerentwicklung als gekommen an. Einer von ihnen war der österreichisch-ungarische Mathematiker John von Neumann (1903–1957), der sich, obwohl man ihn getrost als Computer-Pionier bezeichnen kann, noch 1949 zu der Prognose verstieg: »Es scheint, dass wir die Grenzen dessen erreicht haben, was mit Computertechnologie denkbar ist.«

Eine deutlich höhere Meinung von den Möglichkeiten elektronischer Rechner hatte da schon das US-amerikanische Technikmagazin *Popular Mechanics*, das im selben Jahr 1949 – vermutlich, weil es mittlerweile die bereits erwähnten, platz- und gewichtssparenden Transistoren gab – eine weitaus optimistischere Vorhersage wagte: »Computer der Zukunft werden nicht mehr als 1,5 Tonnen wiegen.« Diese Prophezeiung ist ja auch nicht falsch, sondern nur alles andere als präzise. Denn heute wiegt ein moderner PC inklusive Gehäuse, allerdings ohne Monitor, nicht einmal zehn Kilo, und die leichtesten Notebooks – veritable Rechenkünstler, mit denen wir uns unter der Jahreszahl 1985 noch intensiver beschäftigen werden – kommen sogar mit weniger als zwei Kilo aus. Ja, mittlerweile kann man sogar Minicomputer kaufen, die gerade noch knapp 200 Gramm auf die Waage bringen.

Doch die rasante Entwicklung der Technik, die speziell in den letzten zwei Jahrzehnten des vorigen Jahrhunderts immer kleinere und leichtere, dabei aber mit jeder neuen Generation leistungsstärkere Geräte mit enormen Arbeits- und Datenspeichern hervorbrachte, war dreißig

Jahre früher selbst bei geradezu euphorischer Technikgläubigkeit nun wirklich nicht absehbar. Vielmehr sah es lange Zeit so aus, als würden die elektronischen Rechner aufgrund ihres Platz- und Strombedarfs und nicht zuletzt wegen der gewaltigen Kosten, die sie verursachten, bestenfalls umsatzstarken Unternehmen so große Vorteile bringen, dass sich Anschaffung und Betrieb lohnten. So blieben Computer und das, was mit ihrer Hilfe möglich war, lange Zeit einigen wenigen Spezialisten vorbehalten. Vor allem die Militärs waren an allem interessiert, was ihnen komplizierte Rechnungen abnahm – ganz egal, wie viel Platz es benötigte und was es kostete.

Natürlich wagte sich auch die eine oder andere kleinere Firma an die neue Technik, doch das blieben seltene Ausnahmen. Die meisten Betriebe beschäftigten nach wie vor Heerscharen von Buchhaltern, die ihre Aufgaben wie eh und je mit Papier und Stift erledigten, dicke Bücher füllten und mit Rechenschiebern Kalkulationen und Bilanzen erstellten. So habe man das immer gemacht, erklärten sie, und so werde es auch in Zukunft bleiben. Und wenn innovative Firmen doch einmal mutig wurden und sich über die Möglichkeiten der neuartigen elektronischen Rechner informierten, so nahmen ihnen selbsternannte Fachleute gleich wieder den Wind aus den Segeln. So zum Beispiel ein Abteilungsleiter des US-Fach- und Lehrbuchverlags *Prentice Hall*, wo man die neue Technik naturgemäß besonders gespannt beobachtete, um gegebenenfalls rasch entsprechende Bücher auf den Markt zu werfen, bevor die Konkurrenz aktiv wurde. Doch derartige Publikationen – heute gibt es sie zu Hunderttausenden – schienen besagtem Abteilungsleiter noch 1957 vollkommen verfrüht zu sein, und so versuchte er die Geschäftsleitung in einer internen Verlagsmitteilung zu beruhigen: »Ich habe die Länge und Breite dieses Landes bereist und mit den besten Leuten geredet, und ich kann Ihnen versichern, dass Datenverarbeitung ein Tick ist, welcher dieses Jahr nicht überleben wird.«

Die skeptische Haltung gegenüber den neuartigen und vielen Menschen nach wie vor suspekten Elektronenrechnern hielt viele Jahre an. Tatsächlich konnte sich bis zum Beginn der bereits erwähnten 1980er Jahre niemand so recht vorstellen, was eine Privatperson mit einem Computer anfangen sollte. Von Ken Olson, dem Gründer und Präsidenten der Großrechnerfirma *Digital Equipment*, ist eine Aussage aus dem Jahr 1977 überliefert, die diese Denkweise in wenigen Worten auf den Punkt bringt: »Es gibt überhaupt keinen Grund, warum irgendjemand einen Computer bei sich zu Hause haben will.« Und etwa um dieselbe Zeit erkundigte sich auch *Intel*-Mitbegründer Gordon Moore bei seinen Marketingexperten, wozu um alles in der Welt irgendjemand in seiner Wohnung einen elektronischen Rechner verwenden solle. Als man ihm antwortete, damit könnten Hausfrauen ihre Rezepte verwalten, soll Moore laut gelacht und die Idee einer Produktionsaufnahme mit einer einzigen Handbewegung vom Tisch gewischt haben.

So verständlich derartige Einschätzungen auch waren, so folgenschwer war der Irrtum gerade für Olsons Firma *Digital Equipment*. Denn die wurde wenige Jahre später von ihrem direkten Konkurrenten *Compaq* übernommen, dessen Erfolg pikanterweise fast ausschließlich auf der Tatsache beruhte, dass plötzlich immer mehr Menschen einen privaten Computer haben wollten. Heute gibt es kaum noch einen Haushalt, in dem kein PC steht; und es ist abzusehen, dass der Computer in nicht allzu ferner Zukunft ebenso selbstverständlich zu den technischen

Einrichtungen des täglichen Lebens gehören wird wie Telefon, Fernseher, Waschmaschine oder Kühlschrank.

Doch selbst, als sich immer deutlicher zeigte, was sich mit einem Rechner alles anfangen ließ, als immer mehr Menschen ihre Briefe und sonstigen Schriftstücke mit einer leistungsfähigen Textverarbeitung statt wie bisher mit der Schreibmaschine verfassten, als Datenbanken, Tabellenkalkulationen und nicht zuletzt immer raffiniertere Spiele viele Männer und Frauen dazu animierten, sich einen Heimcomputer zuzulegen, schätzten Experten die erforderlichen Leistungsmerkmale und Ausstattungsdetails eines solchen Geräts noch immer vollkommen falsch ein. Selbst Personen, die es eigentlich besser hätten wissen sollen, lagen mit ihren Prognosen meilenweit daneben. So verkündete etwa Bill Gates, der Chef der weltweit führenden Softwareschmiede *Microsoft*, den der sich rasant ausbreitende Computerboom immerhin zum reichsten Mann der Welt gemacht hatte, noch 1981 im Brustton der Überzeugung: »640 Kilobyte Arbeitsspeicher sollten für jeden genug sein.«

Mit dieser aus heutiger Sicht geradezu lachhaften Prognose bewies er, dass man mit viel Geld eben doch nicht alles kaufen kann – jedenfalls keinen klaren Blick in die Zukunft. Denn schon bald sollten die wie Pilze aus dem Boden schießenden Programme für Heim-PCs immer komplexer und damit speicherintensiver werden, so dass die Anwender weltweit rasch davon überzeugt waren, ein elektronischer Rechner benötige zwar nicht jeden möglichen Schnickschnack, könne jedoch niemals zu viel Speicherplatz haben. Die weitere Entwicklung gab ihnen voll und ganz recht, und heute verfügen Heim-PCs oft schon über 4 Gigabyte Arbeitsspeicher – immerhin das 6000-fache dessen, was Gates vor zwanzig Jahren für vollkommen ausreichend gehalten hatte – sowie eine 1000 Gigabyte-Festplatte, und man kann davon ausgehen, dass das noch lange nicht das Ende der Fahnenstange ist.

»Ich bin jetzt 40 Jahre Fabrikant, aber ich habe es noch nicht fertiggebracht, Prognosen für vier Monate zu machen. Andere, die nichts von der Industrie verstehen, machen Voraussagen für fünf Jahre.«

Fritz Berg, ehemaliger BDI-Präsident

1945

»Ich wünschte, die Amerikaner würden endlich aufhören, vom Hirngespinst interkontinentaler Raketen zu reden.«

Vannevar Bush (1890–1974),
US-amerikanischer Ingenieur und Militärstratege

Wenn von der amerikanischen Kriegsführung im Zweiten Weltkrieg die Rede ist, kommt das Gespräch unweigerlich auf den überragenden Strategen Vannevar Bush, den die Zeitschrift *Collier's Weekly* 1942 nicht ohne Grund den »Mann, der den Krieg gewinnen oder verlieren wird« genannt hatte. Und eben dieser Mann war es leid, dass führende Politiker der USA immer wieder öffentlich von Raketen großer Reichweite träumten, mit denen sie von Amerika aus Ziele in Europa und Japan beschießen und so ohne großes eigenes Risiko massiv in den Krieg eingreifen könnten. Solche Flugkörper, die auf ihrem Weg die Erdatmosphäre verlassen müssten, um quasi widerstandslos durch den Weltraum zu fliegen, hielt er nämlich für nichts weiter als utopische Hirngespinste. Doch er sollte sich täuschen.

Zwar wurden die ersten derartigen Langstreckenraketen erst nach dem Ende des Zweiten Weltkriegs entwickelt, doch spätestens, als man relativ leichtgewichtige atomare Sprengköpfe zur Verfügung hatte, erlebten sie einen rasanten Aufschwung. Vor allem in der Zeit des Kalten Krieges überboten sich Russen und Amerikaner mit immer neuen technischen Entwicklungen, und schließlich waren es die Sowjets, die im Mai 1957 von Baikonur aus die erste Interkontinentalrakete zu einem Testflug ins All schossen. Schon einen Monat später konterten die Amerikaner mit Erprobungsflügen der *Atlas-Rakete*, doch da diese alles andere als zufriedenstellend verliefen, dauerte es noch ein weiteres halbes Jahr, bis den USA ebenfalls ein erfolgreicher Langstrecken-Raketentest gelang.

In den folgenden Jahren hatten dann abwechselnd die Russen und die Amerikaner die Nase vorn, wobei die Ingenieure der beiden Großmächte vor allem immer bessere Fest- und Flüssigtreibstoffe entwickelten, mit denen schon bald Reichweiten von 15 000 Kilometern erreicht wurden. Bekannte Typen aus dieser Zeit waren auf amerikanischer Seite die *Titan*- und die *Minuteman*-Baureihe, auf russischer die *Topol*- und *RT-23*-Serie. Nach dem Ende des Kalten Krieges führten dann glücklicherweise diverse Abrüstungsabkommen zu einer deutlichen Reduzierung der Langstreckenwaffen-Arsenale, doch inzwischen hatte auch die Volksrepublik China Raketen vergleichbarer Leistungsstärke entwickelt, und heute muss man wohl davon ausgehen, dass auch Nordkorea und Indien über Flugkörper verfügen, mit denen sie Ziele in mehr als 13 000 Kilometer Entfernung treffen können.

Wirklich bedauerlich, dass Interkontinentalraketen entgegen Vannevar Bushs Einschätzung keine Hirngespinste geblieben sind.

»Es ist schon schlimm, zu irren. Aber dieses angeberische ›Zu-wissen-glauben‹!«

Wolfgang Reus, deutscher Aphoristiker

1945

»Nein danke, dieses Auto ist eine Fehlkonstruktion.«

Henry Ford II. (1917–1987),
Präsident der Ford Motor Company

Man glaubt es kaum, aber das Auto, um das es bei dieser rüden Ablehnung geht, wurde später zum Kultobjekt: der legendäre VW Käfer. Schon zu Zeiten, in denen er millionenfach gebaut wurde, galt er als hoffnungslos veraltet, und doch fuhr er mit heiserem Gedröhne überall in der Welt von Erfolg zu Erfolg. Begonnen hatte alles in den düsteren Tagen des »Dritten Reichs«, als der Konstrukteur Ferdinand Porsche bei den damaligen Machthabern mit einem *Exposé, betreffend den Bau eines deutschen Volkswagens* auf reges Interesse stieß und 1934 den Auftrag zur Konstruktion eines einfachen und preisgünstigen, dabei aber zuverlässigen und von jedermann leicht zu lenkenden Autos, eben eines echten »Wagens für das Volk«, erhielt. Mit Feuereifer machte er sich an die Arbeit, und schon zwei Jahre später starteten die ersten Exemplare des eiförmigen Heckmotor-Gefährts zu ausgedehnten Testfahrten. Die fielen zur allgemeinen

Zufriedenheit aus, und so begann bald darauf die Serienproduktion des Autos, das nicht mehr als 990 Mark kosten sollte. Doch noch bevor die ersten Käufer ihren Volkswagen in Empfang nehmen konnten, brach der Zweite Weltkrieg aus und änderte alles. Das nagelneue Werk wurde umgerüstet und musste fortan statt halbwegs komfortabler Familienautos spartanisch ausgestattete Kübel- und Schwimmwagen für den militärischen Gebrauch bauen.

Nach 1945 lag zwar ein Großteil der Fabrik in Schutt und Asche und sollte, nachdem die britische Besatzungsmacht das Kölner Ford-Werk zur Produktion einer ausreichenden Anzahl ziviler Autos vorgesehen hatte, eigentlich demontiert werden. Doch kurz bevor die Abrissbagger anrückten, überlegten die Briten, ob sie die Produktion nicht selbst übernehmen sollten und schickten eine Delegation nach Deutschland, um das ulkige Gefährt zu beurteilen. Deren Chef Sir William Rootes sah den Volkswagen, fuhr ein paar Runden damit und meinte dann großspurig: »Das Fahrzeug entspricht in keiner Weise den elementarsten technischen Erfordernissen eines Automobils. Es ist zu hässlich und zu laut ... Seine Produktion dürfte sich als glattes Verlustgeschäft erweisen.«

Zum Glück war damit jedoch nicht das letzte Wort gesprochen, und so kam kurz darauf eine andere britische Expertise zu dem gegenteiligen Schluss, der Volkswagen könne für England und seine überseeischen Märkte, sofern er in einigen Punkten verändert würde, durchaus ein vernünftiges Gebrauchsauto werden, woraufhin die Produktion wieder anlief. Deren Leitung wurde Heinrich Nordhoff, einem Fachmann und ehemaligen Chef des Opel-Werks Brandenburg, übertragen, und mit der Zeit ließen die Briten – sie hatten dem eigenwilligen Fahrzeug inzwischen kurzerhand den Namen *Beetle* (zu Deutsch: Käfer) verpasst – dem rührigen Ingenieur bei der Führung des Unternehmens mehr und mehr freie Hand. Doch da die mangelhafte Rohstoffversorgung eine deutliche Erhöhung der Produktionszahlen nicht zuließ, hinkte der Ausstoß an Fahrzeugen zunehmend hinter der Planung her. In seiner Not kam Nordhoff auf die Idee, das Volkswagen-Werk an Ford zu übertragen, und so führte er kurz darauf mehrere Gespräche mit Henry Ford II. persönlich. Dieser hielt zwar von Anfang an nicht mit seiner Meinung hinter dem Berg, das Auto sei »eine glatte Fehlkonstruktion«, stimmte aber dennoch einer probeweisen Zusammenarbeit zu, aus der er sich allerdings bereits 1948 wieder verabschiedete.

Nach diesem enttäuschenden Rückzug hing die Zukunft der Produktionsstätten lange Zeit am seidenen Faden, doch dann gelang es Nordhoff mit zündenden Werbeappellen, den durch die Währungsreform ausgelösten allgemeinen Optimismus auszunutzen, und nicht lange danach stellte das Volkswagen-Werk einen der stärksten Motoren des wirtschaftlichen Aufschwungs der jungen Bonner Republik dar. Besonders nachdem die Fabrikanlagen am 8. Oktober 1949 wieder vollkommen in deutsche Hand übergegangen waren, baute eine stetig wachsende Zahl von VW-Arbeitern Monat für Monat immer mehr Autos, deren noch immer vorhandene Mängel nach und nach ausgemerzt wurden, so dass jede Fahrzeug-Generation besser wurde als die vorhergehende. Die Motorisierung stieg von anfänglich 25 auf 50 PS, die Heizung wurde grundlegend erneuert, und ab 1955 bekam das Auto sogar zwei Auspuffrohre.

Bereits im August 1955 lief der millionste Käfer vom

Band, und bis 1972 waren es insgesamt mehr als 15 Millionen geworden. 1974 wurde die Produktion in Deutschland eingestellt, was jedoch noch lange nicht das endgültige Aus bedeutete, da das Auto in Mexiko nach wie vor in großer Stückzahl gebaut wurde. Dort verließ erst knapp dreißig Jahre später, am 30. Juli 2003, das letzte Exemplar die Fabrikhallen: der allerletzte von insgesamt mehr als 21 500 000 VW Käfern.

Für eine »Fehlkonstruktion«, deren Produktion sich »als glattes Verlustgeschäft erweisen« dürfte, wahrlich eine stattliche Anzahl!

»Mit Propheten unterhält man sich am besten drei Jahre später.«

Peter Ustinov, englischer Schauspieler und Schriftsteller

1946

»Der Fernseher wird sich auf dem Markt nicht durchsetzen. Die Menschen werden sehr bald müde sein, jeden Abend auf eine Sperrholzkiste zu starren.«

Darryl F. Zanuck (1902–1979), US-amerikanischer Filmproduzent und Vizepräsident von 20th Century Fox

Viele Jahrzehnte lang war der Name Darryl F. Zanuck untrennbar mit der glamourösen Filmwelt von Hollywood verbunden. Dort wirkte der vielseitige Künstler als Produzent, Drehbuchautor, Regisseur und Schauspieler an der Entstehung zahlreicher Filme mit und gründete schließlich eine eigene Produktionsfirma namens 20th Century Pictures, die sich 1935 mit der Fox Film Corporation zur berühmten 20th Century Fox zusammenschloss. Im Lauf seiner langjährigen Tätigkeit wurde Zanuck vielfach ausgezeichnet: Unter anderem erhielt er für den von ihm produzierten Streifen *Schlagende Wetter* einen Oscar für den besten Film, und auf dem berühmten *Hollywood Walk of Fame* gibt es ihm zu Ehren einen Stern. Man sieht, Zanuck war wirklich eine Filmgröße – aber ein Prophet war er nicht.

Denn zu dem Zeitpunkt, als er das baldige Ende des Fernsehens prophezeite, war dieses schon längst aus den Kinderschuhen herausgewachsen. So besaßen Ende der 1940er Jahre allein in den USA bereits mehr als 5 Millionen Haushalte ein TV-Gerät, und auch in anderen Ländern wuchs die Anhängerschaft des neuen Mediums rasant. Zwanzig Jahre vorher hatte das noch ganz anders ausgesehen. Da hatte noch niemand an den langfristigen Erfolg des Fernsehens geglaubt, nicht einmal der Erfinder der Vakuumröhre Lee De Forest, dem man als einem der Väter des Elektronikzeitalters durchaus beträchtlichen technischen Weitblick attestieren darf. Als der 1926 verkündet hatte: »Auf das Fernsehen sollten wir keine Träume vergeuden, weil es sich einfach nicht finanzieren lässt«, war diese Einschätzung aus seiner Sicht denn auch vollkommen verständlich. An dieser änderte sich in den nächsten Jahren kaum etwas, und obwohl das Fernsehen in den 1930er Jahren einen beachtlichen Aufschwung erlebte, blieb die Skepsis gegenüber dem Flimmerkasten unter den Fachleuten nach wie vor groß. So kann man etwa in einem Artikel der *New York Times* aus dem Jahr 1939 folgende, aus heutiger Sicht reichlich skurrile Feststellung lesen: »Das große Problem beim Fernsehen besteht darin, dass die Zuschauer die ganze Zeit vor dem Gerät sitzen und ihre Augen unablässig auf den Bildschirm richten müssen. Die amerikanische Durchschnittsfamilie hat dafür gar keine Zeit. Allein aus diesem Grund kann man davon ausgehen, dass das Fernsehen niemals zu einer echten Konkurrenz für den Rundfunk werden wird.«

Doch wie bereits erwähnt, sah die Wirklichkeit ganz anders aus: Immer mehr Menschen begeisterten sich für die Flimmerkiste, und allein in Deutschland stieg die Zahl der regelmäßigen Zuschauer von gerade mal 300 Anfang 1952 auf 3,5 Millionen im Jahr 1960, was in knapp acht Jahren einer Zunahme um mehr als das Achtfache entspricht. Tag für Tag verkaufte der Fachhandel rund 5000 Geräte, und 1961 verfolgten in den 26 Ländern, in denen ein regelmäßiges Programm ausgestrahlt wurde, schon weit über 100 Millionen Menschen die diversen Sendungen. Da erstaunt es doch sehr, dass Avery Brundage noch 1960 lautstark verkündete: »Wir haben 60 Jahre ohne Fernsehen gelebt, und wir werden weitere 60 Jahre ohne das Fernsehen auskommen.« Immerhin war er Präsident des Internationalen Olympischen Komitees und hätte eigentlich wissen müssen, dass gerade große internationale Sportveranstaltungen wie Olympische Spiele oder Fußballweltmeisterschaften den Verkauf von Fernsehgeräten massiv ankurbeln. So brachte der Fachhandel beispielsweise 2010 in den letzten vier Wochen vor der Fußball-WM in Südafrika fast 80 Prozent mehr TV-Apparate an den Mann als im entsprechenden Vorjahresmonat.

Es ist daher nicht übertrieben zu behaupten, dass ein Fernsehgerät heutzutage genauso in jeden zeitgemäßen Haushalt gehört wie ein Telefonapparat oder ein Kühlschrank. Ja, in vielen Häusern und Wohnungen stehen sogar zwei, drei oder mehr Geräte, und seit einigen

Jahren hängen sie in Form neuartiger Flachbildschirme sogar wie Gemälde an den Wohnzimmerwänden. Fernseher gibt es in jeder Größe vom transportablen Miniapparat für die Westentasche bis hin zu ausladenden Bildschirmen, die Kinoleinwänden Konkurrenz machen. Aus den anfänglichen Sperrholzkisten sind hochkomplexe Hightechapparate mit Anschlussmöglichkeiten für Kameras, Recorder und Computer geworden, und mit Hilfe einer einfachen Satellitenschüssel kann jedermann jederzeit unter vielen Hundert Programmen wählen.

Doch bei all dem technischen Fortschritt hat sich eines nicht geändert: Noch immer muss der Zuschauer wie in den Anfangszeiten der Television Abend für Abend stundenlang auf den Kasten starren. Das aber scheint ihm schon lange nichts mehr auszumachen. Und genügend Zeit hat er dafür offenbar auch.

»Irrend lernt man.«
Johann Wolfgang von Goethe

1949

»Wer noch einmal ein Gewehr in die Hand nimmt, dem soll die Hand abfallen.«

Franz Josef Strauß (1915–1988),
ab 1956 deutscher Verteidigungsminister

Als Franz Josef Strauß diese brutale Forderung voller Entrüstung hervorstieß, war er noch ein junger, unbekannter CSU-Abgeordneter, der im Bundestagswahlkampf mächtig auf den Putz haute. Später behauptete er zwar, die Äußerung sei lediglich so zu verstehen gewesen, dass jedem Staatsmann, der mit Waffengewalt seine politischen Ziele durchsetzen wolle – so wie Hitler mit dem Befehl zum Angriff auf Polen –, die Hand abfallen solle, doch tatsächlich ging es seinerzeit um etwas ganz anderes. Denn im Nachkriegsdeutschland wurden seit einiger Zeit wieder Stimmen laut, die die Aufstellung einer neuen Armee forderten, und diese Forderungen waren es, gegen die Strauß mit seiner bekannt heftigen rhetorischen Energie wetterte.

Doch erreicht hat er damit gar nichts. Denn bereits ein Jahr später nahm das *Amt Blank*, das offiziell *Dienststelle des Bevollmächtigten des Bundeskanzlers für die mit der Vermehrung der alliierten Truppen zusammenhängenden Fragen* hieß und nichts anderes als eine Vorgängerorganisation des Bundesverteidigungsministeriums war, seine Tätigkeit auf. Obwohl zahlreiche Verträge die junge Bundesrepublik zur langfristigen Entmilitarisierung zwangen, beschäftigten sich darin mehr als 700 Angestellte mehr oder minder heimlich mit der Planung einer neuen Armee, der Bundeswehr. Heimlich deswegen, weil drei Viertel der Deutschen es seinerzeit ablehnten, Soldat zu werden oder ihre Kinder zum Wehrdienst zu schicken. Als Bundeskanzler Konrad Adenauer erstmals öffentlich über die Wiederbewaffnung nachdachte, erhob sich allgemeiner Protest, und es war nicht nur der junge Franz Josef Strauß, der die Aufstellung einer neuen Armee entschieden ablehnte. So erklärte etwa der SPD-Abgeordnete und Bundestagsvizepräsident Carlo Schmid kategorisch: »Der Antimilitarismus ist die eigentliche Weltanschauung der deutschen Jugend nach dem Krieg geworden.«

Doch Adenauer ließ sich davon nicht beeindrucken.

Nachdem er mit Sorge beobachtet hatte, wie Stalin in der DDR die Volkspolizei aufrüstete und wie das kommunistische Nordkorea seinen südlichen Nachbarn überfiel, befürchtete er wohl allen Ernstes, die Russen könnten mit Deutschland auf ähnliche Ideen kommen. Außerdem, so überlegte er offenbar, wären die Amerikaner möglicherweise bereit, der jungen deutschen Republik für den erwünschten Beitrag zur westlichen Verteidigung im Gegenzug die volle Souveränität zu gewähren. Tatsache ist jedenfalls, dass bereits im November 1955 die feierliche Vereidigung der ersten Soldaten der neugegründeten Bundeswehr stattfand. Die wurde zwar anfangs noch von der Mehrheit der Bevölkerung strikt abgelehnt – es gibt sogar Berichte, wonach junge Soldaten in der Öffentlichkeit bespuckt wurden –, doch der Protest ebbte rasch ab. Anfang des 21. Jahrhunderts hatten laut Umfragen mehr als 80 Prozent der Deutschen eine grundsätzlich positive Einstellung zur Bundeswehr, wenn sich auch viele fragten, wozu Deutschland nach dem Ende des Kalten Krieges überhaupt noch eine teure Armee braucht.

Wie dem auch sei, fest steht jedenfalls, dass kein Bundeswehrsoldat, wird er nun benötigt oder nicht, sich Sorgen machen muss, ihm könnte beim Griff zu seinem Gewehr die Hand abfallen.

»Nur ein Gärtner weiß im Voraus, was ihm blüht.«
Volksmund, England

1949

»Die Sozialistische Einheitspartei Deutschlands wird zur führenden Partei in ganz Deutschland werden, weil der Tag kommen wird, an dem die große Mehrheit aller Deutschen es so will.«

Walter Ulbricht (1893–1973), seinerzeit stellvertretender Vorsitzender im Ministerrat der DDR

Die Sozialistische Einheitspartei Deutschlands – üblicherweise kurz SED genannt – ging 1946 in der ehemaligen DDR durch zwangsweise Vereinigung von SPD und KPD hervor. Unter dem Druck der sowjetischen Besatzungsmacht und nach dem Vorbild der KPdSU wurde sie zur kommunistischen Kaderpartei, deren führende Funktionäre in sämtlichen staatlichen Organen entscheidende Ämter besetzten. Mit Fug und Recht bezeichnete man die allmächtige SED daher auch als »Staatspartei« und das gesamte politische System der DDR als »Parteidiktatur«.

Doch über die Grenzen der DDR gelangte der Einfluss der SED nie hinaus. Denn als die Mauer fiel und beide deutschen Staaten wieder zu einer einheitlichen Nation wurde, trat das gesamte Zentralkomitee der Partei geschlossen zurück. Während Hunderttausende ehemalige DDR-Bürger aus der SED austraten, distanzierte sich im Dezember 1989 ein Sonderparteitag von der bisherigen Politik und verzichtete ausdrücklich auf jeglichen Führungsanspruch in Staat und Gesellschaft. Der kümmerliche Rest wurde in Partei des Demokratischen Sozialismus (PDS) umbenannt und ging später unter der Führung von Gregor Gysi in Der Linken auf. Doch selbst, wenn man diese als legitime Nachfolgerin der ehemaligen SED ansieht, ist sie weit davon entfernt,

»zur führenden Partei in ganz Deutschland« zu werden. Denn bei der Bundestagswahl 2009 erhielt sie nur knapp 12 Prozent der Stimmen, und bei den Landtagswahlen im Frühjahr 2011 scheiterte sie sowohl in Rheinland-Pfalz als auch in Baden-Württemberg klar an der Fünf-Prozent-Hürde. Die »große Mehrheit der Deutschen« hat der SED-Nachfolgepartei ihr Votum verweigert.

1954

»Im 21. Jahrhundert werden junge Mädchen täglich nur zwei Stunden einer Arbeit nachgehen, die ihnen wie ein bequemes Spiel vor lauter Fernseheinrichtungen vorkommt. Den übrigen Teil des Tages werden die Mädchen nur mit Mühe durch das Studium von Schönheitstechnik und Verjüngungsmethoden ausfüllen können.«

Walter Greiling (1900–1986),
Chemiker und Zukunftsforscher

Die geradezu groteske Prognose entstammt dem 1954 erschienenen Buch *Wie werden wir leben?*, das zweifellos nicht wegen der profund recherchierten Voraussagen ein Bestseller wurde, sondern vor allem deshalb, weil der selbsternannte Futurologe Walter Greiling es darin geschickt verstand, die Sehnsucht der noch unter den Nachkriegswehen leidenden Menschen nach einer besseren Welt zu bedienen. Denn durch klug durchdachte Prophezeiungen zeichnete sich das Werk nun wirklich nicht aus. Vielmehr vermischte der Autor einfach ein bisschen Statistik mit ein wenig Naturwissenschaft, garnierte das Ganze mit einer Prise Geschichte und füllte die zahlreichen Lücken mit sehr viel Phantasie. Heraus kam eine Fülle mehr oder weniger gewagter Zukunftsprognosen, von denen zwar die eine oder andere – etwa die Vorhersage künftiger Energieprobleme – gar nicht so weit von der Realität entfernt war, andere dagegen schlichtweg als absurd bezeichnet werden müssen. So zum Beispiel Greilings Prognose zu künftigen technischen Entwicklungen: »Die Errungenschaften der Technik können nicht von allen benutzt werden. Allein wenn Millionen sich täglich über Rundfunkwellen gegenseitig sehen und sprechen wollen, entsteht ein tolles Durcheinander, und niemand sieht und versteht den anderen mehr am Fernsehschirm.«

In diese Kategorie ausufernder Phantasien gehört auch die eingangs zitierte Vorhersage zur märchenhaften Situation der jungen Mädchen im 21. Jahrhundert. Dass die Wirklichkeit anders aussieht, dass von nur zwei Stunden täglicher Arbeitszeit nicht annähernd die Rede sein kann und dass die meisten Mädchen dann doch andere Dinge im Kopf haben, als die 24 Stunden des Tages mit obskuren kosmetischen Verrichtungen herumzubringen, bedarf keines Kommentars. Aber anders gefragt: Ist Greilings Prognose für die jungen Damen überhaupt wünschenswert?

1954

»*Pygmalion* wird nicht besser durch Musik.«

Robert Whitehead (1916–2002),
kanadischer Theaterproduzent

Eigentlich hatte Robert Whitehead durchaus ein Gespür für erfolgversprechende Produktionen; nicht ohne Grund hatten Kritiker ihn mehrfach gelobt, mit seinen Inszenierungen am Broadway Qualitätsstandards zu setzen. Doch als man ihm anbot, aus George Bernard Shaws Bühnenstück *Pygmalion* ein Musical zu machen, lehnte er rundweg ab. Durch Musik werde das Stück keine Spur besser, verkündete er lapidar und wandte sich anderen Projekten zu.

Zum Glück war sein Konkurrent Herman Levin anderer Meinung. Er überzeugte nicht nur die Fernsehgesellschaft *CBS*, das Projekt zu finanzieren, sondern gewann dazu auch noch mit dem Texter Alan Jay Lerner und dem ursprünglich aus Berlin stammenden Komponisten Frederick Loewe zwei Kapazitäten ihres jeweiligen Fachs, mit deren Hilfe er Shaws Komödie in ein zündendes Musikstück verwandelte. Das erlebte am 15. März 1956 unter dem mittlerweile weltberühmten Titel *My Fair Lady* mit Julie Andrews und Rex Harrison in den Hauptrollen im New Yorker *Hellinger Theatre* seine Uraufführung. Wie Herman Levin später zugab, hatte er zwar auf wohlwollende Zustimmung des Publikums gehofft, doch keinesfalls mit einer derart frenetischen Begeisterung gerechnet.

Die war so groß, dass das Musical anschließend sechseinhalb Jahre lang am Broadway lief und in dieser Zeit knapp 3000 Mal aufgeführt wurde. In anderen Ländern war die Resonanz ähnlich, und nicht minder erfolgreich war 1964 auch die Verfilmung, in der diesmal Audrey Hepburn an der Seite von Rex Harrison brillierte. Die Melodien von *My Fair Lady* wurden rasch zu Ohrwürmern, die bestimmt auch Robert Whitehead das eine oder andere Mal vor sich hin summte. Oder aus lauter Verzweiflung über seine fatale Fehleinschätzung vielleicht auch nur verbissen in sich hineinknurrte.

»Häufig ist die Prophezeiung die Hauptursache
für das prophetische Ereignis.«
Thomas Hobbes, englischer Philosoph

1955

»Im Juni wird er verschwunden sein.«

Variety,
täglich erscheinendes US-Unterhaltungsmagazin

Die ebenso prägnante wie gewagte Prognose gab die beliebte Zeitschrift *Variety* im Frühjahr 1955 ab, und derjenige, der nach Meinung des Blattes nur noch wenige Monate überleben würde, war zu dieser Zeit erst ein knappes Jahr alt. Seine Geburtsstunde war der 12. April 1954, als eine nordamerikanische Band namens *Bill Haley and His Comets* in einem Studio der Plattenfirma *Decca* ihren Song *Rock Around The Clock* aufnahm. Der hatte als Soundtrack zu dem Film *Blackboard Jungle (Die Saat der Gewalt)* ein gewaltiges Beben ausgelöst, eine Art trotzigen Aufschrei, wie ihn weder die Gesellschaft noch die Musikindustrie jemals zuvor erlebt hatte.

Die Rede ist vom *Rock 'n' Roll*, der in den Jahren zuvor aus einem mit vielen Zutaten versehenen Gebräu amerikanischer Musikstile wie *Rhythm and Blues, Gospel* und *Country* entstanden war, wobei sich vor allem schwarze Musiker maßgeblich hervorgetan hatten. Nicht ohne Grund geschah das Ganze in den 1950er Jahren und mithin in einer Zeit, in der sich die Jugend nach einem Ende der schrecklichen Nachkriegswehen und nach etwas gänzlich Neuem, Mitreißendem sehnte. Sänger wie

Frank Sinatra oder Perry Como hatten plötzlich keine Chance mehr und galten als Relikte eines vergangenen Zeitalters. An ihrer Stelle begeisterten zum Teil fragwürdige Typen wie Jerry Lee Lewis, Little Richard oder Chuck Berry mit ihren fetzigen, bis dato unbekannten Rhythmen zu reichlich anzüglichen Texten die Jugend. Und schließlich gab es da noch den jungen, smarten Lastwagenfahrer aus Memphis, Tennessee, der sich zum absoluten König des *Rock 'n' Roll* aufschwang: Elvis Presley.

Natürlich war die neue Musik entgegen der *Variety*-Prognose im Juni 1955 noch längst nicht am Ende. Vielmehr breitete sie sich rasant über die westlichen Länder der Welt aus und wurde dabei nicht nur immer lauter und wilder, sondern entwickelte sich nach und nach sogar zu einem regelrechten Politikum. Eltern verstanden ihre Kinder nicht mehr; Lehrer erkannten in ihren Schülern und Schülerinnen plötzlich aus der Kontrolle geratene »Halbstarke«, die sich gegen alles Herkömmliche auflehnten. Hinzu kamen Gerüchte über sexuelle Ausschweifungen und maßlosen Drogenkonsum der Rockstars, und schließlich brachte man die neue, schrille Musik sogar mit allerlei kriminellen Machenschaften in Verbindung.

So kam es, dass der *Rock 'n' Roll* Anfang der Sechziger mehr und mehr geächtet wurde und sich seine Protagonisten einer nach dem anderen aus der Öffentlichkeit zurückzogen. Little Richard, der die wilden Rhythmen plötzlich als Werk des Teufels betrachtete, begann ein Theologiestudium, Gene Vincent – er war vor allem durch seinen Hit *Be-Bop-A-Lula* bekannt geworden – wanderte nach England aus, und Elvis Presley meldete sich freiwillig zum Militärdienst. Und als dann noch im Jahr 1959 mit Big Bopper, Buddy Holly und Richie Valens gleich drei der berühmtesten *Rock-'n'-Roll*-Sänger bei einem tragischen Flugzeugabsturz ums Leben kamen, war es mit der rebellischen Musik mehr oder weniger vorbei. Ein paar Jahre später wurde sie von dem in England entstandenen Beat abgelöst.

Aber das ist eine andere Geschichte, mit der wir uns unter der Jahreszahl 1962 intensiver beschäftigen werden.

»Wer das Morgen nicht bedenkt, wird Kummer
haben, bevor das Heute zu Ende geht.«
Konfuzius

1955

»Nuklear-getriebene Staubsauger werden innerhalb der nächsten zehn Jahre wahrscheinlich Realität sein.«

Alex Lewyt,
Chef der US-Staubsaugerfirma Lewyt Corporation

Alex Lewyt war kein einfacher Mensch, und seine Mitarbeiter hatten es oft nicht leicht mit ihm. Er forderte viel, war dabei wenig kooperativ und vor allem stets überaus misstrauisch. Da verwundert es schon sehr, dass ausgerechnet dieser Mann eine solche Wissenschaftsgläubigkeit an den Tag legte, ein derart blindes Vertrauen in den technischen Fortschritt, dass er sogar den baldigen Einzug der Atomkraft in Alltag und Haushalt für möglich hielt. Dass er damit ganz und gar danebenlag, dass die Staubsauger bis heute, das heißt mehr als fünfzig Jahre später, noch immer von konventionellen Elektromotoren angetrieben werden, ist allgemein bekannt.

Kein Wunder, dass Staubsaugervertreter so einen zweifelhaften Ruf haben.

1957

»Es wird noch Generationen dauern, bis der Mensch auf dem Mond landet.«

Sir Harold Spencer Jones (1890–1960),
britischer Astronom

Als Harold Spencer Jones sich 1957 über seine Ansicht zur bemannten Mondfahrt äußerte, war er bereits 67 Jahre alt. Doch während seiner erst kurz zuvor beendeten 22-jährigen Tätigkeit als Königlicher Astronom hatte er sich offenbar so intensiv mit der Frage beschäftigt, ob vielleicht irgendwann einmal ein Mensch seinen Fuß auf den Erdtrabanten setzen könnte, dass er diese Möglichkeit keineswegs ausschloss, sondern lediglich ihre Realisierung in die weitere Zukunft verschob. Wobei er mit dem Wort »Generationen« wohl ganz bewusst einen dehnbaren Begriff verwendete, den man im Sinne von »zwischen 50 und 100 Jahren« verstehen konnte.

Weitaus zurückhaltender hatte sich neun Jahre vorher die Zeitschrift *Science Digest* in einem umfangreichen Artikel zum Thema »Mondlandung« geäußert: »Auf dem Mond zu landen und um ihn herumzufliegen wirft so viele ernste Probleme auf, dass deren Lösung 200 Jahre dauern könnte.« Aber immerhin muss man dem Verfasser zugestehen, dass auch er einen Flug zum Mond und dessen Betreten nicht gänzlich ausgeschlossen, sondern nur den Zeitraum bis zur Verwirklichung deutlich weiter gefasst hatte. Als ganz und gar unmöglich hatte das Vorhaben jedoch der amerikanische Erfinder Lee De Forest abgetan. Denn noch 1957, und damit im selben Jahr wie Harold Spencer Jones, verkündete der Pionier der Elektronik, der uns ja schon wegen seiner peinlichen Prognose zu den Aussichten des Fernsehens bekannt ist, kategorisch: »Trotz allen kommenden wissenschaftlichen Fortschritts wird der Mensch nie einen Fuß auf den Mond setzen.«

Zur Ehrenrettung von De Forest und Spencer Jones muss man allerdings anmerken, dass die Raumfahrt 1957 überhaupt erst in vorstellbare Nähe rückte. Denn am 4. Oktober dieses Jahres schossen die Russen erstmals einen Satelliten namens *Sputnik 1* in den Weltraum und versetzten damit den Amerikanern, die sich im Wettlauf um die Eroberung des Alls stets uneinholbar an der Spitze gewähnt hatten, einen herben Rückschlag. Dem folgte noch im selben Jahr ein weiterer, als es den Russen gelang, die seitdem weltberühmte Hündin *Laika* in eine Erdumlaufbahn zu befördern, von wo das Tier allerdings nie mehr zurückkehrte. Das gelang erst drei Jahre später mit zwei weiteren Hunden, die nach einem kurzen Aufenthalt im All zur allgemeinen Verblüffung tatsächlich gesund und wohlbehalten wieder auf der Erde landeten. Dieser Erfolg, den die Amerikaner wie Salz in einer Wunde empfinden mussten, spornte die Russen dermaßen an, dass sie im April 1961 das unerhörte Wagnis eingingen, statt eines Tieres einen leibhaftigen Menschen in den Weltraum zu schießen. Dieser Mensch hieß Juri Gagarin, und nachdem er die Erde in seiner Raumkapsel *Wostok 1* (*Osten*) einmal umrundet hatte, kehrte er nahe der südwestrussischen Stadt *Engels* gesund und munter auf sowjetischen Boden zurück.

Danach ging es Schlag auf Schlag: Russen und Amerikaner wechselten sich mehr oder weniger regelmäßig mit ihren Erfolgsmeldungen ab. Im Mai 1961 flog mit Alan Shepard der erste US-Bürger ins All, und im März 1965 konnte der Russe Alexej Leonow, nur von einem Raumanzug geschützt, seine Kapsel erstmals für kurze Zeit verlassen. Schließlich gelang den Sowjets, nachdem sie in den Jahren zuvor schon mehrfach Satelliten um den Mond herum geschickt hatten, die aber beim Landeversuch allesamt zerschellt waren, 1966 mit *Luna 9* die erste weiche Landung auf dem Erdtrabanten.

Derartige Erfolge waren auch nötig, denn immerhin hatte US-Präsident Kennedy unter dem Schock der russischen Weltraum-Überlegenheit im Mai 1961 großspurig verkündet: »Noch vor Ende dieses Jahrzehnts wird ein Amerikaner auf dem Mond landen und sicher zur Erde zurückkehren.« Um ihren Präsidenten daraufhin nicht der weltweiten Lächerlichkeit preiszugeben, ordnete die amerikanische Weltraumbehörde *NASA* der Erreichung dieses ehrgeizigen Zieles in den folgenden Jahren alle anderen Projekte unter und arbeitete mit dem *Mercury*- und später mit dem *Gemini*-Programm zielstrebig auf die Mondlandung hin. Zu diesem Zweck schickte sie nicht nur mehrere Raumkapseln um den erdnächsten Himmelskörper herum, sondern unternahm auch zahlreiche Versuche, zwei Raumfahrzeuge immer enger miteinander in Kontakt zu bringen, bis mit *Gemini 8* schließlich eine erfolgreiche Ankopplung gelang.

Vollends konkret wurden die Vorbereitungen – weltweit kannte man sie unter dem Namen *Apollo-Mission* – mit der Entwicklung der extrem leistungsfähigen *Saturn*-Rakete, die im November 1967 ihren Jungfernflug absolvierte. Nach zahlreichen weiteren Tests, bei denen der Mond mehrfach umkreist wurde, war es dann am 16. Juli 1969 so weit: *Apollo 11* startete und bugsierte vier Tage später eine Landefähre bis nahe an die Oberfläche des Erdtrabanten, wo das Gerät gegen Abend des 20. Juli tatsächlich weich landete. Kurz darauf betrat mit dem Amerikaner Neil Armstrong der erste Mensch den Mond. Sein Satz »Das ist ein kleiner Schritt für einen Menschen, aber ein großer Sprung für die Menschheit« ging um die ganze Welt und wurde zu einer Metapher dafür, dass der Mensch auch scheinbar Unmögliches zu leisten imstande ist, wenn er nur fest daran glaubt und hartnäckig an seinem Ziel festhält.

Und das sogar weitaus schneller, als sich das so mancher selbsternannte Prophet träumen lässt.

1957

»Kinder kriegen die Leute immer.«

Konrad Adenauer (1876–1967),
deutscher Bundeskanzler

Am 21. Januar 1957 beschloss der Deutsche Bundestag die Einführung einer dynamischen Rente, bei der das Altersruhegeld nicht mehr von jedem Einzelnen für sich selbst angespart, sondern aus dem Topf der jüngeren Beitragszahler bestritten werden sollte. Der damalige Bundeskanzler Konrad Adenauer setzte dieses revolutionär neue System gegen erbitterten Widerstand, sogar aus der eigenen Partei, durch, war sich dabei aber vollkommen bewusst, dass es nur unter drei Annahmen funktionieren konnte: Die Wirtschaft musste stetig weiterwachsen, es musste möglichst Vollbeschäftigung herrschen, und vor allem mussten die jungen Familien genügend Kinder bekommen, damit diese später als Arbeitnehmer den »Generationenvertrag« erfüllen konnten. Und weil in der Zeit des wirtschaftlichen Aufschwungs, in der viele junge Menschen alle Hände voll damit zu tun hatten, ihr Auskommen zu finden, gerade an der allgemeinen Vermehrungsfreude große Zweifel herrschten, versuchte Adenauer, die Skeptiker mit seinem ebenso berühmten wie gewagten Ausspruch »Kinder kriegen die Leute immer« zu beruhigen.

Doch die Wirklichkeit sah anders aus. Zwar bekam jede deutsche Frau Anfang der 1960er Jahre durchschnittlich zwei Kinder, die heute die geburtenstarken Jahrgänge der Mittvierziger darstellen, danach ging es aber stetig bergab, und Mitte der 1980er Jahre wurde mit nur 1,3 statistisch errechneten Kindern pro Frau ein vorläufiger Tiefpunkt erreicht. Danach stieg die Geburtenrate in beiden deutschen Teilstaaten bis 1990 wieder leicht auf 1,5 Kinder, um gleich darauf jedoch wieder abzunehmen und 2006 abermals auf kümmerliche 1,3 zu sinken. 2007 beflügelte dann das neu eingeführte Elterngeld Adenauers hoffnungsvollen Appell: Im Vergleich zum Vorjahr wurden 12 000 Babys mehr geboren. Doch schon ein Jahr später war die Entwicklung wieder rückläufig. An der Stillfront herrschte Flaute.

Und daran hat sich im Grunde bis heute nichts geändert.

»Wer keine Prophezeiungen macht, kann im Nachhinein nicht des Irrtums geziehen werden.«
Fritz P. Rinnhofer, österreichischer Publizist

1957

»In den nächsten 15 Jahren werden wir die USA in der Produktion einholen und überholen, und das gilt auch für den Lebensstandard des sowjetischen Volkes.«

Nikita Chruschtschow (1894–1971),
sowjetischer Partei- und Regierungschef

Den Westen ein- und sogar überholen – dieser Wunsch hat die russische und später sowjetische Politik seit Jahrhunderten maßgeblich geprägt. Ob es Peter der Große war, ob Stalin oder eben Nikita Chruschtschow, stets war eine mächtige Triebfeder ihres Handelns das glühende Verlangen, es dem kapitalistischen Westen »so richtig zu zeigen«. Das hat zu immer neuen Parolen der osteuropäischen Herrscher geführt, die man vielfach schlicht als lächerlich bezeichnen kann. So proklamierte etwa Michail Gorbatschow noch 1987 und damit vier Jahre vor dem Zusammenbruch des Sowjet-Imperiums, die Autoindustrie der UdSSR werde jene des Westens in spätestens drei Jahren eingeholt haben. Aber was taten die DDR-Bürger nach der »Wende«? Sie warfen ihre Trabis und Wartburgs auf den Müll und kauften sich westliche Autos.

Doch als Chruschtschow 1957 seine berühmte Vision vom »Einholen und Überholen« der USA verkündete, hatte er dazu einen stichhaltigen Grund. Denn zumindest beim Wettlauf im All – davon war ja die Rede – war die Sowjetunion den Amerikanern ein gutes Stück voraus, und es sollte etliche Jahre dauern, bis die USA sich von diesem Schock erholt und gleichgezogen hatte. Und da Chruschtschow die Sowjetunion auch militärisch auf dem Sektor der Langstreckenraketen vorn sah, kann man seine vom Wunschdenken geprägte Behauptung, schon bald würde der Osten den Westen und speziell die USA auch wirtschaftlich herausfordern, sogar nachvollziehen.

Doch die kommunistische Wirklichkeit sah anders aus: Sinkende Wachstumsraten der sowjetischen Industrieproduktion sowie die generelle Misere der kollektivierten Landwirtschaft, dazu noch eine überbordende Bürokratie und nicht zuletzt Korruption auf allen politischen Ebenen ließen den Abstand zu den Amerikanern keinesfalls geringer, sondern im Gegenteil ständig größer werden. Vornehmlich die in der Frühzeit des Sowjetstaates, in Anlehnung an zaristische Vorbilder, geschaffene Einteilung der Sowjetunion in 3000 Verwaltungsbezirke führte zu einer übermäßigen Aufblähung der Partei- und der Staatsbürokratie und – wie Chruschtschow in einem Anflug von Resignation selbst zugab – zu einer »überflüssigen Bevormundung aller Direktoren und Kolchosvorsitzenden«.

So verschlechterte sich die wirtschaftliche Situation der Sowjetunion auch unter Chruschtschows Nachfolger Leonid Breschnew. Die Riege der alten Männer mit erheblicher politischer Verantwortung war den Anforderungen einer modernen Gesellschaft immer weniger gewachsen. Das besserte sich erst, als der große Hoffnungsträger Michail Gorbatschow Generalsekretär der KPdSU wurde. Mit brillanten Auftritten vor der UNO, mit energischen Abrüstungsbemühungen, der Beendigung des Afghanistan- sowie des »Kalten« Krieges verschaffte er sich große internationale Anerkennung und bemühte sich zudem mit *Glasnost* (Offenheit) und *Perestroika* (Umbau) im Inneren um einen neuen, demokratischeren Politikstil. Doch die immensen wirtschaftlichen Probleme seines Landes bekam auch er nicht in den Griff. Und so kam es, wie es kommen musste: Die Sowjetunion begann, sich von innen her aufzulösen, und innerhalb weniger Monate zerfiel dann auch der komplette Ostblock. Im Dezember 1991 trat der letzte kommunistische Präsident der Sowjetunion zurück.

Um beim Bild des Wettrennens zu bleiben: Entgegen Chruschtschows vollmundigen Versprechungen hatte die Sowjetunion die USA keinesfalls eingeholt, sondern war von dieser im Gegenteil sogar überrundet worden.

1957

»Innerhalb der nächsten zehn Jahre wird ein Computer Schachweltmeister.«

Herbert Simon (1916–2001),
US-amerikanischer Sozialwissenschaftler und Nobelpreisträger

Im Jahr 1957 trafen sich Herbert Simon und andere zukunftsorientierte Sozialwissenschaftler in Dartmouth, um über eine Vision zu diskutieren, die sie »Künstliche Intelligenz« nannten. Dabei gingen sie von der Annahme aus, dass zwischen den Verschaltungen eines Computers und den Nervenzellverknüpfungen im menschlichen Gehirn kein grundsätzlicher Unterschied bestehe; schließlich seien beide datenverarbeitende Systeme. Es müsse daher prinzipiell möglich sein, menschliches Denken und Schlussfolgern auf spezielle Computerprogramme zu übertragen, die dann konsequenterweise zu denselben Entscheidungen gelangen würden.

Doch bis zum heutigen Tag ist Simons Prophezeiung in keinem Punkt in Erfüllung gegangen. Weder gibt es eine echte »Künstliche Intelligenz«, noch wurde bis Ende der sechziger Jahre ein Computer Schachweltmeister. Das gelang dem hardwareseitig extrem aufwendigen und mit gigantischen Programmen ausgestatteten Rechner *Deep Blue* erst 1996, als er den damaligen Champion Garri Kasparow in sechs Partien schlug. Das war zweifellos ein Triumph der Technik über den menschlichen Geist, hatte aber ganz und gar nichts mit dem zu tun, was Simon und Kollegen sich ursprünglich vorgestellt hatten. Denn dank einer irrsinnig umfangreichen Software war der Computer in der Lage, sämtliche der vielen Millionen denkbaren Züge einen nach dem anderen durchzurechnen und sich dann für den optimalen zu entscheiden, wozu ein menschlicher Spieler allein schon wegen des immensen Zeitbedarfs nie und nimmer in der Lage wäre. »Künstliche Intelligenz«, wenn es sie denn jemals geben sollte, muss aber gerade die komplexen Strukturen des menschlichen Denkens, Abwägens und Entscheidens nachahmen.

Und davon sind Computer noch immer meilenweit entfernt.

> »Beide schaden sich selbst: der zu viel
> verspricht und der zu viel erwartet.«
> *Gotthold Ephraim Lessing*

1958

»Wir stehen am Vorabend einer technischen Revolution.«

Harold Macmillan (1894–1986),
britischer Premierminister

Wäre Harold Macmillan Kernphysiker gewesen, er hätte sich wohl nicht so rasch zu einer derart euphorischen Reaktion hinreißen lassen. Vielmehr hätte er die Meldung, die Anlass für seinen Jubel war, mit Sicherheit kritischer geprüft, da ihm bewusst gewesen wäre, dass die Verschmelzung von Atomkernen zur Energiegewinnung ein hochkomplexer Prozess ist, der bis dahin weltweit nicht einmal ansatzweise gelungen war. So aber hatte er blind der Veröffentlichung des britischen Atom-Amtes über ein bislang geheim gehaltenes Experiment vertraut, das angeblich erfolgreich verlaufen war. Den Wissenschaftlern des englischen Atomforschungszentrums *Harwell* sei es erstmals gelungen – so hieß es in der Verlautbarung –, eine »kontrollierte thermonukleare Reaktion« zustande zu bringen. Das bedeutete nichts anderes, als dass die Experten es angeblich geschafft hatten, den Prozess, der der Sonne ihre ungeheure Temperatur und Strahlkraft sowie der Wasserstoffbombe ihre unvorstellbare Zerstörungskraft verleiht, so ablaufen zu lassen, dass die dabei entstehende Energie unmittelbar nutzbar wäre.

Nun muss man wissen, dass bei der Verschmelzung leichter zu schwereren Atomkernen – speziell bei derjenigen von Wasserstoff zu Helium – ebenso riesige Energiemengen frei werden wie bei der Spaltung von schweren zu leichteren, von der ja schon unter der Jahreszahl 1932 ausführlich die Rede war. Gelänge es daher, den Fusionsprozess nicht explosionsartig – wie in der Wasserstoffbombe –, sondern künstlich verlangsamt ablaufen zu lassen, wären die Energieprobleme der Welt praktisch auf einen Schlag gelöst. Und das in alle Ewigkeit und ohne dass dabei, wie in einem Atomreaktor, langlebige hochradioaktive Abfälle anfielen, deren Entsorgung bis heute eines der größten Probleme der Nuklearenergie ist. Außerdem würde man für die Verschmelzung von Atomkernen nicht, wie zu ihrer Zertrümmerung, das sehr seltene spaltbare Uran, sondern lediglich sogenanntes »schweres Wasser« benötigen, das in den Weltmeeren praktisch unbegrenzt vorkommt. Doch dazu bräuchte man ungeheure Drücke sowie Temperaturen von vielen Millionen Grad – und natürlich Werkstoffe, die diese extremen Bedingungen aushalten.

Fakt ist, dass es bis heute trotz weltweit intensiver Forschung nicht gelungen ist, die künstliche Sonne auf der Erde zu entflammen. Und so endeten auch die angeblich erfolgreichen Bemühungen der Briten letztlich in einer ungeheuren Blamage. Die Wissenschaftler hatten in ihrem Reaktor namens *Zeta* nämlich schlicht das Erscheinen bestimmter Elementarteilchen als Beweis ihres Erfolges gewertet; später stellte sich jedoch heraus, dass diese Teilchen zwar tatsächlich auftraten, ihren Ursprung aber keinesfalls in einer erfolgreichen Kernfusion hatten. Und dann kam zu allem Überfluss auch noch der russische Atomphysiker Igor Kurtschatow nach England und machte die ganze Euphorie über das angeblich erfolgreiche *Zeta*-Kernfusionsprojekt mit einer einzigen Bemerkung zunichte. Er erklärte nämlich, russische Wissenschaftler hätten mit Hilfe gigantischer Apparaturen schon mehrfach Temperaturen von etlichen Millionen Grad bei unvorstellbar hohen Drücken erzeugt, ohne dass ihnen dabei auch nur ein einziges Mal eine Kernverschmelzung gelungen wäre.

Bis zum englischen Pavillon auf der Weltausstellung in Brüssel schien die Nachricht von der britischen Blamage jedoch nicht vorgedrungen zu sein. Dort präsentierten die Engländer 1958 nämlich nach wie vor ein Modell ihrer Forschungsanlage, über der eine pompöse Leuchtbuchstaben-Reklame verkündete: »Zeta – der erste Schritt zur Erzeugung unbegrenzter Energie für die Menschheit«.

1958

»Wir glauben nicht, dass sein Ruf sich lange halten wird.«

Saturday Review,
einflussreiches US-Literaturmagazin

Die Person, deren Ruf nach Meinung des *Saturday-Review*-Kritikers in absehbarer Zukunft verblassen würde, war 1958, zum Zeitpunkt der gewagten Prognose, schon 88 Jahre lang tot. Doch noch immer war Charles Dickens (1812–1870) einer der meistgelesenen und beliebtesten englischen Dichter. Das erkannte der Artikelschreiber auch durchaus an, behauptete jedoch kühn, die Verehrung würde bald ein Ende haben, und schrieb daher weiter: »Unsere Kinder werden sich wundern, wieso ihre Vorfahren gerade Dickens ganz oben auf die Liste der Dichter ihrer Zeit gesetzt haben.«

Doch bis heute wundern sich die Kinder nicht die Spur. Charles Dickens' gesellschaftskritische Werke, allen voran *Oliver Twist, David Copperfield* und *A Christmas Carol (Eine Weihnachtsgeschichte)* sind beliebt wie eh und je. Und nicht wenige Leser pilgern zu den Stätten seines Wirkens, so zum Beispiel nach Broadstairs in der Grafschaft Kent, wo *David Copperfield* entstand. Und jedes Jahr revanchiert sich die Stadt für die Beachtung, die sie durch ihren großen Sohn erfährt, mit einem aufwendigen Dickens-Festival. Auch in Rochester wird der berühmte Schriftsteller Jahr für Jahr mit einem zehntägigen Festival gefeiert: Namhafte Akteure spielen Handlungsfragmente aus seinen Romanen und rezitieren seine Texte, Literaturwissenschaftler halten Vorträge über sein Denken und Wirken, und überall in der Stadt sieht man Menschen in den Kostümen seiner Romanhelden.

Doch das Hauptreiseziel für Dickens' zahlreiche Bewunderer ist und bleibt London, wo der Dichter in der *Westminster Abbey* beigesetzt ist. Denn neben der ehrwürdigen Abtei gibt es in der britischen Hauptstadt und ihrer unmittelbaren Umgebung noch zahlreiche andere Stätten, die – vor allem, weil dort viele seiner Geschichten spielen – an das Leben und Schaffen des Mannes erinnern, von dessen Ruf man getrost annehmen kann, dass er sich entgegen der Meinung des *Saturday-Review*-Kritikers noch lange, lange halten wird.

»Besser die Vergangenheit zu golden
als die Zukunft zu rosig sehen.«
Ernst Reinhardt, Schweizer Publizist

1959

»Der gesamte Weltmarkt hat für höchstens 5000 Kopiergeräte Bedarf.«

Geschäftsleitung der Weltfirma IBM

Versuche, das lästige, zeitraubende und vor allem höchst fehleranfällige Abschreiben von Dokumenten zu automatisieren, gab es schon seit langem. Und ebenso viele Fehlschläge – bis Chester Carlson kam. Der junge Mann arbeitete nach seinem Physikstudium in der Patentabteilung eines Elektronik-Unternehmens in Indianapolis, wo seine Hauptbeschäftigung darin bestand, Manuskripte abzutippen und Kopien von Patentbeschreibungen anzufertigen. Da er fand, dass er für diese stupide Tätigkeit eindeutig überqualifiziert war, begann er, in seinem winzigen Apartment zu experimentieren. Und nach vielen qualmenden und stinkenden Versuchen mit Schwefel und Zink, gelang ihm 1938 tatsächlich der lang ersehnte Durchbruch: Auf einer aufwendig präparierten Glasscheibe erschien beim Bestreuen mit hauchfeinen Bärlappsamen das Abbild eines Schriftstücks. Das war die Geburtsstunde der Fotokopie, genauer gesagt, der Xerographie.

Carlson ließ sich seine Erfindung patentieren und bot sie zahlreichen Unternehmen an. Doch enttäuscht musste er feststellen, dass seine Idee nur auf mäßiges Interesse stieß. So winkten neben den Geschäftsleitungen von Remington Rand und RCA auch die Manager von General Electric ab: Kein Bedarf! Erst 1947 erwarb die Haloid Corporation, die sich später in Anlehnung an die exakte Bezeichnung des Kopierverfahrens in Xerox umbenannte, die Lizenz zur Herstellung von Geräten nach dem Carlson-Verfahren und stellte der Öffentlichkeit nach harter Arbeit und einer Reihe herber Rückschläge drei Jahre später dann auch den ersten kommerziellen Kopierer vor. Doch da das Gerät für ein einziges Duplikat bis zu drei Minuten Zeit benötigte, wurde es nur ein höchst bescheidener geschäftlicher Erfolg. 1959 lief dann der wesentlich leistungsfähigere Xerox 914 vom Band, ein Apparat, der pro Minute vollautomatisch sechs Kopien erstellen konnte. Doch als Xerox der Weltfirma IBM eine Zusammenarbeit anbot, lehnte die Geschäftsleitung mit dem Einwand ab, der weltweite Bedarf an derlei Maschinen betrage nach ihrer Schätzung allenfalls 5000 Stück, das lohne die Mühe nicht.

Was für eine Fehlkalkulation! Denn bereits drei Jahre später hatte Xerox vom Modell *914* mehr als 10 000 Stück ausgeliefert und erhielt noch immer derart viele

Bestellungen, dass die Produktion kaum mit der Nachfrage Schritt halten konnte. Heute prägt die Revolution des Digitaldrucks, der mit der Entwicklung des ersten Kopierers seinen Anfang nahm, eine ganze Industrie. Fachleute haben berechnet, dass allein im geschäftlichen Produktionsdruck jährlich mehr als 230 Milliarden Seiten erstellt werden. Und die Erfolgsstory ist keinesfalls zu Ende, denn Carlsons Erfindung inspiriert die Ingenieure bis heute zur Entwicklung immer leistungsfähigerer und vielseitigerer Geräte.

IBM wird sich die Haare raufen.

1959

»Wir stehen an der Schwelle zur Raketenpost.«

Arthur Ellsworth Summerfield (1899–1972),
US-Postminister

Als Minister Summerfield diese Prognose abgab, war der Versand von Briefen mit Hilfe von Raketen schon längst keine Neuheit mehr. Denn bereits am 2. Februar 1931 hatte der Grazer Erfinder Friedrich Schmiedl einen einstufigen, ferngesteuerten Flugkörper mit einem Fach für Briefe im Kopf gezündet und damit auch tatsächlich ein fünf Kilometer entferntes Dorf erreicht, wo das Projektil sanft an einem Fallschirm landete. Nach diesem Erfolg ließ Schmiedl noch mehrere Versuchsraketen in den Himmel steigen, doch 1934 – er plante bereits eine regelmäßige Raketenpostlinie Laibach-Basel – wurden seine Experimente jäh unterbrochen, da er zu ihrer Finanzierung eigene Wertmarken verkauft und damit bei der österreichischen Post massive Proteste ausgelöst hatte. Danach gab es hier und da noch ein paar weitere Versuche, doch schließlich bereitete der Zweite Weltkrieg der Raketenpost ein abruptes Ende.

Erst 15 Jahre nach dessen Ende griff der US-amerikanische Postminister die Idee wieder auf und versuchte im selben Jahr sogar, von einem U-Boot aus einen mit Briefen bestückten Marschflugkörper abzuschießen. Doch zum Glück misslang das Experiment. Denn auch wenn Summerfield sich die Raketenpost vielleicht sehnlichst zur Aufpolierung seines angekratzten Images wünschte, war doch längst klar, dass das Projekt viel zu teuer würde. Schließlich konnte man Postraketen stets nur ein einziges Mal verwenden, zudem ließ ihre Zielgenauigkeit sehr zu wünschen übrig. Und da Flugzeuge viel besser geeignet waren, große Mengen Post schnell und kostengünstig von einem Ort zum anderen zu transportieren, fand sich weltweit niemand mehr, der an der Raketen-Idee festhielt.

Hätte Summerfield mit seiner Vorhersage recht behalten, würden uns heute vielleicht überall mit Briefen beladene Geschosse um die Ohren fliegen. Doch selbst wenn man es geschafft hätte, die Raketen zielgenau zu steuern und sie exakt an dem vorgesehenen Ort landen zu lassen, hätten sie mittlerweile Konkurrenz bekommen, deren Präzision und Preisgünstigkeit der Grund für ihre seit Jahren steigende Beliebtheit ist: die E-Mails.

Aber das konnte der gute Arthur Summerfield natürlich nicht ahnen.

»Der Mensch sollte sich niemals genieren, einen Irrtum zuzugeben, zeigt er doch damit, dass er sich entwickelt hat, dass er heute gescheiter ist als gestern.«

Jonathan Swift, irischer Erzähler und Moralkritiker

1961

»Niemand hat die Absicht eine Mauer zu errichten, niemand!«

Walter Ulbricht (1893–1973),
Staatsratsvorsitzender der DDR

Genau genommen handelt es sich bei Walter Ulbrichts frecher Behauptung gar nicht um eine Fehleinschätzung von der Art, wie sie Thema dieses Buches ist. Denn zu dem Zeitpunkt, an dem er sie äußerte, wusste er vermutlich selbst schon ganz genau, dass die Abgrenzung der DDR-Bürger durch eine unüberwindliche Barriere beschlossene Sache war. Schließlich liefen der *Deutschen Demokratischen Republik* die Bürger in Scharen davon.

Doch eines nach dem anderen. Am 15. Juni 1961, also fast auf den Tag genau zwei Monate vor Beginn des Mauerbaus (13. August 1961), hatte eine Journalistin der *Frankfurter Rundschau* Ulbricht die Frage gestellt: »Herr Vorsitzender, bedeutet die Bildung einer freien Stadt Ihrer Meinung nach, dass die Staatsgrenze am Brandenburger Tor errichtet wird? Und sind Sie entschlossen, dieser Tatsache mit allen Konsequenzen Rechnung zu tragen?« Daraufhin antwortete Ulbricht: »Ich verstehe Ihre Frage so, dass es Menschen in Westdeutschland gibt, die wünschen, dass wir die Bauarbeiter der Hauptstadt der DDR mobilisieren, um eine Mauer aufzurichten, ja? Äh, mir ist nicht bekannt, dass eine solche Absicht besteht, da sich die Bauarbeiter in der Hauptstadt vor allem mit Wohnungsbau beschäftigen und ihre Arbeitskraft voll ausgenutzt, äh, eingesetzt wird. Niemand hat die Absicht, eine Mauer zu errichten, niemand!«

Doch im krassen Widerspruch zu dieser Beteuerung ging beim Bundesnachrichtendienst am 12. August eine elektrisierende Nachricht ein: »Am 11. August 1961 hat eine Konferenz der Parteisekretäre der parteigebundenen Verlage und anderer Parteifunktionäre beim Zentralkomitee der SED stattgefunden. Dabei wurde unter anderem erklärt, die Lage des ständig steigenden Flüchtlingsstroms mache es erforderlich, die Abriegelung des Ostsektors von Berlin und der SBZ in den nächsten Tagen – ein genauer Tag wurde nicht angegeben – durchzuführen und nicht, wie eigentlich geplant, erst in 14 Tagen.«

In der darauffolgenden Nacht begannen Tausende von Volksarmee-Soldaten, unterstützt von 5000 Grenzpolizisten und ebenso vielen Angehörigen der Betriebskampfgruppen, sämtliche Straßen und sonstige Verbindungswege zwischen West- und Ostberlin hermetisch abzuriegeln. Die berüchtigte Mauer, die in den folgenden Jahrzehnten so viele Menschenleben kosten sollte, wurde Realität.

Und Ulbrichts Behauptung damit zu einer dreisten Lüge.

1961

»Es ist der sichere Untergang, wenn die Bundeswehr keine Atomwaffen hat.«

Konrad Adenauer (1876–1967),
deutscher Bundeskanzler

Der Satz stammt aus einer Rede, die Konrad Adenauer vor der Katholischen Arbeiterbewegung in Düsseldorf hielt und der er, um seinen Standpunkt zu verdeutlichen, noch die martialische Drohung anfügte: »Ich werde niemals zustimmen, dass deutsche Truppen dem sicheren Tode entgegen gejagt werden.« Doch damit rief er bei seinen Zuhörern nur mäßiges Erstaunen hervor, denn sein Standpunkt zu Kernwaffen für die deutsche Armee war schon seit längerem bekannt. Immerhin hatte er bereits ein Jahr zuvor geäußert: »Wer der Bundeswehr die taktischen Atomwaffen vorenthalten will, ist ein Narr oder Böseres.« Doch selbst zu diesem Zeitpunkt war der Wunsch, Deutschland atomar aufzurüsten, schon ein paar Jahre alt gewesen. Entstanden war er wohl, als die Russen 1957 ihren ersten Satelliten *Sputnik* – davon war ja schon die Rede – ins All geschossen und damit unmissverständlich klargemacht hatten, dass ihre Raketen stark genug wären, um ohne weiteres auch Ziele in den USA zu erreichen.

Seither hatten sowohl Adenauer als auch die französischen Verbündeten Angst, die Amerikaner könnten den Sowjets angesichts dieser Bedrohung zu große Zugeständnisse machen; außerdem schienen die Politiker in Washington an konkreten Plänen zu arbeiten, ihre Truppenpräsenz in Deutschland massiv zu reduzieren und das Land damit nach Adenauers Auffassung möglichen sowjetischen Aggressionen weitgehend schutzlos auszuliefern. Vor diesem Hintergrund wurde man sich rasch einig, dass Europa »in Zukunft mehr auf sich selbst angewiesen« sei. Nach Auffassung deutscher und französischer, aber auch italienischer Verteidigungspolitiker konnte man daher nicht hinnehmen, dass nur die USA und Großbritannien über Raketen mit Nuklearsprengköpfen verfügten. Und so begann ein gemeinsames atomares Rüstungsprogramm der drei Länder, das allerdings 1958 vom französischen Premierminister Charles de Gaulle zum Glück wieder gestoppt wurde. Mit der vielbeschworenen Abstinenz der jungen Deutschen Bundesrepublik in puncto Atomwaffen war es also längst nicht so weit her, wie heute oft behauptet wird – zumindest nicht unter Adenauer.

Doch dank de Gaulle musste der erste Kanzler der Bundesrepublik schließlich seine Atompläne schmollend begraben, ohne sie jedoch, wie obige Zitate beweisen, bis zu seinem Tod ganz aufzugeben. Falls er sie aktiv weiterverfolgt hätte, hätte er sie allerdings gegen den Widerstand einer großen Mehrheit der deutschen Bevölkerung durchsetzen müssen – und ob ihm das gelungen wäre, scheint doch sehr zweifelhaft. Definitiv hat der Verzicht auf Nuklearwaffen dem deutschen Steuerzahler viele Milliarden Mark erspart. Und wie wir heute, da der Kalte Krieg längst Vergangenheit ist, entspannt feststellen können, ist die Bundesrepublik auch ohne Atomwaffen nicht untergegangen.

»Nicht die Erkenntnis gehört zum Wesen
der Dinge, sondern der Irrtum.«
Friedrich Nietzsche, deutscher Philosoph

1962

»Uns gefällt ihr Sound nicht, und Gitarrenmusik ist ohnehin nicht gefragt.«

Dick Rowe (1921–1986),
Chefanalyst der Plattenfirma Decca

Die Musiker, deren Songs Dick Rowe grundsätzlich missfielen, von denen er sich aber vor allem deshalb keinerlei Erfolg versprach, weil sie ihren Sound maßgeblich mit Elektrogitarren erzeugten, waren keine Geringeren als die legendären Beatles. Die waren an jenem 1. Januar 1962, an dem sie auf Betreiben ihres späteren Managers Brian Epstein vor Dick Rowe und Decca-Geschäftsführer Mike Smith vorspielen durften, freilich noch so unbekannt, dass sie bei ihrem letzten Konzert im südenglischen Aldershot im Dezember 1961 gerade mal 18 Zuschauer angelockt hatten. Doch Epstein, gleichzeitig angezogen von der musikalischen Ausstrahlung und abgestoßen vom schlechten Benehmen der Liverpooler Boys, ließ sich durch den Decca-Flop nicht entmutigen. Er steckte die Jungs in dunkle Anzüge, brachte ihnen gesittete Manieren bei und schaffte es bald darauf, sie bei der Plattenfirma Parlophone unterzubringen.

Dort erschien am 5. Oktober 1962 ihre erste Single *Love Me Do*, die auf Anhieb Platz 17 der englischen Hitparade erreichte. Diese beachtliche Platzierung wurde jedoch schon Anfang 1963 vom nächsten Song *Please Please Me* getoppt, der in wenigen Wochen auf Platz 2 kletterte. Damit waren die Beatles zwar binnen kürzester Zeit eine bekannte Popgruppe geworden, doch den ganz großen Durchbruch, der es unter der Bezeichnung *Beatlemania* zum eigenständigen Phänomen brachte, erreichten sie erst mit ihren Tourneen ab Frühjahr 1963. Wo immer sie auftauchten, brachen ihre – vor allem weiblichen – Fans in hysterisches Kreischen aus. Mädchen warfen sich den Liverpoolern ekstatisch zuckend vor die Füße und verfolgten ihre Idole auf Schritt und Tritt.

Seither wurden von den Platten und anderen Tonträgern der Beatles weltweit rund 1,3 Milliarden Stück verkauft, die Gruppe hatte mehr Nummer-1-Hits als je ein Musiker zuvor oder danach und übertraf ihre Konkurrenten auch deutlich in der Zahl der Platin-Platten. Die beiden Songschreiber Paul McCartney und John Lennon gelten bis heute als die erfolgreichsten Komponisten der Popgeschichte, und bei einer kürzlich durchgeführten Internet-Umfrage zur Bekanntheit von Bands aller möglichen Musikrichtungen erreichten die Beatles mit großem Abstand Platz 1. Und das, obwohl Mary Elizabeth Smith, die Tante von John Lennon, einstmals ihren Neffen gewarnt hatte: »Du machst wirklich schöne Musik, mein Junge. Aber vom Gitarrespielen kannst du leider nicht leben!«

Offensichtlich sah das Decca-Mann Dick Rowe 1962 ähnlich. Sonst hätte er sich ganz sicher nicht das lukrativste Angebot durch die Lappen gehen lassen, das man ihm jemals unterbreitet hatte.

1965

»Die letzten Autobusse werden 1990 aus dem Stadtverkehr verschwinden.«

Battelle-Institut, *US-amerikanische naturwissenschaftlich-technische Forschungseinrichtung*

Hauptaufgabe des 1929 gegründeten und bis heute aktiven *Battelle-Instituts* ist die Förderung naturwissenschaftlich-technischer Forschungsprojekte, vor allem im Hinblick auf ihre kommerzielle Anwendung, eine Tätigkeit, bei der die möglichst präzise Einschätzung der Zukunftsaussichten neuer Errungenschaften verständlicherweise besonders wichtig ist. In dieser Eigenschaft kamen Experten des Instituts im Jahr 1965, als man ihnen verbesserte Sicherheitsvorkehrungen in Autobussen vorlegte, zu dem Schluss, die Förderung lohne sich nicht mehr, da das baldige Ende des öffentlichen Nahverkehrs absehbar sei und Busse spätestens in 25 Jahren nicht mehr benötigt würden. Anlass für diese pessimistische Einschätzung waren aktuelle Zahlen, nach denen mit der Zulassung immer neuer Personenkraftwagen die Zahl der Fahrgäste in Bussen und Straßenbahnen dramatisch sank.

Doch als die Menschen mit Beginn der 1970er Jahre zunehmend Umweltaspekte in ihre Überlegungen einbezogen, gewann der öffentliche Personennahverkehr wieder massiv an Bedeutung. Einen besonders starken Aufschwung nahm er, als immer mehr Kommunen einen Verkehrsverbund nach dem Motto »Verschiedene Unternehmen und Verkehrsmittel, aber nur eine Fahrkarte« einführten und zudem beträchtliche Anstrengungen unternahmen, mit einer flexibleren Fahrplangestaltung den Bedürfnissen ihrer Kunden entgegenzukommen. Dass dabei vor allem die Omnibusse eine bemerkenswerte Renaissance erlebten, liegt hauptsächlich an der Beschränkung ihrer Betreiber auf wenige, standardisierte Typen, wodurch sowohl der Betrieb als auch vor allem die Wartung erheblich preisgünstiger wurden. Die Folge ist, dass gemäß aktuellen Untersuchungen heute vor allem in Großstädten mehr als die Hälfte der von den Einwohnern zurückgelegten Strecken auf den öffentlichen Nahverkehr entfallen.

Inzwischen sind seit 1990, dem prophezeiten Todeszeitpunkt der Autobusse, mehr als zwanzig Jahre vergangen. Doch statt, wie vorhergesagt, aus dem Stadtverkehr zu verschwinden, nehmen Busse und Bahnen darin einen immer größeren Raum ein.

»Das typisch Menschliche: sich aus Angst vor einer unbekannten Zukunft an die bekannte Vergangenheit klammern.«

John Naisbitt, amerikanischer Zukunftsforscher

1965

»Es ist albern, darüber zu reden, wie lange wir im vietnamesischen Dschungel bleiben müssen. Wir könnten das ganze Land asphaltieren und als Parkplatz markieren und wären trotzdem vor Weihnachten zu Hause.«

Ronald Reagan (1911–2004),
ab 1967 Gouverneur von Kalifornien

Die aus heutiger Sicht ganz und gar unglaubliche Behauptung diktierte der designierte Gouverneur von Kalifornien und spätere US-Präsident einem Reporter der Zeitung *Fresno Bee,* wo der entsprechende Artikel am 10. Oktober 1965 erschien. Sieben Monate zuvor waren auf Befehl von Präsident Johnson die ersten US-Kampftruppen in Vietnam gelandet, und anfänglich hatte es auch tatsächlich so ausgesehen, als könnten die aus dem Norden stammenden Vietcong-Kämpfer der geballten militärischen Kraft der Supermacht nichts entgegensetzen, so dass es offensichtlich nur eine Frage der Zeit war, bis die Kommunisten vernichtend geschlagen wären. Doch der erste Eindruck täuschte gewaltig, und schon bald sahen die Politiker in den USA ein, dass sie nur dann eine Chance hatten, Vietnam zu befreien und damit ihr Gesicht zu wahren, wenn sie ihre Truppen in Südostasien massiv verstärkten und mit einer erheblich größeren Anzahl an Flugzeugen auch Kambodscha und Laos flächendeckend bombardierten. Denn ebenso wie die Sowjetunion und China unterstützten die beiden Nationen ihre vietnamesischen Nachbarn ganz offensichtlich mit Waffenlieferungen.

Der Rest ist weitgehend bekannt: Den Vietnamkrieg konnten die amerikanischen Truppen bis Weihnachten 1965 keinesfalls siegreich beenden, ja, im Grunde ging das grausame Gemetzel danach erst richtig los. Schluss damit war erst am 30. April 1975 – also fast zehn Jahre nach Reagans großmäuliger Prognose –, und zwar nicht etwa, weil die Amerikaner gewonnen hätten, sondern vielmehr, weil es den nordvietnamesischen Kämpfern gelungen war, die südvietnamesische Hauptstadt Saigon zu erobern und das Land unter ihrer Führung wieder zu vereinigen. Bis dahin hatten die USA rund 15 Millionen Tonnen Sprengstoff verfeuert – mehr als doppelt so viel wie im gesamten Zweiten Weltkrieg –, rund drei Millionen Menschen, darunter zwei Millionen Zivilisten, hatten ihr Leben und die USA auf lange Zeit ihr internationales Ansehen verloren.

Auch Ronald Reagan hätte im Zusammenhang mit dem Vietnamkrieg fast eine üble Verwundung davongetragen, denn mit Sicherheit hätte er sich bei der Erinnerung an seine fatale Prognose am liebsten die Zunge abgebissen. Zwar waren die meisten amerikanischen Soldaten tatsächlich vor Weihnachten wieder zu Hause, aber nicht, wie großspurig versprochen, vor dem Fest von 1965, sondern erst zehn Jahre später.

1966

»In vierzig Jahren wird es auf dem Mars Städte unter riesigen Plastikkuppeln geben, in denen irdische Bedingungen aufrechterhalten werden. Dann ist auch die Raumfahrt für jedermann möglich.«

Eugene Konecci,
leitender Mitarbeiter der NASA

Diese utopische Prognose wagte Eugene Konecci anlässlich einer Veranstaltung zum Andenken an den amerikanischen Raketen-Pionier Robert Goddard. Dass der *NASA*-Ingenieur sich dazu hinreißen ließ, erstaunt einigermaßen, denn schließlich war 1966 längst bekannt, dass der Mars – so der Chef der europäischen Raumfahrtbehörde *ESA* – »alles andere als ein freundlicher Planet« ist. Und auch in der Folgezeit haben zahlreiche Forschungssatelliten mit Hilfe der von ihnen auf der Oberfläche des roten Planeten ausgesetzten fleißigen Roboter Unmengen von Daten geliefert, die eindeutig bewiesen, dass das sogenannte »Terraforming«, also die Umgestaltung des unwirtlichen Mars in einen bewohnbaren Himmelskörper ähnlich der Erde, ganz und gar unmöglich ist.

Auf dem Mars ist es nämlich erheblich kälter als bei uns, und flüssiges Wasser, unabdingbare Voraussetzung jeden Lebens, wurde daher noch nirgends entdeckt. Zudem besitzt der Mars keine Ozonschicht, so dass die ungehindert auf die Oberfläche brennende UV-Strahlung der Sonne alles Leben im Keim ersticken würde. Kein Wunder daher, dass organische Moleküle nicht vorkommen. Außerdem herrscht auf dem Mars ein atmosphärischer Druck wie auf der Erde in knapp 50 Kilometer Höhe – das heißt so gut wie gar keiner. Spontanes Atmen ist da vollkommen ausgeschlossen. Aber selbst wenn der Gasdruck erlauben würde, die Lungen zu füllen, wäre das vollkommen sinnlos, weil die Mars-Atmosphäre nicht die Spur Sauerstoff enthält. Vielmehr besteht sie zu 95 Prozent aus Kohlendioxid, und der ist auf dem Roten Planeten bis zu minus 100 Grad Celsius kalt. Wollte man also für eine halbwegs erträgliche Temperatur sorgen, so müsste man zuallererst einen Treibhauseffekt erzeugen, und dafür bräuchte man FCKWs (Fluorchlorkohlenwasserstoffe), die von der Erde herangeschafft werden müssten. Das wäre zwar mit Spaceshuttles prinzipiell denkbar, allerdings würde es selbst bei zwei riesigen Raumfähren pro Tag mehrere Hunderttausend Jahre dauern, bis ein spürbarer Effekt einträte. Der wäre aber absolut unverzichtbar, um das möglicherweise latent vorhandene Wasser zu schmelzen.

Man sieht: Den Mars für uns Menschen bewohnbar zu machen ist allenfalls in Science-Fiction-Filmen möglich. In der Realität wird das weder in vierzig noch in vierhundert, ja nicht einmal in viertausend Jahren funktionieren.

»Die Irrtümer des Menschen machen ihn
eigentlich liebenswürdig.«
Johann Wolfgang von Goethe

1966

»Frauen gehen doch viel lieber aus dem Haus.«

Time Magazine,
US-amerikanisches Nachrichtenmagazin

Der Satz aus dem *Time Magazine* ist ohne begleitenden Kontext nicht verständlich. Denn schließlich will man doch die Alternative wissen: Frauen gehen lieber aus dem Haus, anstatt was zu tun? Und hier ist nicht etwa gemeint, dass das weibliche Geschlecht weniger häuslich wäre als das männliche, sondern schlicht, dass Frauen nicht gern von zu Hause aus einkaufen, sondern dazu lieber das passende Geschäft aufsuchen, um an Ort und Stelle auswählen, anprobieren, Angebote miteinander vergleichen und die Meinung bis zur endgültigen Kaufentscheidung immer wieder ändern zu können.

Zwar war das Internet 1966 noch gar nicht erfunden, doch die Zunahme der Angebote über alternative Vertriebswege war offenkundig, und deshalb machten sich Konsumforscher weltweit erhebliche Gedanken über das Kaufverhalten der Frauen als vielleicht wichtigste Konsumentengruppe. Wobei sie zu dem Schluss kamen, dass der Einkauf aus der Ferne eher Sache der Herren sei. Tatsächlich waren es dann in den ersten Jahren des *World Wide Web* vorwiegend Männer, die im Web surften und dieses unter anderem auch als bequeme Plattform für ihre Einkäufe nutzten, die sie nach einigen Klicks frei Haus geliefert bekamen.

Noch 1997, und damit mehr als dreißig Jahre nach der *Time-Magazine*-Aussage, behauptete der deutsche Journalist und Schriftsteller Hanno Kühnert in einem Artikel mit dem aufrüttelnden Titel *Wenn das Internet sich nicht ändert, wird es zerfallen*: »Frauen interessieren sich weniger für Computer und scheuen die unpersönliche Öde des Netzes. Im realen, nichtvirtuellen Leben sind Frauen aber die wichtigeren Käufer als Männer. Dem Internet fehlt daher eine maßgebende Käuferschicht.« Doch mit dieser Einschätzung lag er total daneben.

Eine Umfrage hat nämlich ergeben, dass im Jahr 2002 rund ein Viertel der Deutschen schon einmal online eingekauft hatte und dass es sechs Jahre später bereits weit mehr als die Hälfte waren, wobei dieser Anstieg größtenteils auf das Konto der Frauen geht. Aus dem *E-Retail-Report*, der umfassend Auskunft über das Einkauf- und Zahlverhalten im Online-Warenhandel gibt, ging im Jahr 2009 hervor, dass bei mehr als 60 Prozent aller in europäischen Online-Shops eingehenden Bestellungen Frauen die Auftraggeber sind. Bemerkenswerterweise finden sich in ihrem Online-Einkaufskorb weitaus mehr Waren wie Kosmetik- und Körperpflegeprodukte, aber auch Babyartikel, CDs und Bücher, als in denen der Männer, die neben Heimwerkerartikeln und Telekommunikationsbedarf online häufig auch Flugtickets, Versicherungspolicen oder Computer-Software ordern. Erstaunlich ist dabei, dass die wachsende Vorliebe fürs Internet-Shopping nicht nur für Frauen gilt, die weitab von größeren Städten leben, sondern genauso auch für die Bewohnerinnen der Metropolen und Ballungsgebiete.

Es mag ja zutreffen, dass Frauen mit Vorliebe aus dem Haus gehen, aber einkaufen tun sie schon lange genauso gern oder sogar noch lieber vom heimischen PC aus.

»Der beste Weg, die Zukunft
vorauszusagen, ist, sie zu gestalten.«
Willy Brandt, ehemaliger Bundeskanzler

1968

»Nachdem nun über fünfzig japanische Fahrzeuge in den USA verkauft wurden, dürfte die japanische Autoindustrie kaum mehr auf größere Nachfrage stoßen.«

Business Week,
international bedeutendes Finanzmagazin

Die ebenso bemerkenswerte wie ganz und gar falsche Einschätzung der Chancen japanischer Autos in den USA stammt aus der *Business-Week*-Ausgabe vom 2. August 1968. Damals hätten sich die Amerikaner zwar schon seit rund 10 Jahren anstelle eines Chevrolets, Chryslers oder Pontiacs einen Toyota, Nissan oder Honda in die Garage stellen können, doch taten sie das nach wie vor äußerst zurückhaltend.

Der erste japanische Autobauer, der mit dem Vertrieb in den USA begonnen hatte, war im Oktober 1957 Toyota gewesen. Doch dessen Kleinwagen *Toyopet* erwies sich als gewaltiger Flop: Zu laut war in den Augen der Amerikaner der schwache Motor, zu altbacken das Design, zu unbequem die Innenausstattung. Dadurch ließen sich die fernöstlichen Produzenten aber nicht entmutigen, denn wenn sie etwas entschieden besser konnten als die Amerikaner, dann aus Fehlern zu lernen. Und so brachten sie 1965 das eigens für den US-Geschmack entwickelte Modell *Corona* auf den Markt, das dann auch auf Anhieb ein Riesenhit wurde und schon 1969 hinter dem VW Käfer das erfolgreichste Importauto der USA war.

Doch noch immer besaßen die »großen Drei« General Motors, Ford und Chrysler zusammen einen Marktanteil von über 90 Prozent und machten sich daher wenig Sorgen um die japanische Konkurrenz. Das sollte sich jedoch rasch ändern, denn der Wert sank bis in die frühen 1990er Jahre auf knapp 70 und bis 2006 gar auf nur noch 55 Prozent. Immer besser verstanden es die Japaner, sich gegen die etablierten Marken durchzusetzen, was vor allem daran lag, dass sie äußerst konsequent und geradlinig die jeweils aktuellen Markttrends aufspürten und in ihren Modellen umsetzten. Besonders zugute kam ihnen dann auch noch der Ölpreisschock der 1970er Jahre, in dessen Verlauf sich plötzlich immer mehr US-Bürger für die benzinsparenden asiatischen Modelle entschieden und sich in Scharen von den zwar eleganten und bequemen, dabei aber in höchstem Maße spritfressenden einheimischen Straßenkreuzern verabschiedeten, die bislang das Straßenbild bestimmt hatten. So kam es, dass es mit den japanischen Autos – inzwischen wurden sie längst in den USA selbst produziert – immer steiler bergauf, mit den amerikanischen jedoch rasant bergab ging. So rasant, dass Chrysler 1979 nur dadurch knapp der Pleite entging, dass die Regierung dem Unternehmen eine Bürgschaft über 1,5 Milliarden Dollar gewährte.

Da die Japaner auch in vielen anderen Ländern die einheimische Konkurrenz das Fürchten lehrten, ist Toyota – vor Volkswagen und Ford – heute der umsatzstärkste Autobauer der Welt. Und trotz einiger Qualitätsprobleme in jüngerer Vergangenheit sieht es nicht so aus, als sollte die Nachfrage nach japanischen Autos in den USA so schnell zu Ende gehen.

»Wer glaubt, niemals zu irren, der irrt.«
Wilhelm Raabe,
deutscher Schriftsteller

1968

»Eine Uhr mit Quarz und Batterie – das kann nicht die Uhr der Zukunft sein.«

Broschüre der Schweizer Uhrenindustrie

Als die Broschüre mit der zitierten Aussage erschien, war die Quarzuhr – anstelle eines rhythmisch bewegten Bauteils ist ihr Taktgeber ein elektronischer Schwingkreis –

schon fast 40 Jahre alt. Die erste, die deutlich genauer ging als die bis dahin gebräuchlichen mechanischen Modelle, hatte der kanadische Telekommunikationsingenieur Warren Marrison konstruiert. Weil sie aber noch sehr empfindlich auf Temperaturschwankungen reagierte, wurde sie nur ein sehr bescheidener geschäftlicher Erfolg. Besser war es da schon um die Uhr bestellt, die die beiden deutschen Physiker Adolf Scheibe und Udo Adelsberger 1932 der Öffentlichkeit präsentierten und mit deren Hilfe sie nachweisen konnten, dass die Erde sich nicht ganz regelmäßig dreht. Ein paar Jahre später kam dann die erste in Serie gefertigte Quarzuhr auf den Markt. Sie stammte von der Münchener Firma *Rohde & Schwarz*, war aber, weil sie noch mit Elektronenröhren arbeitete, so groß wie ein mittlerer Kleiderschrank.

Und die erste Quarzuhr, die am Handgelenk Platz fand? Nun, die produzierte die japanische Firma *Seiko* erst mehr als dreißig Jahre später, genauer gesagt 1969, und brachte sie in größerer Zahl unter dem Namen *Astron* auf den Markt. Und da diversen Herstellern in den folgenden Jahren zahlreiche Detailverbesserungen gelangen, wurden die Uhren nicht nur immer genauer, sondern auch erheblich preisgünstiger, bis schließlich auch das erste erschwingliche wasserdichte Modell in den Schaufenstern lag.

Heute haben Quarzuhren die mechanischen Modelle – sie gehen weniger genau und sind dazu noch erheblich teurer – fast vollständig verdrängt. Obwohl man von Zeit zu Zeit die Batterie auswechseln muss, sind sie entgegen der Schweizer Prognose von 1968 ganz eindeutig »die Uhren der Zukunft« geworden.

1971

»Die Luftverschmutzung könnte die globale Temperatur um mehr als drei Grad sinken lassen – ausreichend, um eine Eiszeit auszulösen.«

Stephen Schneider, US-amerikanischer Professor für Klimatologie und Umweltbiologie

Während Meteorologen heute vor einer zunehmenden Erwärmung der Erde aufgrund des kohlendioxidbedingten Treibhauseffekts warnen und das nicht mehr ferne Abschmelzen der polaren Eiskappen als düsteres Zukunftsszenario an die Wand malen, sahen die Experten die globale Temperaturentwicklung vor gerade mal 40 Jahren noch ganz anders. Das beweist unter anderem der Artikel des bedeutenden US-Klimatologen Stephen Schneider aus dem Wissenschaftsmagazin *Science*, dem der eingangs zitierte Satz entnommen ist. Damals befürchtete man nicht eine allgemeine Erwärmung, sondern erwartete im Gegenteil, dass die immer stärker verschmutzte Luft weniger Sonnenstrahlen auf die Erde durchließe, so dass es auf dieser nicht wärmer, sondern im Gegenteil deutlich kälter würde – nach Schneiders Auffassung bis hin zu einer neuen Eiszeit. Mit dieser, aus heutiger Sicht geradezu skurrilen Ansicht stand er jedoch keinesfalls allein da. Das beweist unter anderem ein umfangreicher Artikel zum Thema »Klimawandel« im US-Nachrichtenmagazin *Newsweek* aus dem Jahr 1975, in dem es heißt: »Meteorologen sind uneins über die Ursache und das Maß der Abkühlung. Aber sie sind fast einstimmig der Ansicht, dass dieser Trend die landwirtschaftliche Produktivität für den Rest des Jahrhunderts verringern wird.«

Doch von einer globalen Abkühlung ist seitdem keine Rede mehr. Vielmehr steigt die Durchschnittstemperatur langsam, aber stetig an. So war etwa das erste Halbjahr 2010 – wenn man sowohl die Land- als auch die Wassermassen berücksichtigt – das wärmste, mit dem Wetterforscher seit Beginn der Aufzeichnungen vor 130 Jahren zu tun hatten. Mit 14,2 Grad Celsius lag die Durchschnittstemperatur von Januar bis Juni 0,7 Grad über dem langjährigen Mittel, zudem war der Juni der 304. Monat in Folge, der wärmer ausfiel als der jeweilige langfristige Mittelwert. Denn der letzte Monat, in dem es kühler war als im Durchschnitt der Vorjahresmonate war der Februar 1985! Dass das Eis in der Arktis langsam, aber sicher schmilzt, ist mittlerweile eine unbestreitbare Tatsache, die sich etwa darin zeigt, dass die eisbedeckte Fläche im Juni 2010 fast 11 Prozent unter dem Mittelwert der Jahre 1977 bis 2000 lag.

Stephen Schneiders Sorgen, es könnte in absehbarer Zukunft zu einer Eiszeit kommen, sind also unbegründet. Doch erfreulicher wird die klimatische Situation unseres Planeten dadurch auch nicht.

»Eine Erkenntnis von heute kann die Tochter eines Irrtums von gestern sein.«
Marie von Ebner-Eschenbach,
österreichische Schriftstellerin

1971

»Der Begriff ist interessant und gut ausgedacht, aber um eine bessere Note als C zu verdienen, muss die Idee auch möglich sein.«

Professor der Yale-Universität

Wenn man weiß, dass die amerikanische Schulnote C in etwa unserem »Befriedigend« entspricht, wird das Urteil des Yale-Professors über eine ihm vorgestellte vollkommen neue Dienstleistung klar: Er hielt nur wenig davon. Die Idee, von der hier die Rede ist, kam einem ehemaligen Studenten des Professors namens Frederick W. Smith, der nach seinem Bachelor-Abschluss im Jahr 1966 als Kompanieführer und Pilot beim *Marine Corps* gedient hatte, wo er vor allem mit logistischen Problemen betraut war. In dieser Zeit, in der er nur wenig zu tun und daher viel Muße zum Nachdenken hatte, arbeitete er eine anfangs nur vage Vorstellung nach und nach zu einem umfassenden Konzept aus, das er nun seinem ehemaligen Universitätslehrer vorstellte: den Plan nämlich, einen schnellen und zuverlässigen Zustelldienst zu gründen, wie es ihn bis dahin in den USA noch nicht gab. Das Besondere daran war der Einsatz moderner Jet-Flugzeuge, die den Transport der Güter während der Nachtstunden und deren zuverlässige Ablieferung bei den jeweiligen Empfängern schon am folgenden Tag gewährleisten sollten.

Zu seinem Glück ließ Frederick Smith sich durch das ablehnende Urteil des Professors nicht beirren und gründete eine Firma, die er, um möglichst viele Aufträge von der Regierung zu erhalten, *Federal Express* nannte und die heute überall in der Welt unter dem Kürzel *FedEx* bekannt ist. Überall in der Welt deshalb, weil das Unternehmen nach seiner Gründung im Jahr 1971 derart rasch expandierte, dass es heute den fast unglaublichen Jahresumsatz von rund 35 Milliarden US-Dollar erzielt. Jeden Arbeitstag befördert FedEx in einem genau festgelegten Zeitrahmen in mehr als 220 Ländern bis zu vier Millionen Sendungen zu ihrem jeweiligen Adressaten. Das Unternehmen beschäftigt weltweit knapp 240 000 Mitarbeiter und verfügt in seinem integrierten globalen Netzwerk über mehr als 50 000 Ablieferungsstandorte, 670 Flugzeuge und 45 000 Autos.

Wenn das nicht Note A ist!

1971

»Niemals wird es der Menschheit gelingen, Übersetzungsmaschinen zu entwickeln.«

Jacques Bergier (1912–1978),
französisch-polnischer Chemiker, Journalist und Schriftsteller

Schon lange haben wir uns daran gewöhnt, Computern, sofern sie nur entsprechend aufwendig programmiert sind, praktisch alles zuzutrauen. Und tatsächlich gibt es kaum noch einen Lebensbereich, in den die Wundermaschinen nicht Einzug gehalten hätten, wenn auch nicht mit Gehäuse, Bildschirm und Tastatur, so doch in Form winziger Prozessorchips, die den damit ausgerüsteten Geräten Fähigkeiten verleihen, die man früher schlichtweg für unmöglich gehalten hätte.

Wenn man zudem berücksichtigt, dass die Prophezeiung des französisch-polnischen Wissenschaftlers, Okkultisten und Schriftstellers Jacques Bergier immerhin rund vierzig Jahre alt ist – in der Computerentwicklung ein enormer Zeitraum! –, erscheint sie durchaus verständlich. Bekannt wurde Bergier als Mitautor eines Bestsellers mit dem Titel *Aufbruch ins dritte Jahrtausend*, in dem er sich ausführlich mit den zu erwartenden technischen Möglichkeiten der heutigen Zeit beschäftigte. Und obwohl man ihm durchaus kühne Gedanken zubilligen muss, unterschätzte er die technische Entwicklung der Datenverarbeitung doch ganz gewaltig. Das Beispiel der Übersetzungsmaschine wählte er offenbar, weil es ihm besonders geeignet erschien, die Überlegenheit des menschlichen Geistes über jede noch so komplexe Maschine herauszustellen. Er glaubte nämlich allen Ernstes, ein solcher Übersetzungscomputer müsse zwangsläufig einen derart immensen Speicher benötigen, dass dafür auf der Erde zu wenig Platz wäre. Heute weiß jedes Kind, dass die maschinelle Übersetzung von Texten – sogar wahlweise in mehrere Sprachen – sehr wohl möglich ist, und zwar mit Hilfe eines Programms, das auf einer einzigen CD Platz findet.

Man sollte deshalb mit dem Wort »niemals« sehr vorsichtig sein. Vor allem, wenn es um technische Dinge geht, scheint es für die »Menschheit« praktisch keine Grenzen zu geben.

»Wer die Vergangenheit nicht studiert, wird ihre Irrtümer wiederholen. Wer sie studiert, wird andere Möglichkeiten zu irren finden.«

Helmut Schmidt,
ehemaliger deutscher Bundeskanzler

1973

»Das zeitraubende Hin- und Hergeschiebe von Papier wird im Büro der Zukunft durch Informationsverarbeitung mit Computer ersetzt.«

Palo Alto Research Center,
amerikanisches Forschungs- und Entwicklungszentrum auf dem Gebiet der Informationstechnologie

Auch wenn 1973 erst ein verschwindend geringer Teil der Büros mit Computern ausgestattet war, gab es doch schon einige scheinbar weitsichtige Auguren, die die komplette Digitalisierung von Akten und anderen Schriftstücken vorhersagten und deshalb prophezeiten, man werde in absehbarer Zeit völlig ohne Papier auskommen. So behauptete etwa der Chef von *General Motors*, Roger Bonham Smith, noch 1986 und damit 13 Jahre nach der Palo-Alto-Studie: »Zur Jahrhundertwende werden wir in einer papierlosen Gesellschaft leben.«

Was für ein Trugschluss! Ein Vierteljahrhundert später ist das Büro, in dem nicht Tag für Tag Mengen von Papier bedruckt werden, in weitere Ferne gerückt als jemals zuvor.

Ja, schlimmer noch: Gemäß aktuellen Statistiken nimmt der Papierverbrauch keinesfalls ab, sondern im Gegenteil scheinbar unaufhaltsam zu – und zwar in einem solchen Ausmaß, dass er sich alle zwei Jahre nahezu verdoppelt.

Es trifft durchaus zu, dass Geschäftsprozesse aller Art heute weitgehend computergestützt vonstatten gehen, wodurch die Anzahl schriftlicher Formulare und Belege erst einmal deutlich abnimmt, doch nach wie vor erfreut sich das Papier als »Sicherungsmedium« – oder neudeutsch: *Backup* – der umfangreichen elektronischen Informationen höchster Beliebtheit. Denn bei aller Verbesserung der Computertechnik schwebt ja – allein schon als Folge eines banalen Stromausfalls – über jedem EDV-Arbeitsplatz permanent das Gespenst des Systemabsturzes. Und da will man eben vorbeugen.

Gemäß einer aktuellen Studie des Meinungsforschungsinstituts *Ipsos* bedruckt in europäischen Büros jeder Mitarbeiter jeden Tag durchschnittlich 31 Seiten Papier, wobei die Deutschen mit 40 Seiten pro Person und Tag sogar unangefochtene Champions sind.

Aber auch in puncto Papierverschwendung stehen die Deutschen an der Spitze: Sage und schreibe 10 Seiten pro Arbeitskraft drucken sie täglich ganz und gar unnötig aus und teilen sich damit den ersten Rang mit den Engländern, die genauso viele bedruckte Blätter in den Papierkorb werfen. Denn einen solchen Abfallbehälter gibt es durchaus nicht nur auf dem Computer-Desktop, sondern nach wie vor auch als überaus wichtiges Utensil unter so gut wie jedem Schreibtisch. Und auf den wird man wohl auch in Zukunft nicht verzichten können.

»Es wird immer anders,
als man sich irrt.«
Erhard H. Bellermann,
deutscher Aphoristiker und Autor

1974

»Selbst bei optimistischen Annahmen muss in Südasien eine Hungerkatastrophe erwartet werden, die in den frühen 80er Jahren beginnt und um das Jahr 2010 ihren Höhepunkt erreichen wird. Wir rechnen mit einer Milliarde Hungertoten.«

Club of Rome,
Vereinigung zur Reflexion über Zukunftsfragen

Das Zitat stammt aus einer Studie des *Club of Rome* mit dem Titel *Menschen am Scheideweg*, in dem die Autoren Eduard Pestel, ein Mechanikprofessor aus Hannover, und der Mathematiker Mihailo Mesarovic von der Universität Cleveland – auf der Basis komplexer Computerberechnungen – 1974 ein apokalyptisches Szenario entwickelten und für die nächsten Jahrzehnte allein in Südasien eine Milliarde Hungertote vorhersagten. »Für diese Art langsamer, unerbittlicher Zerstörung der Bevölkerung einer ganzen Weltregion gibt es keinen historischen Präzedenzfall«, verkündeten sie fatalistisch und ließen dabei keinen Zweifel aufkommen, dass sie die Entwicklung für absolut unabwendbar hielten.

Doch die Asiaten dachten gar nicht daran, zu verhungern. Stattdessen befreiten sie sich kurzerhand von ihren ehemaligen Kolonialherren und setzten konsequent auf Wirtschaftswachstum. Gemäß dem *Club of Rome* der komplett falsche Weg, denn nach dessen Studie war »das undifferenzierte, krebsartige Wachstum die eigentliche Ursache aller Probleme«. Doch zum Glück kümmerten sich die Betroffenen mehrheitlich kein bisschen um die pessimistischen Untergangsszenarien und arbeiteten, anstatt zu verhungern, unverdrossen weiter. Seither geht es ihnen von Jahr zu Jahr besser.

Schon zwei Jahre zuvor hatte der amerikanische Weltuntergangsprophet Dennis Meadows im Auftrag des *Club of Rome* eine andere Studie mit dem Titel *Die Grenzen des Wachstums* erstellt und darin ähnlich skurrile Thesen verkündet. Von tiefem Pessimismus durchdrungen, läutete er in dem Buch die Totenglocke unseres Planeten und entwarf ein globales Desaster, das mit ziemlicher Sicherheit schon bis zur Jahrtausendwende eintreten werde. Denn bis dahin würden zwangsläufig sämtliche Rohstoffe entweder ausgehen oder unbezahlbar werden, und die Menschheit würde infolge Überbevölkerung, daraus resultierendem Nahrungsmangel und nicht zuletzt einer gigantischen Umweltverschmutzung zugrunde gehen.

Doch das Gegenteil trat ein: Die Preise fast aller wichtigen Ressourcen, die sich als überraschend reichlich vorhanden herausstellten, sanken. Und in demselben Maß, wie sie zurückgingen, stieg in den Industrienationen das Umweltbewusstsein; außerdem nahm das globale Bevölkerungswachstum nicht zu, sondern fast überall ab. Zwar vegetieren heute noch immer viel zu viele Menschen in bitterster Armut dahin, aber ihre Zahl ist immerhin deutlich kleiner als in den 1970er Jahren. Weltweit besuchen erheblich mehr Kinder als damals eine Schule, und fast überall werden die Menschen immer älter. Was nicht zuletzt auf die überaus erfreuliche Tatsache zurückzuführen ist, dass sich seither die globale Getreideernte verdreifacht hat.

Wenn die düstere Prognose des *Club of Rome* seit ihrer Verkündigung nicht bittere Wahrheit wurde, liegt das aus heutiger Sicht vor allem daran, dass die Autoren von falschen Voraussetzungen ausgingen. So verbesserte der technische Fortschritt, der viel schneller und umfassender als erwartet eintrat, in den meisten Regionen der Welt die industrielle Effizienz und damit auch die Lebensbedingungen der Menschen. Und zumindest in den Industriestaaten nahm die Umweltverschmutzung kaum noch zu, ja, in vielen Bereichen, beispielsweise bei der Belastung von Luft und Gewässern, ging sie sogar deutlich zurück.

So steht heute fest, dass der *Club of Rome* mit all seinen beängstigenden Studien, in denen immer wieder zu lesen ist, Markt, Massenkonsum und insbesondere das bitterböse Wirtschaftswachstum trieben die Welt in den Abgrund, krass danebenlag. Das wäre lediglich kurios, wären seine Mitglieder ein Häuflein sektiererischer Asketen, doch in Wirklichkeit handelt es sich bei den Herren, die als pauschales Hilfsmittel gegen den Untergang unseres Planeten gebetsmühlenartig Verzicht und Stagnation empfehlen, um überaus wohlhabende Vertreter des Geldadels. Trafen sie früher im Haus des inzwischen verstorbenen italienischen Organisationsgründers Aurelio Peccei zusammen, so wurden sie dort von Butlern mit weißen Handschuhen bedient.

Was lernen wir daraus? Reichtum und Weitsicht sind eben zwei Paar Dinge. Auch scheinbare Eliten verzapfen oft eine Menge Unsinn.

»Der Mensch kommt nicht umhin, sein ganzes Leben lang ein Irrender zu sein. Er hat aber die Chance, sich zu einem immer weniger Irrenden zu entwickeln.«

Manfred Rommel,
deutscher Politiker

1974

»Es wird noch viele Jahre dauern – und dies nicht zu meinen Lebzeiten –, bevor eine Frau britische Premierministerin wird.«

*Margaret Thatcher (*1925);*
britische Politikerin und ab 1979 Premierministerin

Ob fünf Jahre viel sind, darüber kann man streiten, nicht jedoch über den Begriff »zu meinen Lebzeiten« – der ist eindeutig. Und deshalb ist die Prophezeiung von Margaret Thatcher, die man später die »Eiserne Lady« nennen sollte, auf jeden Fall falsch. Denn einen Tag nach dem Sieg der Konservativen bei den Parlamentswahlen 1979, genauer: am 4. Mai 1979, wurde sie zur britischen Premierministerin gewählt. Tatsächlich hatten dieses Amt bis dahin ausschließlich Männer inne, und auch seit ihrem Rücktritt im November 1990 war *Downing Street 10*, der Amtssitz des britischen Premiers, wieder fest in männlicher Hand. Insofern kann es durchaus sein, dass zu Margaret Thatchers Lebzeiten – immerhin wurde sie ja schon 1925 geboren – keine weitere Frau Regierungschefin wird. Das ändert jedoch nichts daran, dass sie selbst es war, die ihre Vorhersage ad absurdum geführt hat.

1974

»Mit Fußball möchte ich später nichts mehr zu tun haben. Ein Trainerberuf kommt für mich nicht in Frage.«

*Franz Beckenbauer (*1945),*
deutscher Fußballspieler

Als Franz Beckenbauer, der sich seinerzeit schon eine ganze Weile des ehrenvollen Beinamens »Kaiser« rühmen konnte, diesen Ausspruch tat, hatte er gerade die deutsche Fußballnationalmannschaft als Kapitän zu ihrer zweiten Weltmeisterschaft geführt. Und da ihm zu dieser Zeit offenbar schon klar war, dass seine Karriere als Spieler allenfalls noch wenige Jahre andauern würde, ist das Wort »später« wohl im Sinn von »nach meiner aktiven Laufbahn« zu verstehen.

Doch als sein Abschied als Fußballspieler 1982 tatsächlich gekommen war, erinnerte er sich offenbar nicht mehr an seine alte Versprechung und übernahm bereits zwei Jahre später als Nachfolger des zurückgetretenen Jupp Derwall die Verantwortung für die deutsche Nationalmannschaft. Da er keinen Trainerschein besaß und möglicherweise auch tatsächlich nicht die Absicht hatte, jemals einen zu erwerben, fungierte er in der kurzerhand neugeschaffenen Funktion als »Teamchef« mit einem echten Trainer an seiner Seite. In dieser Funktion führte er die Mannschaft bei der Weltmeisterschaft 1986 gleich ins Endspiel und vier Jahre später sogar zu ihrem dritten Titel. Damit war ihm das Kunststück gelungen, sowohl als Spieler als auch als Quasi-Trainer Weltmeister zu werden.

Um seine seltsame Position zu legalisieren, verlieh ihm der Deutsche Fußballbund gleich nach dem gewonnenen Endspiel die Ehrenlizenz als Trainer, die indes dieselben Rechte und Pflichten beinhaltete wie eine auf dem üblichen Weg erworbene. Zur allgemeinen Verwunderung trat Beckenbauer gleich danach von seinem Amt zurück. In der darauffolgenden Saison arbeitete er für den französischen Club Olympique Marseille – zunächst als »Cheftrainer« und später als technischer Direktor – und erreichte mit seiner Mannschaft prompt das Endspiel um den Europapokal der Landesmeister. Anschließend wurde er Vizepräsident bei Bayern München, übernahm aber in der Folge nach der Entlassung von Erich Ribbeck beziehungsweise Otto Rehhagel als Chefcoach zweimal den Job des Interimstrainers. Und auch das wieder mit großem Erfolg, denn in dieser Funktion gewann er 1994 mit den Bayern den deutschen Meistertitel und zwei Jahre später sogar den UEFA-Pokal. Später wurde er Vereinspräsident und Leiter des Organisationskomitees für die 2006 in Deutschland stattfindende Weltmeisterschaft. Während all dieser Jahre, aber auch nach seinem Ausscheiden aus dem Präsidentenamt bei Bayern München, war er in sämtlichen TV-Sendern immer wieder als hochangesehener Fußballexperte zu sehen, der mit Humor und Sachverstand seine Kommentare abgab.

Ganz schön viel Fußball für einen, der damit eigentlich zeitlebens nichts mehr zu tun haben wollte.

1974

»Es gibt keine Maikäfer mehr.«

*Reinhard Mey (*1942),*
deutscher Liedermacher

Selbst viele junge Menschen, die lange nach 1974 geboren wurden, kennen Reinhard Meys trauriges Lied, in dem er das Verschwinden der braunschwarzen Krabbler mit den bäumchenartigen Fühlern beklagte. »Würd' ich heut noch einmal loszieh'n«, jammerte Mey seinerzeit, »blieb mein Schuhkarton wohl leer. Selbst ein guter Käferjäger brächte keinen Schornsteinfeger, keinen Müller, erst recht keinen Kaiser her: Es gibt keine Maikäfer mehr.«

Schornsteinfeger, Müller, Kaiser – allein schon die phantasievollen Namen für die unterschiedlichen Farbvarianten zeigen, welcher Beliebtheit sich die putzigen Brummkäfer – ganz im Gegensatz zu den meisten anderen Insekten – bei Erwachsenen ebenso wie bei Kindern damals erfreuten und bis heute erfreuen. Das liegt sicher nicht zuletzt daran, dass ihr Auftauchen neben dem Gesang des Kuckucks geradezu als Inbegriff des Frühlings und damit des Beginns der warmen Jahreszeit gilt. Früher seien die Maikäfer vielerorts geradezu eine Plage gewesen, sang Mey weiter, und damit hatte er zweifellos recht. Denn bis Ende der 1960er Jahre des vorigen Jahrhunderts musste man im Mai und Juni wirklich nur an irgendeinem beliebigen Laubbaum mit seinen frisch ausgetriebenen Blättern schütteln, und schon konnte man die zu Boden gefallenen Krabbler in Mengen aufsammeln.

Doch obwohl heute nur noch wenige Kinder dieses Vergnügen kennen, hat sich Reinhard Meys düstere Prognose zum Glück nicht bewahrheitet. Noch immer gibt es Maikäfer, und noch immer krabbeln sie munter fressend in den Bäumen herum, allerdings nicht mehr flächendeckend über ganz Deutschland verteilt, sondern in größerer Anzahl nur noch in bestimmten Regionen. Doch dort, wo sie nach wie vor in Massen auftreten, fressen sie wie eh und je die Bäume kahl. Dass das nicht jeden Frühling, sondern nur alle drei bis vier Jahre der Fall ist, liegt an ihrem Vermehrungszyklus, der vom Ei über die Larve zum ausgewachsenen Tier genau diesen Zeitraum benötigt. Vor allem in Südhessen, aber auch in der Oberrheinebene sowie in bestimmten, wärmeren Regionen des Bayerischen Waldes brummen die braunen Gesellen zur Freude von Groß und Klein, jedoch zum Leidwesen der Förster und Waldbesitzer noch immer alle paar Jahre millionenfach durch die Luft.

Und weil das mit ziemlicher Sicherheit auch weiterhin so bleiben wird, lohnt es sich dort noch immer, mit dem Schuhkarton auf die Jagd zu gehen – nach Schornsteinfegern, Müllern und Kaisern, aber auch den weniger eindrucksvollen Farbvarianten. Denn so wählerisch wie vor 1974 dürfen wir heute tatsächlich nicht mehr sein.

»Niemand irrt für sich allein. Er verbreitet seinen Unsinn auch in seiner Umgebung.«
Seneca, altrömischer Philosoph

1975

»Ohne das Kernkraftwerk Wyhl werden zum Ende des Jahrzehnts in Baden-Württemberg die ersten Lichter ausgehen.«

Hans Filbinger (1913–2007),
Ministerpräsident von Baden-Württemberg

Die provokante Drohung, die der baden-württembergische Ministerpräsident am 27. Februar 1975 in seiner Regierungserklärung den Landtagsabgeordneten entgegenschleuderte, ist inzwischen berühmt geworden. Und sie beweist, von welch fundamentaler Bedeutung der Bau eines Atomkraftwerks im badischen Wyhl am Kaiserstuhl für Hans Filbinger war. Es war sein ganz persönliches Projekt, sein zukünftiges Denkmal, und das wollte er sich keinesfalls kaputtmachen lassen. Genau das hatten aber Tausende von Bürgern vor. Bauern, Winzer, Handwerker, Pfarrer und Studenten gingen auf die Barrikaden und besetzten kurzerhand den vorgesehenen Standort;

Mütter postierten sich mit ihren Kindern breitbeinig vor den Baumaschinen und verhinderten den Beginn der Erdarbeiten.

Doch so einfach ließ Filbinger sich nicht einschüchtern. Hunderte von Polizisten rückten an, Wasserwerfer wurden in Stellung gebracht, und man zäunte das Gelände weiträumig mit Stacheldraht ein. Danach schien es tatsächlich kurzzeitig so, als könne der Bau nun endlich beginnen. Doch als Filbinger die unverzeihliche Dummheit beging, Öl ins Feuer zu gießen, indem er die Protestierenden als »Extremisten und Kommunisten« beschimpfte und zu allem Überfluss auch noch behauptete, das Land werde unregierbar, wenn es Schule mache, dass »bei jedem größeren Projekt irgendwelche ideologischen oder anderen Interessenten sich mit mittelbarer oder unmittelbarer Gewalt widersetzen«, kochte der Volkszorn über. »Wenn hier mit Gewalt gebaut wird, gibt es ein zweites Nordirland am Kaiserstuhl!«, erklärten die Protestler martialisch – und besetzten den Bauplatz ein zweites Mal. Diesmal volle neun Monate lang.

Das war den Politikern der Landesregierung dann doch zu viel, und als weitere eindringliche Appelle, das Projekt nicht länger zu blockieren, keinerlei Wirkung zeigten, vereinbarten sie mit den örtlichen Bürgerinitiativen ein beidseitiges Stillhalteabkommen. Damit waren die Pläne für das Kernkraftwerk Wyhl freilich noch nicht vom Tisch, vielmehr folgten langwierige Gerichtsverfahren, die schließlich, im Jahr 1982 und mithin sieben Jahre nach der Licht-aus-Drohung, den Weg für den Bau frei machten. Doch inzwischen war Hans Filbinger nicht mehr Ministerpräsident, und sein Nachfolger Lothar Späth hatte an einer weiteren Konfrontation mit den Projektgegnern kein Interesse. So kam nur ein Jahr später für das KKW Wyhl das definitive Aus. Und 20 Jahre nach der Platzbesetzung erklärte dann auch die *Kernkraft Süd GmbH* ihren endgültigen Verzicht auf den Standort.

Und die Folgen? Baden-Württemberg lässt sich erstaunlicherweise nach wie vor regieren, und die Lichter brennen immer noch. Das sah irgendwann wohl auch der nunmehrige Ex-Ministerpräsident Hans Filbinger ein, und so gab er 2002 – 27 Jahre nach seiner apokalyptischen Warnung – zähneknirschend zu, sich bei der Annahme, ohne Wyhl gebe es eine akute Energie-Versorgungslücke, grundlegend geirrt zu haben.

»Die Wahrheit finden wollen ist Verdienst,
wenn man auch auf dem Wege irrt.«
Georg Lichtenberg,
deutscher Physiker

1976

»Die Olympischen Spiele können ebenso wenig ein Defizit erbringen, wie ein Mann ein Baby bekommen kann.«

Jean Drapeau (1916–1999),
Bürgermeister von Montreal

Den vollmundigen Ausspruch, mit dem der Montrealer Bürgermeister die Einwohner der Stadt angesichts der immensen Kosten für die Olympischen Sommerspiele 1976 beschwichtigen wollte, tat er ganze drei Wochen vor Beginn der Wettkämpfe. Die versprachen ein Mega-Event zu werden, für das die Stadt, obwohl sie sich noch nicht einmal von der Weltausstellung *Expo 67* erholt hatte, so viel Geld investiert hatte wie noch kein anderer Austragungsort zuvor. »Mit einer Show, gegen die sich die 200-Jahr-Feiern der USA ausnehmen werden wie ein dörflicher Jahrmarkt«, so der amerikanische Reporter Alfred Stern, »wird Montreal das Fest der Jugend der Welt feiern.«

In der Tat war an den kanadischen Spielen alles gigantisch: Die Sportarenen waren die kühnsten und teuersten, die man in der gesamten Menschheitsgeschichte für derartige Zwecke errichtet hatte – ausländische Besucher bezeichneten sie tief beeindruckt als 8. Weltwunder; das gewaltige olympische Dorf zog sich im Bogen um ein Restaurant-Café, so lang und breit wie drei Fußballfelder; die Videoleinwände waren groß wie Hauswände, und im begleitenden kulturellen Mammutprogramm traten die berühmtesten und teuersten Künstler auf, die man seinerzeit engagieren konnte.

Kein Wunder also, dass die Kosten ins Unermessliche stiegen. Und kein Wunder auch, dass noch so viele Besucher niemals genügend Geld ausgeben konnten, um das Vorhaben auch nur annähernd zu amortisieren. So ging, als das olympische Feuer am 1. August 1976 erlosch, auch der Stadt Montreal die Puste aus. Ein Verlust von sage und schreibe einer Milliarde Dollar war zu verkraften.

Dabei hätte es Bürgermeister Drapeau durchaus besser wissen können. Denn bei nahezu allen vorangegangenen Olympischen Spielen hatten die tatsächlichen Kosten das geplante Budget bei weitem überschritten, wobei die keineswegs unerheblichen Folgeaufwendungen für die Instandhaltung der Sportstätten und der Infrastruktur sowie für die Beseitigung der Umweltschäden noch gar nicht eingerechnet waren. Und im Nachhinein hatte sich fast immer herausgestellt, dass – vom Werbeeffekt für den Gastgeber abgesehen – die nachteiligen Folgen die vorteilhaften bei weitem übertrafen. Ein paar Beispiele, die Drapeau durchaus hätten bekannt sein müssen:

Bei den Olympischen Spielen 1964 in Innsbruck musste das Bundesheer wegen akuten Schneemangels 20000 Eisblöcke zu den Bob- und Rodelbahnen sowie rund 40000 Kubikmeter Schnee zu den alpinen Strecken transportieren. Die Kosten waren gigantisch.

In Grenoble, wo die Spiele 1968 stattfanden, waren für die neuen Skipisten 300000 Kubikmeter Fels zu sprengen. Danach lag die Bobbahn in der Sonne und musste aufwendig mit Ammoniak und Stickstoff vereist werden. Zudem wurde die mit immensem finanziellem Aufwand errichtete 90-Meter-Großschanze nach den Spielen nur noch sehr selten und schließlich gar nicht mehr genutzt. 1990 wurde sie endgültig gesperrt und verfällt seitdem.

In Sapporo, dem Austragungsort der Spiele 1972, verschandelten die für den Pistenbau durchgeführten Rodungen mehr als dreißig Jahre lang die Landschaft; außerdem wäre es seit längerem dringend erforderlich, die Wohnblocks des olympischen Dorfes zu sanieren, doch dafür ist kein Geld da. Und die zahlreichen, vor den Spielen aus dem Boden gestampften Hotels stehen heute fast alle so gut wie leer.

Zu Drapeaus Ehrenrettung sei gesagt, dass auch die Olympischen Spiele, die nach 1976 stattfanden, mehrheitlich ein enormes Verlustgeschäft waren. Und so wird es wohl auch in Zukunft bleiben. Die immensen Schulden, die den Austragungsorten schließlich bleiben, scheinen ebenso unabänderlich zu sein wie die Tatsache, dass Männer nun einmal keine Kinder bekommen können.

1979

»E-Mail ist ein total unverkäufliches Produkt.«

Ian Sharp,
Chef der kanadischen Computerfirma Sharp Associates

Wenn man die Aussage des Sharp-Managers – die Firma hat übrigens nichts mit dem gleichnamigen japanischen Computer-Unternehmen zu tun – wörtlich nimmt, hatte er durchaus recht. Denn nach wie vor kostet das Verschicken von E-Mails, abgesehen vom Strom für den Rechner, keinen Cent. Doch man kann getrost vermuten, dass Sharp mit seiner plakativen Behauptung ausdrücken wollte, E-Mails hätten keine Zukunft. Und da irrte er gewaltig.

Denn heute ist E-Mail noch vor dem World Wide Web der meistgenutzte Dienst des Internets überhaupt: Tag für Tag werden über 100 Milliarden Botschaften verschickt, von denen freilich rund 95 Prozent lästige Spams – mehr darüber unter der Jahreszahl 2004 – und deshalb alles andere als erwünscht sind. Elektronische Nachrichten sind heute weder aus dem privaten noch aus dem beruflichen Umfeld wegzudenken, und trotz einiger Widrigkeiten wie der erwähnten Spams, gelegentlich verspäteter Übertragung oder überquellender Server ist die elektronische Post zweifellos eines der wichtigsten modernen Kommunikationsmittel, das sich besonders in größeren Unternehmen hoher Beliebtheit erfreut. Nie zuvor in der Geschichte war es einfacher, schneller und vor allem billiger, Informationen auszutauschen, und das in Windeseile über alle Ländergrenzen hinweg. Kein Wunder daher, dass nach einer aktuellen Umfrage 60 Prozent der Unternehmen davon überzeugt sind, ihre E-Mail-Nutzung werde sich in den nächsten zehn Jahren verdoppeln, wenn nicht gar verdreifachen.

»In jeder Wissenschaft geht der Irrtum der Wahrheit voraus, aber es ist besser, er geht voran als hinterher.«
Horace Walpole, britischer Staatsmann

1979

»Die Lebensspanne wird für immer mehr Menschen unbegrenzt verlängert.«

Alvin Silverstein, amerikanischer Biologe und Zukunftsforscher

Conquest of Death hieß das Buch des amerikanischen Wissenschaftlers Alvin Silverstein, aus dem der zitierte Satz stammt, zu deutsch: *Sieg über den Tod* – mit dem Untertitel *Die Wissenschaftler eröffnen das Zeitalter der ewigen Jugend*. Darin behauptet der Autor allen Ernstes, neuere Erkenntnisse aus Biologie und Medizin führten unweigerlich zu dem Schluss, dass es nur noch eine Frage der Zeit sei, bis es für die Menschen keinen Tod mehr gebe. Und diese Aussage untermauert er sogar ganz konkret anhand einer Art »Zeitplan für die Unsterblichkeit«. Demnach würden die Mediziner aufgrund einer Fülle neuer Erkenntnisse bis spätestens 1983 den Krebs besiegen und auch bei der Behandlung der Todesursache Nummer eins, der Herz- und Kreislauferkrankungen, gewaltige Fortschritte erzielen. Bis 1989 würde sich so die Lebensspanne für immer mehr Menschen ganz erheblich verlängern, was bei den meisten Alten erfreulicherweise zudem mit einem deutlich höheren Intelligenzquotienten verbunden sei.

Und zehn Jahre später, also 1999, wären dann Krankheit und Tod endgültig besiegt: Der Mensch würde ewig leben!

Bei so viel Euphorie verblüfft, dass Silverstein – laut Verlagswerbung ein »höchst verantwortungsvoller Mediziner« – sich in seinem Buch sogar scheinbar ernsthaft Gedanken über die unerfreulichen und weniger angenehmen Aspekte der Unsterblichkeit macht. So stellt er etwa nüchtern fest, dass im Fall des ewigen Lebens die Eheformel »Bis dass der Tod euch scheidet« natürlich ihren Sinn verlöre und man sich durchaus fragen müsse, ob die Aussicht, Tausende von Jahren mit demselben Ehepartner zusammenzuleben, nicht vielleicht »nach einigen Jahrhunderten« ihren Reiz verlöre.

Dass Silversteins Prophezeiung aus biologisch-medizinischer Sicht kompletter Blödsinn ist, darüber sind sich die Fachleute einig. Allerdings sind sie sehr unterschiedlicher Auffassung, wenn es um die Frage geht, wie alt der Mensch nun tatsächlich werden kann. Denn es ist eine nicht zu leugnende Tatsache, dass die Lebenserwartung in den letzten 160 Jahren mit geradezu erstaunlicher Regelmäßigkeit zugenommen hat – um ziemlich genau drei Monate pro Jahr. Und so wie es keinerlei Indizien dafür gibt, dass mit dieser Zunahme in absehbarer Zeit Schluss sein wird, so ist es Fakt, dass sich bislang sämtliche Theorien und Prognosen über vermeintliche Obergrenzen als falsch erwiesen haben. Die menschlichen Rekordhalter in puncto Langlebigkeit erreichten ein Alter von annähernd 120 Jahren, und etliche Forscher sind heute der Ansicht, dies sei aufgrund begrenzender Mechanismen bei Chromosomenverdoppelung und Zellteilung auch die absolute Obergrenze. Fest steht, dass jeder Mensch früher oder später sterben muss, und fest steht ebenso, dass daran auch die kühnen Berechnungen eines Alvin Silverstein nichts ändern.

»Wenn weise Männer nicht irrten,
müssten die Narren verzweifeln.«
Johann Wolfgang von Goethe

1981

»Die ersten großen Wälder werden schon in den nächsten fünf Jahren sterben. Sie sind nicht mehr zu retten.«

Professor Bernhard Ulrich,
deutscher Forstwissenschaftler

Man weiß heute nicht mehr genau, wer den später so populären Begriff des »Waldsterbens« erdacht hat, vermutlich entstand er im Zusammenwirken mehrerer Forstwissenschaftler, von denen der Göttinger Professor Bernhard Ulrich zweifellos einer der bedeutendsten war. Ihn hatte das Umweltbundesamt 1980 mit der Erstellung eines Berichts über den Zustand des deutschen Waldes beauftragt, und dabei war er zu dem vernichtenden Urteil gekommen, ein Großteil des deutschen Baumbestandes sei zerstört und werde unwiderruflich zugrunde gehen.

Bestätigt wurde der Professor in der Folgezeit von zahlreichen anderen namhaften Landwirtschafts-, Forst- und Umweltexperten, die alle mehr oder weniger zum selben Resultat kamen. So meinte der renommierte deutsche Landschaftsarchitekt und Verfasser zahlreicher Gartenratgeber, Aloys Bernatzky, nur wenige Wochen später: »Im Jahr 2000 werden wir keine Straßenbäume mehr haben.« Die *Frankfurter Allgemeine Zeitung* schrieb 1982: »Die Wälder siechen immer schneller dahin. Die Horrorvision, es könnten sich dort, wo heute noch Wälder stehen, Grasfluren – die Ökologen sprechen von ›Säuresteppen‹ – ausbreiten, ist nicht mehr einfach fortzuwischen.« *Der Spiegel* 1983: »Wir stehen vor einem ökologischen Hiroshima«, und *Die Zeit* ein weiteres Jahr später: »An der Diagnose gibt es nichts mehr zu deuteln, fünfzig Prozent der bundesdeutschen Wälder sind geschädigt. Am Ausmaß des Waldsterbens kann heute nicht einmal der ungläubige Thomas zweifeln, allenfalls ein Ignorant.« Und weil alle diese Prognosen offenbar noch nicht düster genug waren, setzte Hubert Weinzierl, Vorsitzender des *Bundes für Umwelt und Naturschutz (BUND)* 1985 mit einer geradezu apokalyptischen Prophezeiung noch einen drauf: »Das Sterben der Wälder wird unsere Länder stärker verändern als der Zweite Weltkrieg.« Dagegen klingt die *taz (Die Tageszeitung)* in ihrer Ausgabe vom 3. Dezember 1993, in der sie das Untergangsszenario auf eine einzige Baumart beschränkt – »Die Eiche stirbt aus« –, geradezu gemäßigt.

Über die Ursachen des katastrophalen Baumzustandes, der sich im Anfangsstadium dadurch bemerkbar macht, dass mehr und mehr Nadeln beziehungsweise Blätter verlorengehen, so dass man selbst im Sommer leicht durch die Kronen hindurchsehen kann, waren sich die Experten nicht vollkommen einig. Unstrittig war lediglich der Hauptübeltäter: der sogenannte »saure Regen«, ein Phänomen, bei dem der Säuregehalt des Niederschlags infolge massiver Luftverschmutzung stark ansteigt. Daneben hatte man auch bodennahes Ozon und speziell die von Automotoren abgegebenen Stickoxide sowie die zunehmende Freisetzung von Schwermetallen in Verdacht, wobei – darüber bestand weitgehende Übereinkunft – all diese fatalen Faktoren durch zeitweilige Bedingungen wie längere Trockenheit und Schädlingsbefall erheblich verstärkt wurden.

Doch so verhängnisvoll all diese Einflüsse auf den Wald auch waren und sicher zum Teil auch heute noch sind, so kann man doch mit einiger Erleichterung feststellen, dass es auch mehr als zwanzig Jahre nach Professor Ulrichs Prophezeiung bei uns noch eine ganze Menge Wald gibt. Das ist sicher nicht zuletzt strengeren gesetzlichen Auflagen wie dem Zwang zum Einbau von Katalysatoren in Autos oder von Schadstofffiltern in Fabrikanlagen zu verdanken. Immerhin ging auf diese Weise der Ausstoß an Schwefeldioxid um knapp 90 Prozent und der an Stickoxiden um mehr als die Hälfte zurück. Daneben spielt wohl auch der Zusammenbruch der Industrie in vielen Ostblockstaaten und das Aus für die Kohlekraftwerke in der ehemaligen DDR, die früher eine Menge Schmutz in die Luft bliesen, eine nicht zu unterschätzende Rolle.

Das bedeutet indes nicht, dass der Wald inzwischen wieder vollkommen gesund wäre. Nur gibt man heute klimatischen Faktoren – langen Dürreperioden sowie verheerenden Stürmen wie »Wiebke« und »Lothar«, denen riesige Waldgebiete zum Opfer fallen – die Hauptschuld an seinem schlechten Zustand. Von ganz entscheidender Bedeutung scheint aber zu sein, dass naturbedingte Veränderungen, die sich früher über Tausende von Jahren hinzogen, heute in wenigen Jahrzehnten vonstatten gehen, so dass den gestressten Bäumen kaum Zeit bleibt, sich an die neuen Bedingungen anzupassen. Doch nach Ansicht maßgeblicher Forstwissenschaftler wird der Wald mit den widrigen Bedingungen auch weiterhin zurechtkommen. Stellvertretend für diese Auffassung sei hier der Referent des *Naturschutzbundes Deutschland (NABU)*, Magnus Herrmann, zitiert, der, ohne die generelle Problematik herunterzuspielen, in einer *NABU*-Publikation durchaus zuversichtlich geschrieben hat: »Der deutsche Wald lebt und wird auch in Zukunft nicht sterben.«

»Die Zukunft ist die Gegenwart des Voraus-Schauers.«
Peter Altenberg, österreichischer Schriftsteller

1982

»Wer braucht eigentlich diese Silberscheibe?«

*Jan Timmer (*1933),*
späterer Chef des Philips-*Konzerns*

Als der Holländer Jan Timmer – vermutlich mit geringschätzig herabgezogenem Mundwinkel – diese Frage stellte, war er Manager des Medienunternehmens Polygram, dessen Leitung er ein Jahr später übernahm. Und Polygram war 1971 aus der Fusion der Siemens-Tochter Deutsche Grammophon Gesellschaft (DGG) mit der Philips Phonographischen Industrie (PPI) hervorgegangen, die, wie der Name schon sagt, zu großen Teilen dem Philips-Konzern gehörte. Da verwundert es schon sehr, dass Timmer der *Compact Disc* anfangs so ablehnend gegenüberstand, war der neuartige Tonträger doch seinerseits das Produkt einer gemeinsamen Entwicklung von Philips und Sony, mithin also mindestens zur Hälfte ein Kind des holländischen Elektrokonzerns.

Freilich hatte die Geschichte der CD schon viel früher begonnen, nämlich bereits 1969, als der niederländische Physiker Klaas Compaan die Idee einer Art Schallplatte hatte, die nicht mechanisch von einer feinen Nadel, sondern ohne jede Berührung von Laserstrahlen abgetastet werden sollte. Zusammen mit seinem Kollegen Piet Kramer entwickelte er den ersten Prototypen, und der weckte Ende der siebziger Jahre auch prompt das Interesse des Philips-Chefs Lou Ottens, der dem erstaunlich handlichen Produkt spontan den Namen *Compact Disc* verpasste. 1979 konstruierte Philips dann den ersten CD-Player, zu dessen Weiterentwicklung sich die Holländer mit dem japanischen Elektronikkonzern Sony zusammentaten, der beträchtliche Erfahrungen mit der Umwandlung analoger in digitale Signale hatte. Überdies war Sony seinerseits an CBS und damit an einer der größten Hörfunk- und Fernsehketten der USA beteiligt, was sich als sehr hilfreich erwies, um die anfängliche Ablehnung sämtlicher Plattenfirmen gegenüber dem neuen Medium in Grenzen zu halten.

Und hier kommt nun wieder Polygram mit seinem künftigen Chef Jan Timmer ins Spiel. Denn Philips, das zu diesem Zeitpunkt bereits 60 Millionen US-Dollar in die Entwicklung der CD investiert hatte, verlangte von seiner Entertainment-Tochter kurzerhand, zum Bespielen der neuartigen Scheiben ihr reichhaltiges Musik-Repertoire zur Verfügung zu stellen. Und obwohl Jan Timmer der Sache nicht so recht traute und sich vor allem nicht vorstellen konnte, worin der große Vorteil der CD gegenüber der herkömmlichen Schallplatte liegen sollte, präsentierte Philips der staunenden Öffentlichkeit am 17. August 1982 zusammen mit dem neuartigen Player auch gleich die erste CD mit Walzern von Frédéric

Chopin, der schon kurz darauf das erste Pop-Album, *The Visitors* von ABBA, folgte.

Da sich bei den Musikliebhabern in aller Welt schnell herumsprach, wie einfach sich die neuen Tonträger handhaben ließen und wie problemlos ihre Pflege war, und da zudem – ein nicht unwesentlicher Aspekt – die Musik von der CD deutlich besser klang als von der bisherigen Platte, war der Verkaufserfolg gigantisch. Bereits im ersten Jahr produzierte Polygram 376000 *Compact Discs.* Doch danach ging es erst richtig los, und zwar in einem solchen Tempo, dass bis heute weltweit mehr als 200 Milliarden CDs und rund eine Milliarde Abspielgeräte ihre Käufer fanden.

Offenbar gab es trotz Jan Timmers anfänglicher Skepsis ja doch eine ganze Menge Leute, die die Silberscheibe bestens gebrauchen konnten.

1984

»In zwei Jahren wird eine Impfung zum Testen bereitstehen.«

*Margaret Heckler (*1931),*
US-amerikanische Gesundheitsministerin

Diese, aus heutiger Sicht mehr als kühne Behauptung zur Entwicklung eines Impfstoffes gegen die Immunschwächekrankheit Aids verkündete die amerikanische Gesundheitsministerin auf einer Pressekonferenz am 23. April 1984. Und wie allgemein bekannt ist, lag sie damit leider falsch. Denn inzwischen ist mehr als ein Vierteljahrhundert vergangen, und in dieser langen Zeit sind sämtliche Versuche, das HI-Virus durch vorbeugende Immunisierung auszurotten, samt und sonders fehlgeschlagen. Zwar war in den Medien immer wieder einmal von einem erfolgversprechenden Studienergebnis die Rede, doch bislang konnte davon kein einziges die hohen Erwartungen erfüllen.

Warum es so schwierig ist, einen Impfstoff gegen das vermaledeite Virus zu finden, darüber rätseln die Wissenschaftler bis heute. Allein die Tatsache, dass der Erreger seine Oberfläche permanent verändert und so die Angriffe von Antikörpern immer wieder ins Leere laufen lässt, kann es nicht sein, denn diese Fähigkeit besitzen auch andere Viren, die man längst erfolgreich bekämpfen kann. Es muss da noch einen anderen, vertrackteren Mechanismus geben, der sich den Forschern aber bislang erfolgreich entzogen hat.

Allerdings muss man erwähnen, dass die Immunschwächekrankheit für die Betroffenen nicht mehr so schlimm ist wie in ihren Anfangszeiten. Moderne Behandlungsmethoden und Medikamente haben sie zu einem zwar nach wie vor nicht heil-, aber immerhin behandelbaren Leiden gemacht. Doch dieser Erfolg hat auch seine Kehrseite, denn je weniger Kranke unter Aids leiden, desto geringer wird der Druck auf die Pharmaindustrie, endlich einen wirksamen Impfstoff zu entwickeln. Die Arzneimittel, so hilfreich sie auch sein mögen, sind zudem leider allesamt sehr teuer und haben zum Teil beträchtliche Nebenwirkungen. Außerdem machen sie Aids für die Kranken bestenfalls erträglich, verschwinden lassen sie das Leiden nicht. Dazu wäre nach wie vor nur ein Impfstoff in der Lage. Und der ist angesichts von weltweit rund 33 Millionen Infizierten und jährlich mehr als 2 Millionen Toten so dringend erforderlich wie eh und je.

Doch es sieht so aus, als sollte die Menschheit auch

nach Ablauf der nächsten zwei Jahre noch immer vergeblich darauf warten.

1985

»Für einen Reporter, der unterwegs Notizen aufschreiben will, mag das interessant sein. Aber für den Durchschnittsnutzer sind diese Geräte unnütz, und es gibt auch kaum Software dafür.«

*Steve Jobs (*1955),*
Gründer und Chef der Computerfirma Apple

Die aus heutiger Sicht fast unglaubliche Fehlprognose, von der sich Apple-Chef Steve Jobs inzwischen wiederholt distanziert hat, kann man in der Februar-Ausgabe 1985 des Männermagazins *Playboy* nachlesen. Damals, in den Anfangsjahren des Computers, in denen die elektronische Datenverarbeitung noch alles andere als verbreitet war, waren tragbare Geräte – später nannte man sie *Laptops* und noch später *Notebooks* – eine Kuriosität, die allenfalls ein Schattendasein fristeten und selbst von Technikfreaks eher belächelt wurden. Das erste, das den Namen Computer verdiente, war der *GRiD Compass 100* aus dem Jahr 1982 mit einem Intel 8086-Prozessor, einem Arbeitsspeicher von 340 Kilobyte und einem 1200 Bit/Sekunde-Modem. Er besaß weder ein Disketten-Laufwerk noch eine interne Festplatte, beides musste bei Bedarf extern angeschlossen werden. Trotz dieser aus heutiger Sicht spartanischen Ausstattung war das Gerät mit 5 Kilo Gewicht nicht gerade leicht, doch damit hätten sich potentielle Interessenten wohl notgedrungen abgefunden; was jedoch einem kommerziellen Erfolg weit mehr im Weg stand, war der stattliche Preis von rund 9000 US-Dollar. Den konnte sich eigentlich nur die Regierung leisten, und so wurde der *GRiD Compass 100* denn auch vor allem von der NASA sowie vom amerikanischen Militär zur Berechnung ballistischer Daten genutzt.

Wesentlich erfolgreicher war da schon der *Data General One*, ein MS-DOS-Rechner, der 1984 auf den Markt kam und erstmalig eine gewisse Zeit ohne Stromanschluss, das heißt netzunabhängig betrieben werden konnte. Sein Arbeitsspeicher ließ sich von 128 auf 512 Kilobyte aufrüsten, außerdem besaß er zwei Disketten-Laufwerke und war damit den damaligen Desktop-Computern praktisch ebenbürtig. Sein größtes Problem war, dass er nur mit den neuartigen und daher noch wenig verbreiteten 3½-Zoll-Disketten zurechtkam, auf denen es seinerzeit noch keine wichtige Software gab. Es ist daher eigentlich kein Wunder, dass Steve Jobs 1985 den tragbaren Rechnern keine Zukunft voraussagte.

Doch wie sollte er sich irren! Heute sind Notebooks vollwertige Computer, die es mit allem denkbaren Zubehör gibt, mit extrem leistungsfähigen Prozessoren, immensen Arbeitsspeichern und Festplatten, die denen stationärer Rechner in nichts nachstehen. Bei einem Gewicht von zum Teil weniger als 2 Kilo verfügen sie über raffinierte Tastaturen, brillante Farbmonitore, Internet-Anschluss und leistungsfähige Akkus, die es ermöglichen, sie stundenlang ohne Netzanschluss zu betreiben. Und da sie samt und sonders sowohl mit riesigen Arbeitsspeichern als auch mit hochwertigen CD-Laufwerken ausgerüstet sind, kann man auf ihnen jede Software installieren, die es käuflich zu erwerben gibt. Allein der weltgrößte Notebook-Produzent, die taiwanische Firma Quanta Computer, die mit ihren Geräten unter anderem Hewlett-Packard, Dell und Sony beliefert, produziert Monat für Monat rund 5 Millionen tragbare Computer.

Hätte man Steve Jobs 1985 in einen modernen Schnellzug beamen können, er hätte sich beim Anblick der vielen eifrig auf den Tastaturen klappernden Notebook-Besitzer zweifellos verblüfft die Augen gerieben. Und den Nutzen tragbarer Computer vollkommen anders beurteilt – ganz sicher nicht nur für Reporter.

»Irrtümer sind die Stationen auf dem Weg zur Wahrheit.«

Fjodor Michailowitsch Dostojewski

1986

»Das Werk verfügt über sichere und zuverlässige Kontrollen, so dass die Reaktoren gegen jede Störung mit drei Sicherheitssystemen, die unabhängig voneinander arbeiten, geschützt sind.«

Vitali Sklyarow,
Energieminister der Ukraine

Dies ist nur ein Satz aus einer Verlautbarung des ukrainischen Energieministers über das Kernkraftwerk Tschernobyl, die 1986 in der Februar-Ausgabe der englischsprachigen Zeitschrift *Sovjet Life* erschien. Weiter hieß es darin: »Die Wahrscheinlichkeit einer Kernschmelze ist eine in 10000 Jahren. Die Umgebung ist mit Sicherheit geschützt, weil hermetisch abgeschlossene Gebäude mit geschlossenen Kreisläufen für die technologischen Verfahren jede Freisetzung in die äußere Umgebung ausschließen.«

Gerade mal zwei Monate nach Veröffentlichung des Artikels, genauer gesagt, um 1 Uhr 23 in der Nacht zum 26. April 1986, passierte in ebendieser Nuklearkraftanlage der absolute Super-GAU: In Block 4 kam es zu der angeblich nur einmal in 10 000 Jahren möglichen Kernschmelze, bei der riesige Mengen radioaktiven Materials in die Luft flogen und sich mit dem Wind über weite Gebiete Europas verteilten. Die verheerende Katastrophe ereignete sich bei einer Überprüfung, die klären sollte, ob die Turbinen im Fall eines kompletten Stromausfalls noch genügend Leistung lieferten, um die Kühlung des Reaktors bis zum Anlaufen der Notgeneratoren zu gewährleisten. Und möglicherweise wäre sogar alles reibungslos verlaufen, hätte nicht genau in der Phase, in der die Techniker die Leistung herunterfuhren, der Lastverteiler Kiew aufgrund erhöhter Stromnachfrage angeordnet, das Experiment zu verschieben.

So kam es, dass der Reaktor unbemerkt fast neun Stunden lang im Teillastbetrieb gefahren wurde. Als die Betreiber den Fehler endlich erkannten, gerieten sie in solche Panik, dass sie beim Versuch, die Leistung so schnell wie möglich wieder hochzufahren, versehentlich zu viele der Bremsstäbe entfernten, mit denen sich die atomare Kettenreaktion unter Normalbedingungen zuverlässig kontrollieren lässt. Das hatte fatale Folgen, die sich kurz darauf unter anderem darin zeigten, dass das Kühlwasser heftig zu kochen begann. Jetzt blieb dem Schichtleiter nur noch eine Möglichkeit, eine Katastrophe zu verhindern: Er löste manuell die Notabschaltung aus. Und dabei zeigte sich ein schrecklicher Konstruktionsfehler des Reaktors: Es dauerte viel zu lange, bis die Bremselemente reagierten, mit dem Ergebnis, dass eine verheerende Kettenreaktion in Gang gesetzt wurde, in deren Folge die Leistung schlagartig auf etwa das 100-fache des Nennwertes anstieg. Kurz darauf zerriss eine mächtige Explosion den Reaktor und zerstörte alles, was sich in seiner Umgebung befand. Anschließend brannte Block 4 zehn Tage lang, wobei ungehemmt Riesenmengen radioaktiver Substanzen entwichen.

Wie viele menschliche Opfer das Unglück von Tschernobyl gefordert hat, lässt sich schwer ermitteln, da viele Betroffene nicht unmittelbar, sondern noch Jahre später an den Folgen der Verstrahlung starben. Je nach Sichtweise muss man wohl von einer Zahl zwischen 100 000 und 250 000 ausgehen. Doch das ist nur eine Zwischensumme, da in den am stärksten betroffenen Regionen in Weißrussland und der Ukraine auch heute noch zahlreiche Menschen den Folgen des Super-GAUs erliegen. Vor allem strahlenbedingte Krebserkrankungen treten dort nach wie vor sehr häufig auf, und Kinder, die auf den stark kontaminierten Böden aufwuchsen und noch immer aufwachsen, haben ein vielfach höheres Risiko, schwer zu erkranken und an ihrem Leiden zu sterben, als vor dem April 1986.

Auch wenn es viele nicht wahrhaben wollen: Die Katastrophe des angeblich sicheren Kernkraftwerks Tschernobyl ist noch ebenso wenig zu Ende wie diejenige der japanischen Nuklearanlage Fukushima, die sich keinesfalls 10 000, sondern gerade einmal 25 Jahre später ereignete.

1988

»Gorbatschow wird noch eine Reihe von Jahren, vielleicht sogar bis zur Jahrtausendwende, Generalsekretär der KPdSU bleiben.«

Jimmy Carter,
ehemaliger US-Präsident

Wahrscheinlich war es reines Wunschdenken, was den amerikanischen Ex-Präsidenten Jimmy Carter zu seiner Aussage veranlasste. Denn mit Gorbatschows neuartiger Politik von *Glasnost* (Offenheit) und *Perestroika* (Umbau) hatte sich der amtierende Generalsekretär des Zentralkomitees der KPdSU – von ihm war bereits unter der Jahreszahl 1957 die Rede – dem Westen doch sehr angenähert und damit das Ende des unseligen Kalten Krieges eingeleitet. Dass Gorbatschow dafür im Jahr 1990 sogar den Friedensnobelpreis erhalten würde, konnte Jimmy Carter freilich nicht ahnen.

Doch letztlich führte der sowjetische Präsident mit seiner Demokratisierung selbst das Ende seiner politischen Karriere herbei. Denn noch im Jahr 1988, aus dem das Carter-Zitat stammt, distanzierte er sich von der sogenannten *Breschnew-Doktrin,* die den Nationen des Ostblocks nur eine sehr eingeschränkte Souveränität zugestand, und ermöglichte damit, dass die Länder des Warschauer Pakts ihre Staatsform fortan selbst bestimmen konnten. Das Ende ist bekannt: Die Sowjetunion wurde aufgelöst, und Gorbatschow verließ die politische Bühne.

Das geschah 1991 und damit gerade mal drei Jahre nach Carters Prophezeiung. Und fast ein komplettes Jahrzehnt vor dem Beginn des neuen Millenniums.

1989

»OS/2 wird das Betriebssystem der 90er Jahre.«

*Bill Gates (*1955),*
Chef der weltweit führenden Softwareschmiede Microsoft

Als man Bill Gates später mit seiner früheren Einschätzung zum Betriebssystem *OS/2* konfrontierte, stritt er ab, jemals etwas Ähnliches gesagt zu haben. Pech für ihn, dass genau diese Äußerung auf Video festgehalten worden war. Doch im Grunde konnte man ihm seine optimistische Prognose gar nicht verdenken, zumindest gibt es keinen Grund, sich ihrer zu schämen. Denn als *OS/2* auf den Markt kam, war es – darüber sind sich die Experten bis heute weitgehend einig – tatsächlich eine erfolgversprechende Neuheit. Entwickelt wurde es ursprünglich, um *DOS* und *Windows* abzulösen, und zwar von Microsoft und IBM gemeinsam. Und im Vergleich zum damals aktuellen *Windows 3.1* war die Leistungsfähigkeit in der Tat beeindruckend. *OS/2* beherrschte Multitasking, unterstützte lange, eindeutige Dateinamen bis zu 255 Zeichen und verhinderte mit seinem Speicherschutz, dass ein einziges fehlerhaftes Programm das ganze System in Unordnung bringen konnte. Für die damaligen, an die Unzulänglichkeiten von *Windows* gewöhnte Computernutzer zweifellos beachtliche technische Highlights.

Da fragt man sich natürlich, warum ein derart innovatives Betriebssystem so sang- und klanglos scheitern konnte. Nun, dafür gibt es mehrere Gründe. Der wichtigste war wohl die unprofessionelle, zum Teil sogar widersprüchliche Vermarktung. So pries beispielsweise die IBM, die ja schon damals hauptsächlich von Firmenkunden lebte, das Produkt in einer Werbekampagne als ideale Lösung für jugendliche Computerfreaks an. Außerdem schafften es weder IBM noch Microsoft, rechtzeitig namhafte Softwareproduzenten für das neue Betriebssystem zu begeistern, mit dem Ergebnis, dass es bei der Einführung kaum professionelle Anwendungen und praktisch überhaupt keine Spiele gab. Und als die erste, speziell für *OS/2* entwickelte Software auf den Markt kam, erwies sie sich als derart fehlerhaft, dass die Anwender rasch den Spaß daran verloren. Die Folge war, dass Microsoft 1991 bei der Vermarktung von *OS/2* die weitere Zusammenarbeit mit IBM einstellte und sich stattdessen wieder voll und ganz auf die Weiterentwicklung von *Windows* konzentrierte.

Heute gibt es *OS/2*, das zwischenzeitlich in einer aktualisierten Version unter dem Namen *eComStation* von der Firma Serenity Systems vertrieben wurde, praktisch nicht mehr.

Lediglich im Bereich von Haus- und Sicherheitstechnik wird *OS/2* gelegentlich noch eingesetzt.

Für ein Betriebssystem, das als technische Revolution angekündigt wurde und dies eigentlich auch war, ein wahrhaft unrühmliches Ende.

»Es steckt oft mehr Geist und Scharfsinn
in einem Irrtum als in einer Entdeckung.«
Joseph Joubert, französischer Schriftsteller

1989

»Nach vierzig Jahren Bundesrepublik sollte man eine neue Generation in Deutschland nicht über die Chancen einer Wiedervereinigung belügen. Es gibt sie nicht!«

*Gerhard Schröder (*1944),*
deutscher Politiker und späterer Bundeskanzler

Wohl kein anderes politisches Ereignis der zweiten Hälfte des vergangenen Jahrhunderts geschah so unvorhergesehen wie die Wiedervereinigung der beiden deutschen Staaten. Nach dem Kurswechsel der sowjetischen Politik unter Präsident Gorbatschow hin zu mehr Transparenz und Freiheit hatten aufbegehrende Bürger zuvor über Monate hinweg in der DDR derart gewaltige Massenproteste organisiert, dass die sozialistische Staatsführung dagegen praktisch machtlos war. Und als erst einmal vielen Tausenden die Flucht über die ungarische Grenze in die Freiheit gelungen war, fiel am 9. November 1989 schließlich auch die ebenso berühmte wie berüchtigte Mauer, die Deutsche und Deutsche seit August 1961 getrennt hatte.

Kein Wunder daher, dass selbst Politiker, denen man durchaus profunde Kenntnisse der herrschenden Machtverhältnisse und beträchtlichen Weitblick attestieren konnte, von der rasanten Entwicklung, die schließlich am 3. Oktober 1990 mit dem Beitritt der Deutschen Demokratischen Republik zur Bundesrepublik Deutschland ihren Höhepunkt fand, vollkommen überrascht wurden. So hatte zum Beispiel der damalige niedersächsische SPD-Oppositionsführer und spätere Bundeskanzler Gerhard Schröder noch am 12. Juni 1989 und damit gerade mal fünf Monate vor dem Mauerfall mit obigem Zitat die Chance für eine deutsche Wiedervereinigung als schlichtweg nicht existent bezeichnet und damit dem berühmten deutschen Publizisten Sebastian Haffner beigepflichtet, der 1987 kategorisch erklärt hatte: »Eine Wiedervereinigung, in der beide deutsche Staaten, so wie sie nun einmal sind und geworden sind, zu einem funktionierendem Staat verschmolzen würden, ist nicht vorstellbar, nicht einmal theoretisch.«

In dasselbe Horn, wenn auch aus Sicht der »Gegenseite«, hatte zuvor auch der DDR-Staatsratsvorsitzende Erich Honecker gestoßen: »Zwischen der sozialistischen DDR und der imperialistischen BRD gibt es keine Einheit und wird es keine Einheit geben. Das ist so sicher und so klar wie die Tatsache, dass Regen zur Erde fällt.« Und noch im November, also nur wenige Tage vor dem Mauerfall, schrieb Hans Eichel, seinerzeit Oberbürgermeister von Kassel und späterer hessischer Ministerpräsident sowie Bundesfinanzminister, im SPD-Organ *Wir Hessen* in völliger Verkennung der Tatsachen: »Die deutsche Frage steht derzeit als akute Frage der Wiedervereinigung nicht auf der weltpolitischen Tagesordnung. Diejenigen, die derzeit von Wiedervereinigung daherreden, haben keine vernünftige realitätsnahe Perspektive.« Ganz besonders lautstark lehnte sich aber Joschka Fischer, damals Fraktionsvorsitzender der Grünen im hessischen Landtag, aus dem Fenster, als er – ebenfalls noch 1989 – im Hinblick auf die Zukunft der beiden deutschen Staaten einen radikalen Schritt forderte: »Wir sollten das Wiedervereinigungsgebot aus der Präambel des Grundgesetzes streichen.«

Dass alles ganz anders kam, ist allgemein bekannt, und dass die bis dahin unvorstellbare Entwicklung dazu noch rasend schnell vonstatten ging, auch. Bald fluteten Massen von Trabis über die Straßen der alten

Bundesländer, und praktisch von einem Tag auf den anderen konnte man in Bayern, Nordrhein-Westfalen und Schleswig-Holstein unverfälschtes Sächsisch hören. Hatte Gerhard Schröder noch im Juni getönt, die Chance auf eine deutsche Wiedervereinigung gebe es nicht, so mussten er und die vielen anderen selbsternannten Auguren jetzt plötzlich kleinlaut etwas eingestehen, was eigentlich schon jedes Kind lernt: »Es gibt nichts, was es nicht gibt.«

Auch in der großen Politik.

1990

»Wenn ich jetzt dem Bürger vor der Wahl sage, wir machen keine Steuererhöhung im Zusammenhang mit der Deutschen Einheit, dann machen wir auch keine.«

*Helmut Kohl (*1930),*
deutscher Bundeskanzler

Im Zuge der Deutschen Einheit nicht an der Steuerschraube zu drehen versprach Helmut Kohl im November 1990 während des Bundestagswahlkampfs, dazu noch »blühende Landschaften« und dass man die Deutsche Einheit »aus der Portokasse« bezahlen werde. Und da die Bürger ihm erstaunlicherweise tatsächlich zu glauben schienen, holte er mit dieser Ankündigung für die Union beachtliche 43,8 Prozent der Stimmen. Doch schon zwei Monate später, am 27. Februar 1991, brachte die *Bild*-Zeitung ein Foto des Kanzlers in liegender Stellung, über dem in dicken Lettern die Worte »DER UMFALLER« und »DIE STEUERLÜGE« standen. Denn kaum hatte Kohl die Wahl gewonnen, hatte er auch schon einräumen müssen, dass im Haushalt 46 Milliarden Mark fehlten, weil die Bundesrepublik einen wesentlich höheren Beitrag zum Golfkrieg leisten müsse als erwartet und weil man die Folgekosten der Deutschen Einheit bedauerlicherweise wohl doch ein wenig unterschätzt habe. Mit bedauerndem Schulterzucken führte die Regierung daraufhin den 7,5-prozentigen Solidaritätszuschlag ein und erhöhte kurzerhand die Steuern auf Tabak, Versicherungen und vor allem Benzin. Damit brachte sie nun aber nicht nur die *Bild*-Zeitung, sondern auch die als durchaus seriös bekannten deutschen Blätter auf die Palme. Etwa *Die Welt*, die empört »Rekord-Steuererhöhung beschlossen« titelte, oder die *Frankfurter Rundschau* mit ihrer Schlagzeile: »Das größte Täuschungsmanöver der Bundesrepublik.«

Offenbar hatte Kohl übersehen, dass es im Osten mit den »blühenden Landschaften« doch nicht so weit her war. Denn die ehemaligen DDR-Verantwortlichen hatten ihre Fabriken und sonstigen Betriebe hemmungslos für leistungsfähiger erklärt, als sie tatsächlich waren, und zudem brach mit dem Ostblock in den neuen Bundesländern fast der komplette Außenhandel zusammen. Woraufhin auch die Arbeitslosigkeit östlich der Elbe dramatisch zunahm. Schließlich mussten die westdeutschen Politiker ernüchtert feststellen, dass das kommunistische System in seinen Betrieben aus Propagandagründen viel mehr Menschen beschäftigt hatte, als dort jemals erforderlich gewesen waren. Menschen, die jetzt von einem Tag auf den anderen auf der Straße standen.

Für Helmut Kohl bedeutete die »Steuerlüge« den Anfang vom Ende als Regierungschef. Wurde er im Oktober 1990 noch begeistert als »Kanzler der Einheit« gefeiert, so galt er schon drei Monate später immer mehr Bürgern geradezu als Hassfigur. Dass er trotzdem im Jahr 1994 noch einmal die Wahl gewann, hatte er denn auch keinesfalls seiner Popularität, sondern schlicht dem für ihn glücklichen Umstand zu verdanken, dass die SPD ein Jahr zuvor als Ergebnis der Barschel-Affäre ihren Spitzenmann Björn Engholm verloren hatte und Gerhard Schröder wegen innerparteilicher Querelen noch nicht als Kanzlerkandidat in Betracht kam.

Außerdem war den resignierten Deutschen inzwischen wohl klargeworden, dass auch ein SPD-Kanzler sie bei Bedarf skrupellos belügen würde.

»Einer neuen Wahrheit ist nichts schädlicher als ein alter Irrtum.«
Johann Wolfgang von Goethe

1990

»Ich sage, dass das Internet sich bald in eine spektakuläre Supernova verwandeln und 1996 katastrophal zusammenbrechen wird.«

*Robert Metcalfe (*1946),*
Erfinder des Ethernets

Den Begriff »Internet« kennen heute schon kleine Kinder, und viele von ihnen – nach neuen Erhebungen 67 Prozent der 6- bis 13-Jährigen – haben damit bereits praktische Erfahrungen gemacht, haben vielleicht Bilder von Ernie, Bert, Maus oder Elefant angeschaut, Spiele gespielt oder, wenn sie etwas älter sind, sich mit einem interaktiven Lernprogramm beschäftigt. Erzählen ihnen die Eltern, in ihrer eigenen Jugend habe es so etwas noch gar nicht gegeben, ernten sie meist verständnisloses Kopfschütteln. Oder Antworten wie die eines 17-Jährigen auf die väterliche Erklärung, früher habe kein Mensch einen Computer besessen: »Und womit seid ihr damals ins Internet gekommen?«

Tatsächlich ist das Internet mit seinen Bestandteilen *E-Mail* und *World Wide Web* noch ausgesprochen jung. Erst in den 1970er Jahren ging es aus einem Computernetzwerk des US-Verteidigungsministeriums namens *Arpanet* hervor, mit dem ursprünglichen Ziel, die knappen Computerkapazitäten von Universitäten und Forschungseinrichtungen optimal zu bündeln. Insofern ist die Version, das Internet sei ursprünglich eine militärische Einrichtung des Kalten Krieges zur Verbesserung der Kommunikation im Fall eines Atomkrieges gewesen, schlichtweg Unsinn. Für den privaten Nutzer wurde das Netz allerdings erst interessant, als Tim Berners-Lee vom Kernforschungszentrum CERN bei Genf 1989 das *World Wide Web* entwickelte, das jedermann mit einem kostenlosen Browser namens *Mosaic* nutzen konnte. Und weil viele Nutzer natürlich auch viele potentielle Kunden bedeutet, vervielfachte sich binnen kurzem die Anzahl kommerzieller Angebote.

Doch dass das Internet sich derart rasant weiterentwickeln und immer größere Bereiche des täglichen Lebens massiv beeinflussen würde, so dass Experten heute von der einschneidensten Veränderung des Informationswesens seit der Erfindung des Buchdrucks sprechen, konnte seinerzeit niemand ahnen. Und dass in nicht allzu ferner Zukunft ein Großteil der täglichen Geschäfte – Näheres hierzu unter der Jahreszahl 1966 – über das *World Wide Web* ablaufen würde, auch nicht. Prognosen wie die eingangs angeführte von Robert Metcalfe erscheinen deshalb zwar aus heutiger Sicht geradezu lächerlich, waren aber aus dem Blickwinkel der Zeit, in der sie abgegeben wurden, durchaus nachvollziehbar. Das gilt sogar noch für die Prophezeiung des ehemaligen Telekom-Chefs Ron Sommer aus dem Jahr 1992: »Das Internet ist nur eine Spielerei für Computerfreaks, wir sehen darin keine Zukunft« sowie für die Aussage des bereits mehrfach zitierten und bezüglich weitsichtiger Visionen offenbar eher minderbemittelten Microsoft-Chefs Bill Gates von 1995: »Das Internet ist nur ein Hype. Damit verdient man niemals Geld.«

Doch auch andere angebliche Experten lagen mit ihren Erwartungen vollkommen daneben, so zum Beispiel die schwedische Ministerin für Verkehr und Kommunikation, Ines Uusmann, die noch 1996 – immerhin schon ein wenig skeptisch – verkündete: »Das Internet ist eine Mode, die vielleicht wieder vorbeigeht.« Und sogar noch weitere fünf Jahre später, genauer gesagt am 24. März 2001, konnte man in der überregionalen Tageszeitung *Die Welt* lesen: »Das Internet wird kein Massenmedium, weil es in seiner Seele keines ist.«

Heute wissen wir es besser. Das Internet ist zu einem weltumspannenden Kommunikationsmedium geworden, das Menschen auf allen fünf Kontinenten miteinander verbindet und über das Tag für Tag viele Millionen Geschäfte abgewickelt werden sowie ungeheure Datenmengen fließen. Im Jahr 2009 waren das Monat für Monat fast 12 000 Petabyte, was auf den Tag umgerechnet in etwa dem 3500-fachen Informationsgehalt sämtlicher Bücher entspricht, die jemals geschrieben wurden. In Deutschland verfügen rund 70 Prozent der Erwachsenen über einen Internetzugang, und da weitaus mehr jüngere – bei den 10- bis 13-Jährigen sind es vier von fünf – als ältere Menschen im *World Wide Web* surfen, E-Mails verschicken und Angebote vergleichen, ist es nicht schwer vorherzusagen, dass in absehbarer Zeit so gut wie niemand mehr daran vorbeikommen wird.

Von einem Zusammenbruch des Internets, wie ihn Metcalfe für das Jahr 1996 prophezeit hat, kann daher überhaupt keine Rede sein, und ein Kollaps ist auch für die Zukunft nicht zu erwarten. Zwar stößt das Netz mittlerweile in etlichen Bereichen – speziell in puncto Schnelligkeit, Zuverlässigkeit und Sicherheit – an die Grenzen seiner Leistungsfähigkeit, doch in den Forschungseinrichtungen weltweit ist man längst dabei, das Internet der Zukunft zu entwickeln.

Lassen wir uns überraschen.

1990

»Es tut mir leid für den Rest der Welt, aber wenn jetzt nach der Wiedervereinigung demnächst auch noch all die Fußballer aus dem Osten dazukommen, wird diese Mannschaft auf Jahre hinaus nicht zu schlagen sein.«

*Franz Beckenbauer (*1945),*
seinerzeit Teamchef der deutschen Nationalmannschaft

Dass Franz Beckenbauer sich zu dieser doch reichlich gewagten Prognose hinreißen ließ, war wohl der Euphorie über die in Italien gewonnene Fußballweltmeisterschaft zuzuschreiben. Immerhin hatte die deutsche Nationalmannschaft soeben unter Beckenbauers Leitung die als fast unschlagbar geltenden Argentinier besiegt. Und das mit einem Team, das ausschließlich aus Westdeutschen bestand und mit Sicherheit in Kürze durch hervorragende Spieler aus der ehemaligen DDR wesentlich verstärkt werden würde. Tatsächlich sollte der »Kaiser« in den nächsten Länderspielen recht behalten. Zwar endete gleich die erste Nach-WM-Partie gegen Portugal lediglich 1:1 unentschieden, aber damit blieben die Deutschen ja immerhin ungeschlagen. Doch die erste Niederlage ließ nicht lange auf sich warten, und peinlicherweise war der Gegner, der am 6. Mai 1991 gegen Deutschland 1:0 gewann, ausgerechnet der Fußballzwerg Wales, der es nicht einmal geschafft hatte, sich für die Weltmeisterschaft zu qualifizieren.

Nicht »auf Jahre hinaus«, sondern gerade mal knappe zehn Monate hatte die deutsche Unbesiegbarkeit damit angedauert.

»Jeder Mensch kann irren, aber
Dummköpfe verharren im Irrtum.«
Marcus Tullius Cicero,
römischer Rhetoriker und Staatsmann

1991

»Wir verlieren in der Rückrunde kein Spiel mehr und werden ungeschlagen Deutscher Meister.«

*Uli Hoeneß (*1952),*
Manager des Fußballclubs Bayern München

Der Satz stammt aus einem Interview, das der Ex-Bayern-München-Präsident Uli Hoeneß in der Winterpause der Saison 1990/91 der Zeitschrift *SPORT-Bild* gab. Zu Beginn der Rückrunde hatte Bayern dann als ersten Gegner den FC St. Pauli zu Gast, und als der Schiedsrichter das

Spiel abpfiff, war Hoeneß' Vorhersage schon zum Irrtum geworden. Denn Bayern hatte das Heimspiel höchst blamabel mit 0:1 verloren. Und da St. Pauli am Saisonende in die Zweite Liga absteigen musste, erweist sich die fatale Auftaktniederlage der Bayern aus heutiger Sicht sogar als doppelt peinlich.

Doch auch mit dem zweiten Teil seiner Prophezeiung lag Hoeneß total daneben. Denn es war am Saisonende mitnichten der mächtige FC Bayern, sondern der im Vergleich eher unbedeutende FC Kaiserslautern, der die Nase vorn hatte und Deutscher Fußballmeister wurde. Die Bayern hatten mit drei Punkten Abstand das Nachsehen. Der einzige Meistertitel, den der Münchener Nobelverein in dieser Saison gewann, gehörte somit eindeutig Uli Hoeneß: das Championat im Sich-Irren für zwei Fehlprognosen in einem einzigen Satz.

1992

»Nach sechs Wochen sind wir damit durch.«

*Wolfgang Bahro (*1960), Schauspieler*

Wer den Schauspieler Wolfgang Bahro kennt, kennt ihn auch in einer seiner bekanntesten Rollen – und ahnt, womit er und seine Kollegen nach seiner Meinung in sechs Wochen durch wären: mit der RTL-Seifenoper *Gute Zeiten, schlechte Zeiten (GZSZ)*. Darin spielt Bahro den intriganten Rechtsanwalt Jo Gerner, dessen Lieblingsbeschäftigung es ist, andere Menschen gegeneinander auszuspielen. Doch obwohl ihm sein Part von Anfang an durchaus zusagte, war er äußerst skeptisch und der festen Überzeugung, die Serie habe keine Zukunft. Doch es sollte ganz anders kommen.

Denn längst gilt der Dauerbrenner *GZSZ*, von dem seit dem Start im März 1992 mehr als 4000 Folgen ausgestrahlt wurden, als die erfolgreichste deutsche Serie ihrer Art. Fast ein Viertel der 14- bis 49-Jährigen verfolgen sie regelmäßig, leiden und freuen sich mit den Akteuren und fiebern ungeduldig jeder neuen Folge entgegen. 1999 erhielt die Produktion den *Bambi* in der Kategorie *Beste Serie*, und 2003 wurde sie mit dem *Deutschen Fernsehpreis* in der Sparte *Beste Tägliche Sendung* ausgezeichnet. Die Herstellungskosten einer Folge liegen bei 30 000 bis 60 000 Euro; dem stehen Werbeeinnahmen von bis zu 1 Million Euro gegenüber. Kein Wunder also, dass *GZSZ* sich nicht nur bei den Zuschauern, sondern auch beim Sender RTL höchster Beliebtheit erfreut. Und es sieht nicht so aus, als sollte sich daran in absehbarer Zeit etwas ändern.

Schon gar nicht in sechs Wochen.

1994

»Der Multimediazug ins 21. Jahrhundert wird eher einem Geisterzug gleichen, in dem sich ein paar Nintendo- und Sega-Kids geradezu verlieren, während die Masse der Konsumenten nach wie vor voll auf das TV-Programm abfährt.«

*Horst Opaschowski (*1941),*
Zukunftswissenschaftler und Politikberater

Wenn es darum geht, zukünftige Entwicklungen vorauszusagen, ist Professor Horst Opaschowski, wissenschaftlicher Leiter der *BAT Stiftung für Zukunftsfragen*, für Politiker und Wirtschaftsbosse der Ansprechpartner Nummer eins. Mit seinen treffenden Prognosen hat er sich weit über Deutschland hinaus einen Namen gemacht, und so ist es kein Wunder, dass *Die Zeit* ihn als »Meinungsmacher«, die Nachrichtenagentur *dpa* als »Mr. Zukunft, Mann der Thesen und Prognosen« und die *Rheinische Post* sogar als »Zukunftspapst« bezeichnet hat. Die *Frankfurter Allgemeine Zeitung* nannte seine Forschungen »vorausschauend, objektiv und glaubwürdig«, und wiederum *dpa* verlautbarte: »Dem Volk schaut er aufs Maul, der Regierung klopft er auf die Finger.«

Tatsächlich haben sich die meisten Prognosen, die Opaschowski abgegeben hat, als erstaunlich treffsicher erwiesen. So etwa, als er 1976 schrieb: »Neben den traditionell sozialen Randgruppen wird es schon bald arbeitslose Problemgruppen – zum Beispiel Jugendliche ohne Hauptschulabschluss, ältere Arbeitnehmer – geben«, oder in einem Artikel aus dem Jahr 1984, in dem er die Probleme vieler Menschen mit der zunehmenden Freizeit beklagte: »Die Bundesbürger kommen nach der Arbeit nicht zur Ruhe. Sie klagen über wachsenden Freizeitstress und haben Schwierigkeiten, ökonomisch mit der Zeit umzugehen, sich selber Grenzen zu setzen – und auch einmal nichts zu tun.«

Doch in einem Punkt hat Opaschowski sich gründlich getäuscht: Die Multimedia-Bewegung hielt er für nichts weiter als eine Eintagsfliege, eine vorübergehende Laune, von der man – im Gegensatz zum Fernsehen – schon bald nichts mehr hören würde. Das beweist oben angeführte Prognose, in der es weiter heißt: »Der Multimediarausch findet nicht statt. Die Macher haben die Rechnung ohne die Mitmacher gemacht.«

Denn von lediglich »ein paar« Nintendo- und Sega-Kids kann schon lange keine Rede mehr sein. Immerhin verkaufte sich *Nintendos Gameboy* fast 250 Millionen

Mal, und von der *Sony PlayStation* fand die bis 2006 gebaute Ursprungsversion 102 Millionen sowie der Nachfolger *PlayStation 2* sogar 120 Millionen Käufer. Außerdem sind fast alle Spielkonsolen-Freaks inzwischen eifrige Internet- und Handynutzer geworden, die jeden Tag Millionen von SMS und MMS versenden, Videos ansehen und Musik hören. Interaktive Seiten laden zum Mitmachen – und durchaus auch zum Mitlernen (Stichwort: *E-Learning*) – ein, und die multimediale Internet-Werbung mittels Banner und Pop-up ist zumindest bei jungen Leuten eifrig und mit Erfolg dabei, der herkömmlichen Fernseh- oder Zeitschriftenreklame den Rang abzulaufen.

Welch enorme Rolle Multimedia heute spielt, wird allein schon aus dem gewaltigen Verkaufserfolg von Smartphones wie dem *iPhone* ersichtlich, das längst nicht mehr nur ein Handy ist, sondern Text, Fotografie, Animation, Audio und Video auf kleinstem Raum kombiniert. Nahezu überall kann man damit Filme ansehen, klassischer oder Pop-Musik, Nachrichten, Podcasts oder Hörbüchern lauschen, SMS und E-Mails verschicken, Fotos aufnehmen und weitersenden und sich im Internet mit all seinen vielfältigen Möglichkeiten tummeln.

Da kann das biedere TV-Programm schon lange nicht mehr mithalten.

»Die nachher alles vorher gewusst haben, sind uns nachher weitaus sympathischer als vorher.«

Ernst Ferstl,
österreichischer Dichter

1994

»Der Storch wird nach Ansicht von Fachleuten in Deutschland die Jahrtausendwende nicht überleben.«

Der Spiegel, *deutsches Nachrichtenmagazin*

Der Satz stammt aus der zweiten *Spiegel*-Ausgabe des Jahres 1994, und damals sah es tatsächlich so aus, als gäbe es in Deutschland schon bald keine Störche mehr. Denn die langschnäbeligen, klappernden Gesellen, deren Nester hoch oben auf Kirchtürmen, Hausgiebeln oder Masten thronen, haben es bei uns nicht leicht, finden sie doch in den meisten Gegenden schon lange keine ausreichende Nahrung mehr. Daran sind sowohl die Trockenlegung von Feuchtgebieten als auch die exzessive landwirtschaftliche Nutzung schuld, die immer weniger sumpfige Wiesen und Weiden sich selbst überlassen. Aber auch der Klimawandel mit voraussichtlich immer trockeneren Sommern wird zukünftig so mancher saftigen Grünfläche, auf der sich früher Insekten, Lurche, Kleinsäuger, Frösche und Echsen in großer Zahl tummelten, den Garaus machen. Kein Wunder daher, dass der Storch bei uns zu den bedrohten Arten zählt.

Doch so akut gefährdet, wie es der *Spiegel*-Artikel von 1994 vermuten lässt, ist der langbeinige, schwarzweiße Vogel nun auch wieder nicht. Immerhin hat er entgegen der düsteren Vorhersage nicht nur die Jahrtausendwende, sondern auch die nachfolgenden zehn Jahre überlebt. Und nachdem der Bestand bei uns in Deutschland in der zweiten Hälfte der 1980er Jahre mit weniger als 3000 Brutpaaren einen traurigen Tiefstand erreicht hatte, nimmt er seitdem sogar wieder leicht zu. Heute geht man von etwa 4800 Brutpaaren aus, von denen fast 80 Prozent in den östlichen Bundesländern nisten. Und wenn die

Politiker in Zukunft dafür Sorge tragen, dass nicht jedes Fleckchen Erde landwirtschaftlich genutzt wird, dass einstmals begradigte Wasserläufe »renaturiert« werden und hier und dort Feuchtgebiete ihren Namen zu Recht tragen, hat der Storch durchaus eine Chance, in Deutschland wieder in großer Zahl heimisch zu werden.

Vielleicht werden dann auch wieder mehr Kinder geboren.

1995

»Mit Kindern wirst du nichts gewinnen.«

*Alan Hansen (*1955), ehemaliger schottischer Fußball-Nationalspieler und späterer Fernsehkommentator*

Die abfällige Bemerkung entschlüpfte Alan Hansen – er galt bis zu seinem Abschied vom aktiven Sport im Jahr 1991 als einer der besten britischen Innenverteidiger – bei der Berichterstattung über die Auftaktniederlage von Manchester United gegen Aston Villa im Jahr 1995. Nach Hansens Auffassung verlor ManU die Partie nämlich vor allem deswegen, weil der Trainer zu viele junge und daher zwangsläufig unerfahrene Spieler eingesetzt hatte. Darunter waren indes eine ganze Reihe höchst talentierter Kicker, die später allesamt in der englischen Nationalmannschaft für Furore sorgten, so zum Beispiel Gary und Phil Neville, Paul Scholes, Nicky Butt und nicht zuletzt David Beckham – jeder von ihnen jünger als 20. Und die lernten so rasch dazu, dass sie am Ende der Saison entgegen Hansens abfälliger Prognose nicht nur das eine oder andere Spiel gewonnen, sondern neben der englischen Meisterschaft auch gleich noch den Pokal nach Manchester geholt hatten.

Vielleicht hätte der TV-Kommentator anders geurteilt, wäre Herbert Grönemeyers Song *Kinder an die Macht* jemals ins Englische übersetzt worden.

»Lieber ein Optimist, der sich mal irrt,
als ein Pessimist, der dauernd recht hat.«
Peter Hohl,
deutscher Verleger und Aphoristiker

1996

»Bis zum Jahr 2000 werden wir die Arbeitslosenzahl halbieren.«

*Helmut Kohl (*1930),*
deutscher Bundeskanzler

Es war schon ein sehr kühnes Versprechen, mit dem Helmut Kohl am 23. Januar 1996 bei einem Gespräch mit Spitzenvertretern von Gewerkschaften und Wirtschaft für ungläubiges Kopfschütteln sorgte: Bis zum Ende des Jahrzehnts werde seine Regierung die Zahl der Arbeitslosen – seinerzeit rund 4 Millionen – auf die Hälfte reduzieren. Klar, dass er dafür vonseiten der Opposition sogleich Hohn und Spott erntete, unter anderem von Joschka Fischer, der den Bundeskanzler angiftete: »Eher werden Sie sich selbst halbieren als die Arbeitslosigkeit.« Und Fischer sollte recht behalten: Denn tatsächlich gelang es Kohl auch nicht annähernd, sein Versprechen wahr zu machen. Im Gegenteil: 1998, am Ende seiner Amtszeit, war die Anzahl der Erwerbslosen sogar auf über 4,4 Millionen angestiegen.

Das hatte eine ganze Menge möglicher Gründe, die sich im Einzelnen schwer beurteilen lassen. Einer davon war sicher die in immer weitere Bereiche vordringende elektronische Datenverarbeitung, die eine Menge menschlicher Arbeitskraft überflüssig machte. Dasselbe galt für die Einführung computergesteuerter Fabrikationsverfahren, die eine höhere Fertigungspräzision bei deutlich weniger Personal und damit erheblich reduzierten Kosten ermöglichte. Und schließlich spielte wohl auch der Rückgang des Realeinkommens großer Teile der Bevölkerung eine Rolle, der verständlicherweise die Nachfrage nach Produkten aller Art und damit auch die industrielle Produktion beträchtlich drosselte.

Zu Kohls Ehrenrettung muss allerdings gesagt werden, dass auch sein Nachfolger im Bundeskanzleramt, der SPD-Mann Gerhard Schröder, zu Beginn seiner Tätigkeit eine deutliche Verringerung der Erwerbslosigkeit ankündigte und dabei sogar den Mund noch voller nahm. »Wenn wir es nicht schaffen, die Arbeitslosigkeit signifikant zu senken, haben wir es nicht verdient, wiedergewählt zu werden«, war eine seiner vollmundigen Ankündigungen, und die andere: »Ich rechne damit, dass es uns gelingt, bis zum Ende der Legislaturperiode 2002 die Arbeitslosigkeit auf unter 3,5 Millionen zu drücken.« Doch als vier Jahre später der Jahreswechsel 2001/02 vor der Tür stand, suchten in Deutschland im Durchschnitt noch immer mehr als 4 Millionen Menschen eine Arbeitsstelle. Und Schröder wurde trotzdem wiedergewählt.

Wir haben uns eben daran gewöhnt, das, was uns die Politiker so alles versprechen, lieber nicht für bare Münze zu nehmen.

1997

»Eines Tages wird niemand mehr Eisenbahnen bauen wollen.«

Günter Steinmetz,
Betriebsleiter der Transrapid-*Bahn*

Bereits im Jahr 1934 erhielt der Ingenieur Hermann Kemper aus Osnabrück, der sich seit Jahren über das nervige Geratter der an seinem Haus vorbeifahrenden Eisenbahn ärgerte, ein Patent für eine »Schwebebahn mit räderlosem Fahrzeug, die an eisernen Fahrschienen mittels magnetischer Felder schwebend entlang geführt wird«. Damals ahnte er freilich noch nicht, dass ihm die Bundesrepublik 38 Jahre später für seine Erfindung den Verdienstorden verleihen würde, denn zu dieser Zeit jagte das – Originalton Bundesforschungsminister – »Verkehrsmittel der Zukunft« bereits unter dem Namen *Transrapid* im Schnellzugtempo über eine Versuchsstrecke in München-Allach. In der Folgezeit floss eine Menge Geld in das Projekt, unter anderem für eine aufwendige Testanlage im Emsland, auf deren Südschleife Anfang Dezember 1987 erstmals ein *Transrapid* verkehrte. Der erfüllte die in ihn gesetzten Erwartungen in vollem Umfang und stellte schon am zweiten Betriebstag mit 406 Stundenkilometern einen neuen Weltrekord für personenbesetzte Magnetschwebefahrzeuge auf.

Doch trotz dieser imponierenden Vorstellung sollte es noch volle vier Jahre mit unzähligen Probeläufen dauern, bis die Bundesbahn den *Transrapid* 1991 endlich für einsatzbereit erklärte. Zeit also, die erste kommerziell genutzte Strecke zu bauen. Die entstand jedoch nicht bei uns in Deutschland, sondern im fernen China, wo die Magnetbahn ab 2004 auf einer rund 30 Kilometer langen Zubringerlinie Millionen Passagiere mit Tempo 430 zwischen der Fast-20-Millionen-Metropole Shanghai und ihrem Flughafen hin- und herbeförderte. In Deutschland setzte man inzwischen unverdrossen die Testfahrten fort und plante bereits den Bau einer Trasse zwischen Hamburg und Berlin, die allerdings volle drei Milliarden Euro kosten sollte. Sicher, erklärten die Politiker, das sei eine stolze Summe, dafür würden aber nach der Fertigstellung auch jährlich 14 Millionen Fahrgäste den Magnetzug nutzen – eine reichlich hoch gegriffene Zahl, wenn man bedenkt, dass es auf der bisherigen Bahnstrecke nur etwas mehr als 2 Millionen waren. Das störte indes niemanden. Im Gegenteil, die allgemeine Euphorie war mittlerweile so groß geworden, dass Betriebsleiter Günter Steinmetz sich zu der eingangs zitierten Aussage hinreißen ließ, in absehbarer Zukunft sei das Ende der konventionellen Eisenbahn gekommen.

Doch am 22. September 2006 passierte auf der Versuchsstrecke im Emsland ein schwerer Unfall, bei dem ein mit 31 Personen besetzter *Transrapid* auf offener Strecke mit Volldampf gegen einen Werkstattwagen prallte. 23 Menschen fanden den Tod, zehn weitere wurden verletzt. Die Öffentlichkeit war schockiert, die maßgeblichen Entscheidungsträger offensichtlich weniger. Denn schon kurz darauf forderten bayerische Politiker vehement eine Magnetschwebebahn-Verbindung zwischen dem Münchener Hauptbahnhof und dem Flughafen bei Erding. Nach dem Shanghaier Vorbild sollte der *Transrapid* Stadt und Airport von 2011 an auf einer 37 Kilometer langen Strecke in nur zehn Minuten Fahrzeit verbinden. Doch angesichts der ins Gigantische steigenden Kostenvoranschläge, deren Finanzierung alles andere als geklärt war, und unter dem Eindruck massiver Proteste der Bevölkerung ließ man das ambitionierte Projekt schon im März 2008 wieder fallen.

Das war für die Hersteller Siemens und ThyssenKrupp das endgültige Signal, das Gemeinschaftsunternehmen *Transrapid* einzustellen, und im Dezember 2008 gaben die beiden Firmen dann auch konsequenterweise die Stilllegung der Versuchsstrecke im Emsland bekannt. Die wurde jedoch nicht abgerissen, sondern blieb, in der Hoffnung, die Magnetbahn durch technische Perfektionierung im Lauf der Zeit doch noch rentabel betreiben zu können, erst mal bestehen.

Dass der *Transrapid* tatsächlich irgendwann wieder in Betrieb genommen wird, ist jedoch höchst unwahrscheinlich. Denn wenn man bedenkt, dass der ICE der dritten Generation zwischen Köln und Frankfurt mit einer Spitzengeschwindigkeit von 330 Stundenkilometern über die Schienen rast und der französische TGV in der nächsten Stufe gar Tempo 360 erreichen soll, scheint es um die Zukunft der erheblich kostspieligeren Magnetschwebebahn düster bestellt zu sein. Vielmehr sieht es so aus, als würde man weiterhin ganz gewöhnliche Eisenbahnen bauen. Allerdings für Züge, die auch bei herkömmlichem Kontakt der Räder mit den Schienen fast so schnell unterwegs sind wie der einstmals so hochgelobte *Transrapid*.

»Es gibt keine reine Wahrheit,
aber ebenso wenig einen reinen Irrtum.«
Friedrich Hebbel, deutscher Dichter

1997

»Niemand geht ins Kino, um ein Ehepaar vögeln zu sehen.«

*Kim Basinger (*1953),*
US-amerikanische Schauspielerin

Mit dieser ebenso frivolen wie gewagten Behauptung begründete Kim Basinger, warum sie und ihr Ehemann Alec Baldwin es abgelehnt hatten, in dem Film *Eyes Wide Shut* des berühmten Regisseurs Stanley Kubrick die Hauptrollen zu übernehmen. Die spielte dann bereitwillig ein anderes Ehepaar, nämlich Tom Cruise und Nicole Kidman. In Anlehnung an Arthur Schnitzlers *Traumnovelle* zeigte der Film in ebenso eindrucksvollen wie grotesken Szenen, bei denen sich Wirklichkeit und Traum unentwirrbar vermischten, wie leicht die Liebe eines Paares zerstört werden kann, wenn sich der sexuelle Trieb verselbständigt. Und auch wenn sich die Kritiker in ihrer Bewertung alles andere als einig waren und einige *Eyes Wide Shut* als Kubricks mit Abstand schlechtestes Werk verrissen, während der Streifen auf der anderen Seite zahlreiche Preise einheimste, wurde die Produktion doch ein beachtlicher finanzieller Erfolg, der stolze 160 Millionen Dollar einspielte.

Dass Kim Basinger sich darüber aufrichtig gefreut hat, darf bezweifelt werden.

»Irren ist menschlich. Aber wenn man richtig Mist bauen will, braucht man einen Computer.«
Dan Rather,
US-amerikanischer Journalist

1998

»Die Zeitung ist im Jahr 2000 tot.«

*Bill Gates (*1955),*
Chef der weltweit führenden Softwareschmiede Microsoft

»Der Druck einer Zeitung ist lediglich eine vorübergehende Erscheinungsform, die mit dem spezifischen Wesen der Zeitung nichts zu tun hat«, prophezeite bereits 1907 der Medienforscher Robert Brunhuber in seinem Buch *Das moderne Zeitungswesen*, und fuhr fort: »Die Aussicht, dass später andere, vollkommenere Vervielfältigungsmethoden als der Druck erfunden werden, ist durchaus wahrscheinlich.« Zumindest mit dem zweiten Teil seiner Vorhersage sollte er recht behalten. Denn heute gibt es nicht nur Online-Ausgaben sämtlicher Printmedien, sondern darüber hinaus auch Podcasts, E-Papers, RSS-Feeds, PDA-Versionen und vieles mehr, mit denen man sich bestens auf dem Laufenden halten kann, ohne umständlich eine Zeitung aufschlagen zu müssen. Es überrascht daher nicht, dass Brunhuber mit seiner Einschätzung nicht allein blieb, vielmehr schätzten auch andere Fachleute die Zukunft der Zeitung eher negativ ein, so etwa die Analysten der Firma AEG-Telefunken in einer Werbekampagne aus dem Jahr 1971: »Ob es unsere gute alte ›Dampfzeitung‹ noch lange machen wird, ist ungewiss. In Zukunft wird es zentrale Datenbanken geben, die als gewaltige Wissenssilos jedermann zugänglich sein werden.«

Auch Microsoft-Chef Bill Gates schloss sich der Schar der Skeptiker an, als er 1998 auf dem Weltwirtschaftsgipfel in Davos mit dem eingangs zitierten Satz das Ende der Zeitung bereits für die Jahrtausendwende vorhersagte. Und sogar *Der Spiegel*, selbst Druckmedium und daher auf Leser angewiesen, verkündete allen Ernstes: »Nur eines ist inzwischen klar: Die gute alte Tageszeitung schwebt diesmal ernsthaft in Gefahr.« All diese Auguren sahen das Ende der Zeitung deswegen gekommen, weil die sich, wie es Andrew Grove, Chairman des Chip-Herstellers Intel, formulierte, »im Würgegriff der neuen Medien« befinde.

Doch trotz all dieser Unkenrufe gibt es die Tageszeitung noch immer. Allerdings erfreut sie sich in diversen Ländern und bei verschiedenen Altersgruppen höchst unterschiedlicher Beliebtheit. Denn während in Bill Gates' Heimatland USA nur noch 19 Prozent der 18- bis 34-Jährigen ab und zu einen Blick hineinwerfen, sind es in Deutschland über 50 Prozent. Seit einigen Jahren weist diese Altersgruppe sogar wieder leichte Zuwächse auf, was wohl nicht zuletzt daran liegt, dass die deutschen Verlagshäuser in den vergangenen 15 Jahren weit über 100 redaktionelle Print-Angebote speziell für junge Leser entwickelt haben, wohingegen ihre US-amerikanischen Konkurrenten fast nur noch immer neue Produkte fürs Internet herausbringen.

Die meisten Zeitungen, nämlich rund 1800, erscheinen erstaunlicherweise Tag für Tag in Indien. Die Vereinigten Staaten, von denen man das allein schon wegen der Vielzahl an großen Städten eigentlich eher erwartet hätte, belegen nur Platz 2: Etwas mehr als 1500 Blätter werden dort täglich produziert. Danach folgt schon Deutschland, wo es etwas über 400 Zeitungen mit 1550 lokalen Ausgaben in einer Gesamtauflage von 22 Millionen Exemplaren gibt. Daneben erscheinen bei uns 27 Wochenzeitungen mit 1,9 Millionen Exemplaren sowie 7 Sonntagszeitungen mit einer Auflage von 4,2 Millionen.

Für Totgesagte gar nicht übel!

1998

»Es ist wie eine Hochzeit im Himmel.«

*Jürgen Schrempp (*1944),*
Chef der Daimler-Benz AG

Für Jürgen Schrempp war der 7. Mai 1998 einer der wichtigsten Tage seines Lebens. Denn an diesem Donnerstag gaben er und Chrysler-Chef Robert Eaton offiziell und feierlich ihren Zusammenschluss zum drittgrößten Autohersteller der Welt bekannt. Damit glaubte Schrempp, seiner Vision von einer umfassenden Welt-AG einen entscheidenden Schritt näher gekommen zu sein. Doch daraus sollte nichts werden.

Denn obwohl – oder vielleicht gerade weil – der Konzern in den beiden folgenden Jahren auch noch bei Mitsubishi und Hyundai einstieg, musste die US-Sparte 2000 einen Verlust von 600 Millionen Euro eingestehen und entpuppte sich damit als erheblich überteuerter Bremsklotz. In seiner Not schickte Schrempp den späteren Konzernchef Dieter Zetsche mit dem dringenden Auftrag nach Detroit, den Karren so schnell wie möglich aus dem Dreck zu ziehen. Und Zetsche legte auch gleich ordentlich los. Er sorgte für die Ablösung von Chrysler-Chef Holden, ließ sechs Werke komplett schließen und gab die Einsparung von 26000 Arbeitsplätzen bekannt. Doch so drastisch diese Maßnahmen auch waren, ihr Erfolg blieb bescheiden. So bescheiden, dass Daimler im Februar 2001 vier Milliarden Euro in die Sanierung des maroden US-Autobauers stecken musste, wodurch der Gesamtkonzern erstmals tief in die roten Zahlen rutschte. Doch auch nach dieser satten Geldspritze ging die Talfahrt ungebremst weiter, und bereits ein Jahr später fuhr Daimler einen Rekordverlust von fünf Milliarden Euro ein.

Das wollten sich die Aktionäre verständlicherweise nicht klaglos gefallen lassen und gingen im April 2004 lautstark auf die Barrikaden. Zutiefst empört warfen sie der DaimlerChrysler-Konzernführung – auch im Hinblick auf den ebenfalls schwer angeschlagenen japanischen Partner Mitsubishi – das komplette Scheitern ihrer Vision von einer Welt-AG vor. Doch obwohl sich das Unternehmen unter dem Druck der Anteilseigner kurz darauf weitgehend von Mitsubishi trennte, mussten im Zuge der dringend erforderlichen Sparmaßnahmen erstmals auch die deutschen Arbeitnehmer massive Einschnitte hinnehmen. Zu allem Übel schrieb nun auch noch Mercedes, bislang stets das Sahnestück des Konzerns, Verluste, und das Smart-Programm entpuppte sich sogar als wahre Geldvernichtungsmaschine.

Da warf Schrempp unter dem Eindruck der erdrückenden Schulden im Juli 2005 das Handtuch und kündigte – seinerzeit durchaus überraschend – seinen Rücktritt zum Jahresende an. Damit hatte die Misere aber natürlich kein Ende. Vielmehr sah der neue Firmenchef Dieter Zetsche sich gleich zu Beginn seiner Amtszeit gezwungen, nicht nur ein umfangreiches Sparpaket für den Smart auf den Weg zu bringen, sondern ab September 2005 auch allein in Deutschland 8500 Arbeitsplätze in der Produktion sowie ab Januar 2006 noch einmal 6000 in Verwaltung und Management zu streichen. Doch das größte Sorgenkind war und blieb Chrysler, das nach wie vor derart gigantische Verluste einfuhr, dass der Aktienkurs, der bei der Fusion noch bei 66,50 Dollar gestanden hatte, im September 2006 auf 39 Dollar fiel. Da blieb Zetsche keine andere Wahl, als öffentlich über einen Verkauf von Chrysler nachzudenken, und auf der Hauptversammlung 2007 bekannte er dann auch, mit mehreren potentiellen Interessenten Verkaufsgespräche zu führen. Am 14 Mai 2007 war es schließlich so weit: Für 5,5 Milliarden Dollar erwarb der Finanzinvestor Cerberus 80,1 Prozent der DaimlerChrysler-Anteile, nur der klägliche Rest von 19,9 Prozent verblieb bei dem wieder in Daimler *AG* umbenannten deutschen Unternehmen.

Gerade mal neun Jahre nach der »Hochzeit im Himmel« war die Ehe zwischen Daimler und Chrysler – ganz profan hier unten auf der Erde – schon wieder geschieden.

2000

»Die Löwen werden das Münchner Derby frühestens in 100 Jahren gewinnen.«

*Franz Beckenbauer (*1945),*
Präsident des Fußballvereins Bayern München

Ginge es darum, die Fehlprognose mit der kürzesten Gültigkeitsdauer zu prämieren, so wäre es wohl Franz Beckenbauer, der den ersten Preis gewänne. Denn den herablassenden Ausspruch über den zweiten Münchener Bundesligaclub tat der »Kaiser«, den wir ja schon mehrfach als eher zweifelhaften Propheten kennengelernt haben, am Vormittag des 15. April 2000, gerade mal ein paar Stunden bevor am Nachmittag desselben Tages der TSV 1860 – kurz »Löwen« genannt – im Olympiastadion das Derby gegen den Erzrivalen Bayern gewann. Da die Auseinandersetzung offiziell ein Spiel der Bayern war, lautete das Ergebnis 1:2. Da fragt man sich doch, wer sich mehr blamiert hat: die Bayern oder der »Kaiser«?

»Der Ruhm so mancher Propheten beruht auf dem schlechten Gedächtnis ihrer Zuhörer.«

Ignazio Silone,
italienischer Politiker

2001

»Amerikaner sind von Phantasien über Terrorismus besessen. Sie scheinen zu glauben, dass der Terrorismus die größte Bedrohung der Vereinigten Staaten sei und dass er sich ausbreiten wird und tödlicher wird. Keine dieser Annahmen basiert auf Fakten.«

Larry C. Johnson,
Anti-Terrorismus-Experte des US-Außenministeriums

Die erstaunliche Einschätzung konnten die Amerikaner in einem Artikel der *New York Times* vom 10. Juli 2001 lesen. Er trug den Titel *Die abnehmende terroristische Bedrohung (The Declining Terrorist Threat)* und stammte aus der Feder von Larry C. Johnson, einem ehemaligen CIA-Agenten und international anerkannten Experten auf dem Gebiet des Terrorismus. Der ließ sich darüber nicht nur in Zeitungen aus, sondern war auch in nahezu sämtlichen amerikanischen Fernsehkanälen ein häufiger und gerngesehener Gast, denn was er zum Thema Terrorismus verkündete, hatte Gewicht. Deshalb nahm man auch besagten *Times*-Artikel ernst, in dem es weiter hieß: »Die Amerikaner scheinen zu denken, dass die Vereinigten Staaten das bevorzugte Ziel von Terroristen sind. Und sie haben sicherlich den Eindruck, dass extremistische islamische Gruppen den Großteil des Terrorismus verursachen. Zwar ist der Terrorismus nicht ausgerottet, doch in einer Welt, in der Tausende nuklearer Sprengköpfe noch immer über die Kontinente verbreitet sind, ist der Terrorismus keinesfalls die größte Herausforderung, der sich die Vereinigten Staaten in Bezug auf ihre Sicherheit ausgesetzt sehen, und er sollte nicht als solcher hingestellt werden.«

Doch auch Spezialisten können sich bekanntlich irren. Im Fall von Larry C. Johnson ist allerdings weniger der Inhalt seiner Prognose fatal – der trifft zum Teil ja durchaus zu –, sondern vielmehr der Zeitpunkt, an dem er sie abgegeben hat. Denn nur zwei Monate später, am berühmt-berüchtigten 11. September 2001, ließen arabische Al-Qaida-Terroristen drei gekaperte Verkehrsflugzeuge in die Türme des New Yorker World Trade Center sowie in das Washingtoner Pentagon krachen und töteten dabei annähernd 3000 Menschen. Das Datum markierte eine historische Zäsur mit weltweiten Folgen, von denen die nachfolgenden Kriege der USA gegen die Taliban in Afghanistan sowie gegen den Irak die traurigen Höhepunkte darstellten.

Zwar gehörte Larry C. Johnson nicht zu den Opfern des 11. September, dennoch wird ihm der Tag mit Sicherheit als ganz persönliches Schicksalsdatum in Erinnerung bleiben.

»Wir irren allesamt,
ein jeder irret anders.«
Ludwig van Beethoven

2002

»Eines steht jetzt schon fest: Die CDU, die CSU, die Union, wir haben die Wahl gewonnen. CDU/CSU, liebe Freunde, die große Partei der Mitte, sie ist wieder da. Sie ist die stärkste Partei, die stärkste Fraktion und wir werden, meine sehr verehrten Damen und Herren, aus diesem großartigen Ergebnis auch das machen, was wir machen können.«

*Edmund Stoiber (*1941),*
bayerischer Ministerpräsident und Unions-Kanzlerkandidat

Mit den zitierten Sätzen schrie Edmund Stoiber am 22. September 2002 gegen 19 Uhr, nachdem die ersten Hochrechnungen bei der Bundestagswahl den Sieg einer schwarz-gelben Koalition prophezeit hatten, vor den versammelten Kameras der diversen Fernsehsender seinen Triumph heraus. Er schien dazu auch allen Grund zu haben, denn speziell in den Prognosen der ARD lag das geplante Bündnis der Unionsparteien CDU und CSU mit der FDP eindeutig vorn. Doch eine Hochrechnung, so präzise sie auch sein mag, ist eben noch nicht das amtliche Endergebnis, und so verschoben sich die Mehrheitsverhältnisse von Vorhersage zu Vorhersage langsam, aber sicher immer mehr zugunsten von Rot-Grün. Und dabei blieb es. Am Ende hatte die Koalition aus SPD und Grünen insgesamt 310 Mandate errungen, während es Schwarz-Gelb nur auf 296 Bundestagssitze brachte. Gerhard Schröder blieb Bundeskanzler, und Edmund Stoiber musste ihm kleinlaut zu seinem Wahlsieg gratulieren.

Man soll den Mund eben nie zu voll nehmen. Schon gar nicht an einem Wahlsonntag um gerade mal 19 Uhr.

2002

»Präsident Bush hat keine Pläne, den Irak unmittelbar anzugreifen.«

*Patrick (»Bertie«) Ahern (*1951),*
irischer Ministerpräsident

Hinterher stritten sich die Historiker, ob Bertie Ahern 2002 wirklich so naiv war, die Worte des US-Präsidenten für bare Münze zu nehmen, oder ob er die Wahrheit gar nicht wissen wollte. Sicher ist jedenfalls, dass er Mitte März 2002 mit Bush zusammentraf und dass dieser ihm offenbar treuherzig versicherte, nicht die Absicht zu hegen, den Irak anzugreifen. Kurz darauf wurde jedoch bekannt, dass der amerikanische Präsident bereits sechs Tage nach den verheerenden Terroranschlägen vom 11. September 2001 den Strategen im Pentagon den Befehl erteilt hatte, sofort einen Irak-Feldzug auszuarbeiten. Offenbar schreckte das Weiße Haus vor Notlügen nicht zurück, wenn es darum ging, einen Anlass für den Krieg zu finden. So verkündete beispielsweise Verteidigungsminister Rumsfeld, es gebe »kugelsichere Beweise« für eine enge Zusammenarbeit zwischen dem Irak und der Terrororganisation Al Qaida, obwohl die Nachrichtendienste keinerlei Anhalt für eine derartige Verbindung gefunden, ja, im Gegenteil sogar von einer tödlichen Feindschaft zwischen Saddam Hussein und den Terroristen berichtet hatten.

Geradezu dreist war zudem die Aussage von Präsident Bush, die er in einer Rede an die Nation am 28. Januar 2003 machte: »Die britische Regierung hat erfahren, dass Saddam Hussein jüngst beträchtliche Mengen von Uran aus Afrika beziehen wollte.« Damit wollte Bush dem Irak ganz offensichtlich unterstellen, an der Produktion einer Atombombe zu arbeiten, obwohl er mit Sicherheit genau wusste, dass davon ebenso wenig die Rede sein konnte wie von der angeblichen Lagerung riesiger Mengen Massenvernichtungswaffen auf irakischem Territorium.

Da drängt sich ein Vergleich mit Pearl Harbor auf: So wie die Amerikaner den japanischen Angriff vom 7. Dezember 1941 auf ihre Pazifikflotte – von dem nicht wenige Historiker vermuten, dass der US-Geheimdienst längst davon wusste – zum Anlass genommen hatten, sich in den Zweiten Weltkrieg einzumischen, so scheinen die Terrorangriffe vom 11. September 2001 eine willkommene Gelegenheit geboten zu haben, den Kampf gegen die sogenannte »Achse des Bösen« zu beginnen und den Irak anzugreifen. Ob wirklich nur, um Terroristen zu jagen, oder auch, um so einen unmittelbaren Einfluss auf den Persischen Golf, das größte Öl- und Gasreservoir der Welt, zu bekommen, darüber wird viel gemutmaßt.

Sollte Bertie Ahern Präsident Bush wirklich getraut haben, muss man wohl nüchtern feststellen, dass er für einen Politiker zu gutgläubig war.

»Man erkennt den Irrtum daran, dass alle Welt ihn teilt.«
Jean Giraudoux, französischer Diplomat und Schriftsteller

2003

»Mission accomplished.«

*George W. Bush (*1946), US-Präsident*

»Mission accomplished« – »Auftrag erfüllt« –, das verkündete US-Präsident George W. Bush an jenem 1. Mai 2003 zwar nicht persönlich, der stolze Satz stand jedoch in riesigen Buchstaben auf einem Banner, das quer über die Brücke des US-Flugzeugträgers *Abraham Lincoln* gespannt war. Und genau unter diesem Banner hielt Bush seine berühmte Rede, in der er den Irakkrieg für beendet erklärte.

Heute würden amerikanische Politiker den medienwirksam inszenierten Auftritt ihres damaligen Präsidenten zu gerne ungeschehen machen, und sie gäben eine Menge dafür, wenn sich niemand mehr an die kernigen Worte erinnern würde. Denn das Foto von George W. Bush, der sich mit kühnem Siegerlächeln und dem zum Zeichen des Triumphes emporgereckten Daumen unter der markigen Parole präsentierte, gilt mittlerweile geradezu als Symbol für die vielen amerikanischen Fehleinschätzungen im Irak, die in den Jahren nach 2003 noch kommen und die USA in den Augen der Welt lächerlich machen sollten. Denn trotz eines immensen Aufwandes an Menschen, Material und Geld war auch noch sechs Jahre nach Bushs fataler Fehlprognose ein Ende des Irak-Einsatzes nicht absehbar. Mehr als drei Billionen Dollar haben die Amerikaner für den Krieg ausgegeben, und nach Berechnungen von Haushaltsexperten im Senat wurden es in den Jahren 2009 und 2010 jede Sekunde 5000 Dollar mehr.

Dabei hatten die US-Politiker vor Beginn der Auseinandersetzung im März 2003 fest damit gerechnet, einen billigen Blitzkrieg führen zu können, für den sie schlimmstenfalls 50 Milliarden Dollar veranschlagten. Das sei eben der Preis der Freiheit, hieß es seinerzeit, doch von Freiheit konnte im Irak noch lange keine Rede sein. Vielmehr stiegen nicht nur die Kosten des Krieges in astronomische Höhen, sondern auch die Zahl der dabei getöteten Soldaten und Zivilisten wurde immer größer. Bis Mitte 2010 fanden im Irak knapp 4600 amerikanische und rund 10000 einheimische Soldaten den Tod, dazu kamen mehr als 300 gefallene Kämpfer anderer Nationen. Knapp 35000 Kriegsteilnehmer wurden zum Teil schwer verwundet, und mehr als 100000 Zivilisten starben bei den kriegerischen Auseinandersetzungen oder werden zeitlebens unter üblen Verletzungen leiden.

Welche »Mission« Bush im Mai 2003 als »accomplished« bezeichnete, wusste er wohl selber nicht.

2003

»Die großartigste Sache beim Sturz von Saddam wäre ein Ölpreis von 20 Dollar pro Barrel.«

*Rupert Murdoch (*1931),*
US-amerikanischer Medienmogul

Rupert Murdoch ist Herr über 175 Zeitungen in aller Welt und mithin ein Mann, dem man beträchtlichen Einfluss auf die Meinungsbildung seiner Leser attestieren darf. Und diesen Einfluss nutzte der ebenso vitale wie machthungrige Medien-Tycoon in den Jahren 2001 bis 2003 skrupellos aus, um mit allen Mitteln für den Irakkrieg und einen Sturz Saddam Husseins zu trommeln. Deshalb pries er in seinen Blättern US-Präsident Bush als »höchst moralisch und korrekt« und bezeichnete den kriegsfreundlichen britischen Premierminister Tony Blair als »außerordentlich mutig und stark«. Dagegen geißelte er die dem Krieg kritisch gegenüberstehenden Deutschen als »undankbare Schwächlinge« und die Franzosen gar als »Feinde der Vereinigten Staaten«. Ob es die *New York Post* oder die Londoner *Times* waren, die

Melbourne Herald Sun oder die neuseeländische *Wellington Dominion Post*, überall konnte man lesen, die Bedrohung für die friedliebende Welt komme aus Pjöngjang, der Hauptstadt Nordkoreas, und ganz besonders aus dem irakischen Bagdad.

Wie Präsident Bush seinen Landsleuten jagte Murdoch seinen Lesern mit dem Schreckgespenst angeblicher irakischer Massenvernichtungswaffen gehörig Angst ein und schreckte auch nicht vor Behauptungen zurück, die die Folgen des Sturzes von Diktator Saddam Hussein in hellem Licht erstrahlen ließen – Argumente, die man schon damals als in höchstem Maße unsolide bezeichnen musste. Eines davon war das oben zitierte, wonach der Sturz des irakischen Diktators ebenso zwangs- wie erfreulicherweise einen massiven Verfall des Ölpreises nach sich ziehen würde. Ohne Verstand war diese Prophezeiung allein schon deshalb, weil viele renommierte Wirtschaftsexperten genau das Gegenteil vorhergesagt hatten: Bei einem Krieg würde unvermeidlich ein großer Teil der irakischen Ölfelder und -förderanlagen zerstört werden, was zu einer spürbaren Verknappung und damit einem massiven Anstieg des Preises – bei manchen Kommentatoren war sogar von einer »Preisexplosion« die Rede – führen würde.

Tatsächlich schnellten die Beschaffungskosten für das »Schwarze Gold« im Vorfeld des Angriffskrieges massiv in die Höhe. Doch mit Beginn der Auseinandersetzungen fielen sie rasch auf Normalmaß zurück. Im zweiten Halbjahr 2003 sanken die Vorräte der USA dann auf einen bedrohlichen Tiefstand, woraufhin die Preise natürlich wieder mächtig anzogen. Auf diesem hohen Niveau blieben sie – und zwar auch nach dem Sturz von Saddam Hussein – eine kurze Weile, um in der Folgezeit bis zum

Jahr 2008 immer mehr zuzulegen, bis sie schließlich bei knapp 100 US-Dollar pro Barrel angelangt waren.

Den irakischen Diktator gab es längst nicht mehr, doch der Ölpreis stand fast fünfmal so hoch, wie Rupert Murdoch es in seiner propagandistischen Phantasie prophezeit hatte. Man sagt wirklich nicht zu Unrecht, Papier sei geduldig. Ganz besonders scheint das für Zeitungspapier zu gelten.

2004

»In zwei Jahren wird das Spam-Problem erledigt sein.«

*Bill Gates (*1955),*
Chef der weltweit führenden Softwareschmiede Microsoft

Der Ausdruck *Spam* entstammt einem Sketch der berühmten englischen Comedyserie *Monty Python's Flying Circus.* Die Szene spielt in einem Restaurant, auf dessen Speisekarte ausschließlich Gerichte stehen, die die Nonsens-Zutat Spam enthalten. Insgesamt wird Spam in dem kurzen Stück 132-mal genannt und steht daher im Grunde für etwas vollkommen Unsinniges, das trotz seiner Nutzlosigkeit wieder und wieder auftaucht. Doch das muss man nicht wissen, um sich über Spam zu ärgern. Denn so gut wie jeder, der E-Mails schreibt und empfängt, findet in seinem Postfach mehr oder weniger viele – meist irgendwie mit Werbung verbundene – Nachrichten, die ihm vollkommen unverlangt zugeschickt werden und gegen die er sich nur dadurch wehren kann, dass er sie ungelesen löscht. Das aber erfordert Zeit und Aufmerksamkeit, um tatsächliche Spam-Mails von solchen zu unterscheiden, die gar keine sind.

Für einen einzelnen E-Mail-Nutzer mag das noch

gehen, doch insgesamt gesehen, verursacht die Bearbeitung von Spam einen enormen wirtschaftlichen Schaden. Experten der Universität Maryland haben berechnet, dass allein in den USA Jahr für Jahr rund 60 Billionen Spam-Mails verschickt werden, deren Versand, Sichtung und Löschung nicht nur etwa 30 Milliarden Kilowattstunden Energie benötigt, sondern auch noch rund 100 Milliarden Stunden wertvoller Arbeitszeit in Anspruch nimmt. Die der Volkswirtschaft dadurch entstehenden jährlichen Kosten belaufen sich auf 22 Milliarden US-Dollar. Und obwohl immer leistungsfähigere Spam-Filter entwickelt werden, ist nicht abzusehen, dass sich an diesem Übel in naher Zukunft etwas ändern wird.

Schon gar nicht in den nächsten zwei Jahren.

»Menschen irren, aber nur große Menschen erkennen ihren Irrtum.«

August von Kotzebue, deutscher Dramatiker

2005

»*YouTube* wird ein Reinfall. Es gibt einfach nicht so viele Videos, die ich anschauen möchte.«

*Steve Chen (*1978),*
Mitbegründer des Internet-Videoportals YouTube

Bemerkenswerterweise war es ausgerechnet Steve Chen und damit einer der drei Initiatoren von *YouTube* höchstpersönlich, der bei der Gründung der Videoplattform im Februar 2005 gleichzeitig ihr baldiges Ende voraussagte.

Vielleicht gab es seinerzeit wirklich nicht genügend Videos, die Chen gefielen, Fakt ist jedenfalls, dass es mittlerweile über 200 Millionen sind und dass Tag für Tag rund 60 000 weitere dazukommen. Da wird doch das eine oder andere Filmchen dabei sein, für das Steve Chen sich erwärmen sollte. Doch mittlerweile kann ihm das eigentlich egal sein. Denn nur anderthalb Jahre nach der Gründung, genauer gesagt am 9. Oktober 2006, verkauften er und seine Partner *YouTube* schon wieder, und zwar an *Google* für sage und schreibe 1,65 Milliarden Euro.

Ganz schön viel Geld für eine Firma, der man nur 20 Monate vorher den sicheren Reinfall prophezeit hatte.

2005

»Ich fühle mich bestätigt, für unser Land dafür zu sorgen, dass es auch in den nächsten vier Jahren eine stabile Regierung unter meiner Führung geben wird. Diejenigen, die einen Wechsel im Amt des Bundeskanzlers erstreben wollten, sind grandios gescheitert.«

*Gerhard Schröder (*1944),*
deutscher Bundeskanzler

Es war eine denkwürdige »Elefantenrunde« von ARD und ZDF, die sich am Abend des 18. September 2005 zusammengefunden hatte, nachdem noch zwei Stunden vorher die letzten Bürger ihre Stimme zur Bundestagswahl abgegeben hatten. Zwar prophezeiten die letzten Hochrechnungen einen knappen Sieg des Bündnisses aus CDU/CSU und FDP über die herrschende rot-grüne Koalition, doch das focht den amtierenden Bundeskanzler Gerhard Schröder offensichtlich in keinster Weise an.

So, als hätte er die Wahl haushoch gewonnen, tönte er, er sei nicht nur der momentane Regierungschef, sondern werde das selbstverständlich auch in Zukunft bleiben. Und als ZDF-Chefredakteur Brender verblüfft nachhakte, ob Schröder wirklich glaube, er könne angesichts der Prozentverluste von Rot-Grün den Wahlsieg für sich beanspruchen, polterte der lautstark: »Natürlich kann ich das!« So ging es munter weiter. Auf die Frage, ob der Kanzler sich auch eine Große Koalition vorstellen könne, schleuderte er seinen Kontrahenten Angela Merkel und Edmund Stoiber ein ebenso anmaßendes wie realitätsfremdes »Nur unter meiner Führung!« entgegen, und als die CDU-Spitzenkandidatin Angela Merkel es gar wagte, von einem Wahlsieg für die Union zu sprechen, unterbrach er sie rüde: »Sie werden keine Koalition mit meiner Partei zustande kriegen; machen Sie sich da nichts vor!«

Doch damit nicht genug. In der Folgezeit fiel Schröder den Moderatoren immer wieder gnadenlos ins Wort, er schnitt den anderen Rednern rücksichtslos das Wort ab und versteifte sich unnachgiebig auf seine haltlose Position. Schließlich wurde es Brender zu dumm. Als Schröder ihm vorwarf, er sei doch ganz offensichtlich von vornherein gegen seine erneute Kanzlerschaft gewesen, konterte der Chefredakteur scharf: »Diese Form der Unterstellung geziemt sich nicht in einer Debatte in den öffentlich-rechtlichen Sendern. Ich werde Sie fortan nur noch ›Herr Schröder‹ nennen.«

Wie recht er damit hatte! Als das amtliche Endergebnis bekanntgegeben wurde, hatten CDU und CSU zusammen 226 und die SPD 222 Parlamentssitze gewonnen. Doch damit reichte es weder für Schwarz-Gelb noch für Rot-Grün zur absoluten Mehrheit, und Angela

Merkel musste zähneknirschend eingestehen, dass die linke PDS den etablierten Parteien viel zu viele Stimmen abgenommen hatte. Nachdem dann auch noch die FDP einer »Ampel« zusammen mit SPD und Grünen eine klare Absage erteilte, blieb zum zweiten Mal in der Geschichte der Bundesrepublik Deutschland als einzige vernünftige Alternative die Bildung einer Großen Koalition aus CDU/CSU und SPD. Und da die Union eindeutig mehr Stimmen erhalten hatte als die SPD, stand es ihr zu, mit Angela Merkel die neue Bundeskanzlerin zu stellen.

Grandios gescheitert war mithin niemand, der »einen Wechsel im Amt des Bundeskanzlers erstreben wollte«, sondern vielmehr einzig und allein »Exkanzler« Gerhard Schröder selbst.

2005

»Nächstes Weihnachten wird der iPod tot sein, weg, kaputt.«

*Alan Sugar (*1947), Gründer des Elektronik- und Computerunternehmens Amstrad*

Produkte aus dem Hause Apple erfreuen sich bei vielen Computer- und Medienfreaks ganz besonderer Beliebtheit, ja, nicht wenige von ihnen besitzen sogar einen regelrechten Kultstatus. Deshalb war die Aussage des Amstrad-Chefs zum iPod schon sehr gewagt und muss wohl vor allem auf das Konto »Konkurrenzneid« gebucht werden. Das umso mehr, also der Apple-Musikplayer 2005 bereits vier Jahre alt war und sich noch immer auf einem gewaltigen Höhenflug befand. Noch im selben Jahr wurde das 14-millionste Gerät ausgeliefert, womit die Gesamtzahl auf über 42 Millionen stieg. Und gerade mal zwei Jahre später meldete Apple schon den Verkauf von insgesamt 100 Millionen iPods. Und das ging munter so weiter. Allein im vierten Quartal 2009 gingen 21 Millionen Player über den Ladentisch, und erst mit der Einführung des iPhone, in dem ein iPod zum Abspielen von Musik und Wort integriert ist, ließ der Verkauf ein wenig nach.

Doch von »tot sein, weg, kaputt« wird mit Sicherheit auch in Zukunft noch lange keine Rede sein können.

»Die Historiker verfälschen die Vergangenheit,
die Ideologen die Zukunft.«

Žarko Petan,
slowenischer Autor

2006

»Sollte Hillary Clinton im Wahlkampf gegen John Edwards und Barack Obama antreten, wird sie die Kandidatin der Demokraten. Al Gore wäre dann die einzige Bedrohung für sie. Barack Obama wird Hillary Clinton in keiner einzigen Vorwahl der Demokraten schlagen.«

*William Kristol (*1952),*
US-amerikanischer Kolumnist und TV-Moderator

Schon oft hat der Chefredakteur des amerikanischen Politmagazins *Weekly Standard* und beliebte TV-Moderator William Kristol mit seinen Prognosen eine Menge Sachverstand und erstaunliches Einfühlungsvermögen bewiesen. Doch mit seiner Einschätzung zu den Chancen Hillary Clintons in der Kandidatenkür der Demokraten für die Präsidentschaftswahlen 2008 lag er voll daneben. Das wurde ihm selbst offenbar sofort nach der ersten Vorwahl im US-Staat Iowa klar, die Barack Obama eindeutig für sich entschied. Prompt schwenkte Kristol um und erklärte nun auf einmal, Clinton werde voraussichtlich auch in New Hampshire verlieren und sich von den weiteren Pleiten, die sich abzeichneten, kaum mehr erholen können. Womit er dann ja auch recht behielt. Mit einer Prognose ins Schwarze zu treffen ist eben nur eine Frage des Zeitpunkts, zu dem man sie äußert.

Im Übrigen gab es im Zuge der amerikanischen Präsidentenwahl noch so manche andere bemerkenswerte Fehlprognose. Eine besonders krasse stammt aus der *Business Week*, die in ihrer Ausgabe vom 2. Januar 2008 schrieb: »New Yorks Bürgermeister Michael Bloomberg und Hillary Clinton werden zusammen mehr als 50 Prozent der Stimmen bekommen, doch Arizonas eigenbrötlerischer Senator John McCain wird Amerikas nächster Präsident werden.« Die Wahrheit sah vollkommen anders aus: Bloomberg erklärte nach wochenlangen Täuschungsmanövern plötzlich, er habe beschlossen, sich aus dem Rennen um das Weiße Haus herauszuhalten, Hillary Clinton verlor im Kampf um die Kandidatur für die Demokraten deutlich gegen Barack Obama, und der ließ McCain im eigentlichen Kampf ums Weiße Haus nicht den Hauch einer Chance.

Wie heißt es doch so schön: Erstens kommt es anders, zweitens als man denkt.

2007

»Wenn die Erde sich im selben Ausmaß weiter erwärmt, ist es sehr wahrscheinlich, dass die Himalaya-Gletscher bis 2035 oder sogar schon früher verschwunden sein werden.«

IPCC (Intergovernmental Panel on Climate Change),
UNO-*Weltklimarat*

Der globale Klimawandel und die damit nach Ansicht von Experten zwangsläufig verbundene Erderwärmung sind seit Jahren in aller Munde. Deshalb erregte besagte Feststellung des UNO-Weltklimarats – sie findet sich inmitten eines mehr als 2000 Seiten umfassenden Reports – anfänglich allenfalls Erstaunen. Doch schon bald meldeten sich Klimaforscher aus aller Welt, die kopfschüttelnd behaupteten, die Vorhersage sei barer Unsinn; selbst wenn die Temperatur auf der Erde weitaus stärker anstiege als bislang vermutet, könnten die gewaltigen Eismassen des Himalaya nie und nimmer in weniger als 30 Jahren abschmelzen. So wetterte etwa der berühmte Innsbrucker Gletscherforscher Georg Kaser stellvertretend für einen Großteil seiner Kollegen: »Das Datum 2035 ist geradezu abstrus! Niemand kann den Wert ernst nehmen. Selbst bei gigantischen Abschmelzraten können die stellenweise mehrere Hundert Meter dicken Eismassen nie und nimmer innerhalb weniger Jahrzehnte wegtauen.« Dieser Auffassung schlossen sich in der Folgezeit mehr und mehr Klimatologen an, die weltweiten Proteste wurden immer heftiger und lauter. Da blieb den Forschern des *IPCC* nichts anderes übrig, als einen Rückzieher zu machen und kleinlaut zuzugeben, dass die – nun plötzlich »wenig fundierte« – Schätzung bedauerlicherweise nicht ausreichend überprüft worden sei.

Wie aber konnte es zu diesem Missgeschick kommen, unter dem die Glaubwürdigkeit des ohnehin oft kritisierten Weltklimarats schwer gelitten hat? Nun, das Ganze war offenbar eine Verkettung höchst unglücklicher Umstände. Denn wie sich bald herausstellte, basierte die Jahreszahl 2035 in dem Report nicht, wie man hätte erwarten dürfen, auf einer von Fachleuten überprüften Studie, sondern entstammte einem Bericht des *WWF (World Wide Fund for Nature)*, der sie seinerseits dem englischen Wissenschaftsmagazin *New Scientist* entnommen hatte. Und das war offenbar einem schlichten Zahlendreher aufgesessen. Denn der russische Klimaforscher V. M. Kotliakow hatte in einem Aufsatz – allerdings auch nur aufgrund einer groben Schätzung – geschrieben, vier Fünftel des Himalaya-Eises könne bis zum Jahr 2350 verschwunden sein. Aus diesen 2350 hatte irgendjemand versehentlich die Jahreszahl 2035 gemacht und damit den Grundstein für die als »Gletscherfehler« bekannt gewordene absurde Prognose gelegt.

Was lernen wir daraus? Zahlen und Statistiken – egal, wie sie aussehen und von wem sie angeblich stammen – erst einmal grundsätzlich zu misstrauen ist sicher keine schlechte Strategie.

2007

»Nur die US-Marine kann Öltanker wirklich aufhalten.«

*Dennis C. Blair (*1947), US-amerikanischer Admiral und seinerzeit Chef der US-Nachrichtendienste*

Der Satz stammt aus einem Interview mit dem amerikanischen Admiral Dennis C. Blair, das in der Juni-

Ausgabe des Politmagazins *Foreign Affairs* erschien und den Schluss eines Artikels mit dem beruhigenden Titel *Bequemes Segeln: Die weltweiten Schifffahrtswege sind sicher* bildete. Darin äußerte sich Blair zu den Angriffen somalischer Piraten auf zivile Schiffe folgendermaßen: »In Wirklichkeit sind die Gefahren für maritime Öllieferungen viel geringer, als man glaubt. Erstens sind Tanker viel robuster, als Experten denken. Zweitens können regionale Konflikte Tanker auf ihrem Weg nicht aufhalten, darüber hinaus hätten terroristische Angriffe auf Öltanker keinen nennenswerten wirtschaftlichen Effekt. Und drittens könnte nur die US-Marine Öltanker wirklich aufhalten.«

Nichts davon erwies sich als zutreffend. Denn schon ein Jahr später, am 15. November 2008, enterten eine Handvoll Somalier im Golf von Aden den gewaltigen saudischen Tanker *Sirius Star* mit Rohöl im Wert von 100 Millionen Dollar und bewiesen damit, dass es keinesfalls der amerikanischen Marine bedarf, um ein solches, angeblich doch so robustes und praktisch nicht zu stoppendes Riesenschiff zu kapern. Insgesamt hatten Piraten im Jahr 2008 bis dahin in einer ganzen Reihe »regionaler Konflikte« schon mehr als 40 Schiffe in ihre Gewalt gebracht – und damit einen immensen wirtschaftlichen Schaden angerichtet, der nach Expertenmeinung in die Milliarden ging.

Auch wenn die USA es nicht gern hören: Es gibt eben doch eine ganze Menge, was andere mindestens genauso gut können wie die Amerikaner.

»Das einzige Mittel, den Irrtum zu vermeiden, ist die Unwissenheit.«
Jean-Jacques Rousseau, französisch-schweizerischer Staatstheoretiker

2008

»Die USA haben die Situation im Griff.«

*George W. Bush (*1946), US-Präsident*

In heutiger Kenntnis der Dinge auf das Frühjahr 2008 zurückzublicken ist höchst interessant. Denn da haben sich gleich mehrere hochkarätige Persönlichkeiten zur Situation des weltweiten Finanzsystems geäußert – und praktisch alle, Politiker ebenso wie Ökonomen, Unternehmer und Banker, lagen mit ihrer Einschätzung voll daneben. Sicher, hinterher ist man immer schlauer, aber zu diesem Zeitpunkt hätten sie bei auch nur ein wenig kritischer Sichtweise durchaus erkennen können, dass die ökonomischen Probleme allmählich brisant wurden und keinesfalls alles zum Besten stand. Besonders der Einbruch auf dem US-Immobilienmarkt war nicht mehr zu übersehen, die Schwierigkeiten mit verbrieften Krediten waren offensichtlich, und etliche Banken versuchten bereits verzweifelt, sich aus dem Abwärtsstrudel zu befreien. Allein bei uns in Deutschland kämpften mit der IKB (Deutsche-Industriebank AG) und der Sächsischen Landesbank gleich zwei renommierte Geldinstitute ums Überleben.

Aber auch in den USA schrammte zu dieser Zeit

schon die eine oder andere Bank knapp an der Pleite vorbei. Eine davon war ausgerechnet die Bear Stearns, von der der Journalist und frühere Investmentbanker Jim Carter noch wenige Tage vorher blauäugig verkündet hatte: »Soll ich besorgt sein wegen der Liquidität von Bear Stearns und deshalb mein Geld dort rausholen? Nein! Nein! Nein! Bear Stearns geht es gut. Holt euer Geld nicht raus. Das wäre einfach nur dumm. Seid nicht dumm! Bear Stearns hat keine Probleme. Wenn überhaupt, könnten sie übernommen werden.« Nicht einmal eine Woche nach Carters flammendem Appell verlor die Bear-Stearns-Aktie wegen der Verwicklung der Bank in faule Kreditgeschäfte 90 Prozent ihres Wertes. Nur mit Hilfe der US-Notenbank gelang es, das marode Institut vor dem drohenden Konkurs zu bewahren und zu verkaufen.

Nach dieser Beinahe-Katastrophe schmierten weltweit die Aktienkurse ab, und an den Börsen machte sich Panik breit. Jetzt war es eigentlich nur noch eine Frage der Zeit, bis das Desaster nicht mehr nur den Finanzsektor, sondern auch die Industrie – und damit die globale Gesamtwirtschaft – erfassen würde. Freilich gab es zu dieser Zeit schon weitsichtigere Experten, die genau das voraussahen und ein düsteres Szenario entwarfen. Doch niemand hörte auf sie. Vielmehr machten die meisten Politiker und Wirtschaftslenker unverdrossen weiterhin auf Optimismus, US-Präsident Bush mit seinem naiven »Die USA haben die Situation im Griff« ebenso wie die deutsche Bundeskanzlerin Angela Merkel mit ihrem inzwischen berühmt gewordenen Spruch »Die Aussichten für den Haushalt 2008 sind hervorragend« oder der deutsche Finanzminister Peer Steinbrück, der offenbar beide Augen fest geschlossen hatte, als er trotzig verkündete:

»Uns liegen überhaupt keine Anzeichen dafür vor, dass sich für die deutsche Wirtschaft zusätzliche Belastungen ergeben.«

Selbst anerkannte Finanz-Auguren wollten offenbar nicht sehen, was doch eigentlich nicht mehr zu übersehen war, und stellten sich vor dem heranrollenden Gewitter blind und taub. So zum Beispiel der vielleicht bekannteste »Wirtschaftsweise« Bert Rürup, der noch im März 2008 zu der unglaublichen Einschätzung gelangte: »Ich rechne in diesem Jahr mit keinen gravierenden Auswirkungen auf die deutsche Konjunktur.« Sogar die bedeutendsten Hüter des weltweiten Finanzsystems, denen neben ihrem Sachverstand ja nun wirklich sämtliche technischen Möglichkeiten zur Verfügung standen, um zu einer realistischen Einschätzung der globalen ökonomischen Situation zu gelangen, lagen mit ihren Prognosen krass daneben. So erklärte etwa der Präsident der Europäischen Zentralbank, Jean-Claude Trichet, in völliger Verkennung der Tatsachen: »Der Euro-Raum ist in robuster Verfassung«, und sein amerikanischer Kollege, Notenbankchef Ben Bernanke, prophezeite gar abwiegelnd: »Bei den großen US-Finanzinstituten wird es wohl keine ernsthaften Probleme geben.« Seine Worte waren kaum verklungen, da konnten selbst Bankgiganten wie die Citigroup oder die Bank of America nur mit Hilfe gigantischer Milliardenbeträge seitens des Staates vor dem Aus bewahrt werden, womit es ihnen indes immer noch besser ging als dem einst so mächtigen Investmentinstitut Lehman Brothers, das im September 2008 definitiv am Ende war.

Der Fairness halber sei allerdings nicht verschwiegen, dass es auch einige wenige Experten gab, die das globale Desaster vorhersagten, wobei sich bemerkenswerterweise vor allem zwei Star-Investoren rühmlich hervortaten. Der eine war Spekulanten-Legende George Soros, der schon früh vor der »schlimmsten Finanzkrise der Nachkriegszeit« warnte, der andere Börsen-Urgestein Warren Buffet, der sich bei seiner Einschätzung der Lage einer überaus anschaulichen, wenn vielleicht auch etwas drastischen Metapher bediente: »Erst wenn das Wasser zurückgeht, sieht man, wer nackt geschwommen ist. Der Anblick einiger unserer größten Finanzinstitute wird dann widerlich sein.«

Nur wenige Wochen später mussten auch die bis dahin unverbesserlichsten Optimisten eingestehen, wie recht er hatte.

»Erfahrene Propheten warten die Ereignisse ab.«
Horace Walpole, britischer Staatsmann

2008

»In der vorliegenden Wertung erweist sich Island als zukunftsfähigste Region Europas.«

Berlin-Institut für Bevölkerung und Entwicklung,
Einrichtung zur Erforschung des weltweiten demographischen Wandels

Die demographische Zukunft von Europa: Wie sich die Regionen verändern – unter diesem Titel legte das Berlin-Institut für Bevölkerung und Entwicklung im September 2008 eine umfangreiche Studie vor, in der es die Zukunftsfähigkeit von 285 europäischen Regionen miteinander verglich. Zur Bewertung wurden darin 24 Kriterien aus den Bereichen Bevölkerungsentwicklung, Wirtschaft, Arbeitsmarkt, Bildung, Forschung, Klima und Gesundheit herangezogen. In diesem Report konnte man unter anderem lesen, dass das einstige Agrarland Oberbayern rund 100 Plätze vor der Rheinmetropole Köln rangiere, dass Niederschlesien das europäische Schlusslicht bilde und – wer hätte es gedacht – dass Island von allen europäischen Staaten und Regionen am besten auf die künftigen wirtschaftlichen und demographischen Herausforderungen vorbereitet und mithin in puncto Zukunftsaussichten der absolute Superstar sei.

Das wäre alles höchst aufschlussreich und vor allem auch durchaus glaubhaft gewesen, wenn – ja wenn Island nicht noch im selben Jahr um Haaresbreite in die Staatspleite geschlittert wäre. Offenbar hatten die Autoren des Berlin-Instituts bei ihrer Bewertung des nördlichen Inselstaates als »heute zu den modernsten und fortschrittlichsten Ländern der Welt« gehörig schlicht die finanzpolitischen Risiken ausgeblendet. Realität ist, dass Island, um den Bankrott abzuwehren, beim Internationalen Währungsfonds sowie bei Norwegen und Großbritannien um Kredite betteln musste – nicht gerade ein Zeichen für eine besonders ausgeprägte Zukunftsfähigkeit. Leid können einem dabei vor allem die Menschen tun, die im Vertrauen auf derartige Prognosen ihr schwerverdientes Geld in vermeintlich sicheren Staatspapieren solcher Länder anlegen. Im Fall von Island haben sie es fatalerweise keinesfalls dem zukunftsfähigsten, sondern im Gegenteil einem der finanziell schwächsten Länder Europas anvertraut. Müsste das Berlin-Institut für den durchaus möglichen Verlust geradestehen, wäre es mit seinen Beurteilungen sicher zurückhaltender.

2008

»Es bleibt definitiv dabei: Mit der Linkspartei wird es keine irgendwie geartete Zusammenarbeit geben – weder so noch so.«

Andrea Ypsilanti,
SPD-Kandidatin bei der Landtagswahl in Hessen

Der inzwischen berühmt gewordene Satz aus einem Interview mit der hessischen SPD-Parteivorsitzenden Andrea Ypsilanti vom 17. Januar 2008 war Antwort auf die Frage, ob sie sich gegebenenfalls vorstellen könne, sich auch mit den Stimmen der Linkspartei im Landtag zur Ministerpräsidentin wählen zu lassen. Und ebenso entschieden wie in diesem Gespräch hatte die SPD-Kandidatin ein solches Vorgehen auch bei zahlreichen anderen Gelegenheiten kategorisch ausgeschlossen – in derart entrüstetem Tonfall, dass die Öffentlichkeit ihr tatsächlich glaubte und ihr den Entschluss als endgültig und unwiderruflich abnahm. Doch dann kam alles ganz anders.

Bei der Landtagswahl am 27. Januar 2008 verlor die CDU unter Ministerpräsident Roland Koch ihre absolute Mehrheit und wurde nur noch mit dem denkbar knappen Abstand von 0,1 Prozentpunkten stärkste Partei vor der SPD, womit beide Anspruch auf 42 Landtagsmandate hatten. Das reichte weder für eine Koalition aus CDU und Freidemokraten, die es auf 11 Mandate gebracht hatten, noch für ein Bündnis der SPD mit den Grünen, die 9 Sitze für sich beanspruchen konnten. Und die dritte mögliche Alternative, eine rot-gelb-grüne »Ampelkoalition«, scheiterte am energischen Widerstand der FDP. In dieser fatalen Situation schwenkte Andrea Ypsilanti plötzlich um und erklärte am 4. März trotzig, ihr zentrales Wahlziel sei es ja schließlich gewesen, Ministerpräsident Koch abzulösen, und um das zu erreichen, sei sie nach reiflicher Überlegung nun doch bereit, sich mit den Stimmen der Linkspartei – die besaß 6 Mandate – wählen zu lassen. Ein klassischer Wortbruch!

Doch fatalerweise hatte Ypsilanti nicht mit der SPD-Abgeordneten Dagmar Metzger gerechnet, die den Kurswechsel ihrer Parteivorsitzenden partout nicht mitmachen wollte. Ihre Familie, so erklärte sie, habe einst in der DDR massiv unter der Diktatur der SED gelitten, und da werde sie auf gar keinen Fall dulden, dass deren Nachfolger bei der Kür zur Ministerpräsidentin ein entscheidendes Wort mitzusprechen hätten. Welch gewaltigen Zorn ihrer Parteigenossen Metzger damit auf sich zog, kann man sich lebhaft vorstellen. Doch im Gegensatz zu ihrer Parteichefin stand sie unverbrüchlich zu ihrem Wort und erreichte damit, dass Ypsilanti ihren Plan entnervt aufgab. So blieb Roland Koch als geschäftsführender Ministerpräsident im Amt, und Ypsilanti grübelte verdrossen, mit welchem Trick sie ihn vielleicht doch noch vom Thron stoßen und selbst an die Macht kommen könnte. Schließlich gab sie sich einen Ruck und nahm – gegen den Widerstand zahlreicher prominenter Bundespolitiker – einen neuen Anlauf, nun doch mit den Stimmen der Linken Chefin einer rot-grünen Koalition und damit hessische Ministerpräsidentin zu werden.

Doch wieder hatte Ypsilanti sich verrechnet. Denn am 3. November 2008 und damit genau einen Tag vor der geplanten Abstimmung im Landtag erklärten vier weitere SPD-Abgeordnete, sie würden ihr, ebenso wie zuvor schon Dagmar Metzger, die Stimme verweigern – aus

Gewissensgründen, wie sie einhellig beteuerten. Damit blieb nur noch eine einzige Möglichkeit: Neuwahlen. Und weil Ypsilanti sich genau ausrechnen konnte, dass ihr die ob ihres gebrochenen Versprechens enttäuschten Wähler dabei einen deftigen Denkzettel verpassen würden, verzichtete sie wohlweislich auf die Spitzenkandidatur.

Sie hätte vielleicht bedenken sollen, dass auf manche Sprichwörter, die sie sicherlich genau wie wir schon als Kind gelernt hatte, eben doch Verlass ist – in ihrem Fall auf die alte Weisheit »Lügen haben kurze Beine«.

2008

»Die Wahrscheinlichkeit, dass sich der Ölpreis in den nächsten 6 bis 24 Monaten zwischen 150 und 200 Dollar je Barrel bewegt, steigt stark an.«

Arjun Murti,
Chefanalyst der US-Bank Goldman Sachs

Wenn es um den Ölpreis geht, haben Arjun Murtis Worte ein derartiges Gewicht, dass ihm die *New York Times* den Ehrentitel »Orakel des Öls« verliehen hat. Das war schon 2005 so, als der Barrelpreis gerade mal bei 55 Dollar lag und der Goldman-Sachs-Chefanalyst im Gegensatz zu vielen anderen Experten eine Verdopplung vorhersagte – und damit recht behielt.

Doch 2008 ließ ihn seine hellseherische Fähigkeit schmählich im Stich. Zwar stieg der Ölpreis nach seiner oben zitierten Aussage vom Mai zunächst tatsächlich stark an und erreichte im Juli einen Höchststand von 147 Dollar je Barrel, doch danach rauschte er im Zuge der weltweiten Wirtschaftskrise nahezu ungebremst in die Tiefe und stoppte erst bei unter 40 Dollar. Von diesem Niedrigstwert ausgehend, hat er sich inzwischen wieder mehr als verdoppelt, doch von einer Marge zwischen 150 und 200 Dollar kann zum Glück noch keine Rede sein.

Krisen haben eben stets etwas Überraschendes – auch für erstklassige Experten.

2009

»Ab einem gewissen Punkt wird es so scheinen, als gebe es eine Explosion der Fallzahlen. Es ist sicher, dass es viel mehr Fälle und viel mehr Tote geben wird.«

Shin Young-Soo,
Direktor der Weltgesundheitsorganisation WHO
für den Bereich westlicher Pazifik

Mit dieser Warnung machte der WHO-Direktor bei einer Medizinertagung in Peking nicht nur den anwesenden Doktoren Angst, sondern jagte auch den Gesundheitspolitikern in aller Welt einen gewaltigen Schrecken ein. Bei der überaus bedrohlichen Prognose ging es um die Schweinegrippe mit ihrem inzwischen berühmt gewordenen Erreger-Virus H1N1. Die werde sich schon in Kürze zu einer globalen Seuche, einer sogenannten Pandemie, mit Tausenden von Toten auswachsen, und daher sei es für die Regierungen in aller Welt höchste Zeit, ihre Bürger dagegen zu schützen.

Immerhin hatte sich das Virus, das erstmals im März 2009 in Mexiko und Kalifornien aufgetreten war, binnen kürzester Zeit – sicher nicht zuletzt durch heimkehrende Touristen – auf fast 180 Länder ausgebreitet, und da schien es durchaus verständlich, dass die WHO ordentlich Dampf machte und gleich die höchste Alarmstufe ihrer sechsteiligen Pandemie-Skala ausrief. Angeblich gab es weltweit bereits 100 000 Infizierte, und es sah ganz so aus, als würden bald mehr als eine Million Menschen an der Schweinegrippe erkranken – und zum nicht geringen Teil daran sterben. Überall machte sich schiere Panik breit. Unter dieser massiven Bedrohung trafen die Regierungen zahlreicher Länder dann auch schleunigst alle nötigen Vorbereitungen, um gegen die schreckliche Seuche mit einer umfassenden Impfaktion vorzugehen. Der dazu nötige Impfstoff stand zum Glück rasch zur Verfügung – die beteiligten Pharmafirmen rieben sich die Hände – und wurde von den Regierungen der einzelnen Länder in riesigen Mengen geordert, allein in Deutschland 25 Millionen Dosen. Doch dann kam alles ganz anders.

Denn schon wenige Monate später galt die Pandemie als größtenteils überwunden und wurde schließlich im August 2010 offiziell für beendet erklärt. Zwar hatte sie nachweislich weltweit fast 18 000 Menschenleben gefordert, aber das war verglichen mit den Todesopfern der alljährlichen saisonalen Herbst- und Wintergrippe – die in der Phase der H1N1-Bedrohung erstaunlicherweise deutlich milder verlaufen war als in früheren Jahren – eine relativ geringe Zahl. Zum Vergleich sei an die von 1968 bis 1970 grassierende »Hongkong-Grippe« erinnert, an der mindestens 800 000 Menschen starben. Da sich jedoch bei der Schweinegrippe herausstellte, dass sie offenbar weit weniger gefährlich war als anfänglich befürchtet und dass diejenigen, die trotzdem daran erkrankten, meist schon nach kurzer Zeit und relativ milden Symptomen wieder gesund und munter waren, war es nicht verwunderlich, dass die Menschen die angebliche Bedrohung von Tag zu Tag weniger ernst nahmen und bis auf etwa fünf Prozent keine Lust hatten, sich dagegen impfen zu lassen. Mit der Folge, dass die Gesundheitsbehörden der Länder auf einem großen Teil ihres teuer eingekauften Impfstoffs sitzenblieben.

Prompt wurden gegen die WHO massive Proteste laut. Sie habe die Bedrohung in unverantwortlicher Weise übertrieben, habe das Schreckgespenst einer mörderischen Pandemie an die Wand gemalt, ohne dafür stichhaltige Beweise zu besitzen, und die Menschen weltweit völlig unnötig in Angst und Schrecken versetzt. Diese Vorwürfe ließ die Weltgesundheitsorganisation natürlich nicht auf sich sitzen und konterte mit dem Argument, niemand habe den Verlauf präzise vorhersagen können. Die *SARS*-Epidemie in den Jahren 2002 und 2003 habe man viel zu leicht genommen, damals sei die Welt haarscharf an einer Katastrophe vorbeigeschlittert. Immerhin habe die Todesrate seinerzeit mehr als 50 Prozent betragen, und es sei nur deswegen nicht zu Millionen und Abermillionen von Opfern gekommen, weil die Krankheit zum Glück längst nicht so ansteckend gewesen sei wie die Schweinegrippe. Einen verhängnisvollen Irrtum wie damals habe man unter allen Umständen vermeiden wollen. Und da sei es schließlich doch allemal besser, zu stark als zu schwach zu reagieren. Wie man es mache, mache man es leider falsch.

Wie wahr! Fatal ist nur, dass irgendwann mit Sicherheit die nächste Pandemie drohen wird. Und hoffentlich nehmen die Menschen die Warnung in der Erinnerung an die Schweinegrippe dann nicht allzu gelassen.

2009

»Wir werden einen warmen Barbecue-Sommer bekommen.«

Ewen McCallum,
Chef-Meteorologe der britischen BBC

Der letzte Beitrag dieses Buches widmet sich – wie könnte es anders sein – unser aller Lieblingsthema: dem Wetter. Genauer gesagt geht es um die Vorhersagen, die jeder von uns aus Zeitungen, Radio und Fernsehen zur Genüge kennt. Und auf die wir uns in aller Regel auch verlassen können, sofern sie sich auf die unmittelbare Zukunft, das heißt auf die nächsten zwei bis höchstens drei Tage beziehen. Mit jedem Tag, der darüber hinausgeht, wird die Angelegenheit jedoch immer mehr zu einer gewagten Spekulation, und das gilt ganz besonders für Langzeitprognosen, die etwa schon im Frühjahr einen heißen Sommer oder im Herbst einen harten, schneereichen Winter prophezeien.

Das mussten im Juli und August 2009 auch die in Wetterdingen bekanntermaßen nicht sehr verwöhnten Briten schmerzlich erfahren. Denn der Wetterdienst hatte den Landsleuten einen Prachtsommer versprochen, wie man ihn auf der Insel nur selten erlebt. Einen Sommer mit reichlich Strandglück ohne Regenschirm, stundenlangem Hocken in Cafés unter freiem Himmel und massenhaft Gelegenheit zum Grillen: einen »Barbecue-Sommer« eben. Doch daraus sollte nichts werden.

Denn nach einer ebenso verheißungsvollen wie kurzen Hitzeperiode im Juni legte Petrus den Schalter um und bescherte den Britischen Inseln Kälte, Wind und tagelangen Regen. Statt unter dem Sonnenschirm mussten die Engländer, Waliser, Iren und Schotten Schutz unter dem

Regenschirm suchen, und statt in lauen Nächten Steaks und Würste auf dem Grill zu braten, verzogen sie sich in ihre Wohnungen und stellten oft sogar die Heizung an. »Der ganze Garten steht unter Wasser«, meldete die *Times* frustriert, »und weit und breit ist keine Wurst in Sicht.«

Natürlich war der Schuldige an der allgemeinen Enttäuschung rasch gefunden: der Wetterdienst. Der BBC war das Drama sogar eine umfangreiche Reportage innerhalb der Hauptnachrichten wert, in deren Verlauf der Moderator dem Chef-Meteorologen Ewen McCullum geradezu beleidigt vorwarf, er habe die Briten hinters Licht geführt. Woraufhin dem obersten Wetterfrosch der Insel nichts anderes einfiel, als sich in Allgemeinplätze zu retten. Es sei doch bekannt, dass das Wetter nun mal von jeher viele Unwägbarkeiten mit sich bringe, die Prognosen könne man daher niemals als in Stein gemeißelte Wahrheiten ansehen. Dazu sei das Ganze einfach zu chaotisch.

Wie recht er damit hatte. Nicht nur der dafür berüchtigte April macht eben immer wieder, was er will, vielmehr neigt das Wetter ganz allgemein zu nicht vorhersehbaren Eskapaden. Es spricht somit nichts dagegen, stundenlang darüber zu reden; aber wenn uns jemand verspricht, Temperatur, Sonne, Wind und Niederschläge der kommenden Monate vorherzusagen, sollten wir lieber das Thema wechseln und uns weder schon im September auf weiße Weihnachten noch bereits im April auf einen »Barbecue-Sommer« freuen. Da das die Meteorologen selbst eigentlich ganz genau wissen, müssen sie sich schon die Frage gefallen lassen, warum sie sich immer wieder auf derart fragwürdige Prognosen einlassen.

»Ich denke niemals an die Zukunft;
sie kommt früh genug.«
Albert Einstein

Ferien fatal – Reisepannen aus aller Welt

Stephan Orth/Antje Blinda

SORRY, IHR HOTEL IST ABGEBRANNT

Kurioses aus dem Urlaub

ISBN 978-3-548-37410-9
www.ullstein-buchverlage.de

Hotelzimmer aus der Hölle, verwechselte Zielorte, unglaubliche Abzockertricks: Die schönste Zeit des Jahres kann im Handumdrehen zum Fiasko geraten. Mit diesem Reiseführer der verrücktesten Pannen sind Sie gegen die Tücken des Urlaubsalltags gewappnet – hier erfahren Sie, was Sie niemals im Katalog lesen werden, und können aus den amüsanten Erlebnissen von SPIEGEL-ONLINE-Lesern lernen. Denn wer nackt zum Begrüßungsdinner geht, sollte sicher sein, auch tatsächlich ein FKK-Resort gebucht zu haben.

US364

ullstein